LOS
MILAGROS
DEL REINO DE
JESÚS DE NAZARET

Dr. Samuel Pagán

Editorial CLIE
www.clie.es

EDITORIAL CLIE
C/ Ferrocarril, 8
08232 VILADECAVALLS
(Barcelona) ESPAÑA
E-mail: clie@clie.es
http://www.clie.es

Los milagros del reino de Jesús de Nazaret
ISBN: 978-84-18204-44-9
Depósito Legal: B 4649-2021
Estudios bíblicos
Nuevo Testamento
Referencia: 225158

Impreso en Estados Unidos de América / *Printed in the United States of America*

El Dr. Samuel Pagán, ministro ordenado de la Iglesia Cristiana (Discípulos de Cristo), es un reconocido y apreciado biblista puertorriqueño, que ha publicado más de 50 libros y cientos de artículos en torno a temas exegéticos, teológicos, educativos, literarios y pastorales; además, ha trabajado en la edición y preparación de cinco Biblias de estudio, y colaborado en decenas de proyectos de traducción de la Biblia en América Latina, Europa, África y en el Extremo y Medio Oriente.

Entre las obras exegéticas y teológicas más conocidas de Samuel están sus libros sobre Jesús de Nazaret, el rey David, Introducción a la Biblia Hebrea y los Salmos; también ha publicado varios libros y artículos sobre diversos aspectos teológicos y ministeriales de la obra *Don Quijote de la Mancha*; ha editado varias revistas de educación cristiana transformadora y escribe regularmente sobre temas religiosos, educativos y sociales en diversos periódicos de Estados Unidos y América Latina.

En su trayectoria ministerial el Dr. Pagán ha enseñado, predicado y dictado cátedra en cientos de países y ciudades alrededor del mundo, ha sido profesor de la Biblia, decano académico y presidente de seminarios y universidades en Puerto Rico, Estados Unidos, Europa e Israel y, en la actualidad, es decano de programas hispanos en el *Centro de Estudios Bíblicos de Jerusalén*. Como profesor de Biblia y decano en este centro organiza y auspicia anualmente viajes educativos y transformadores a las tierras bíblicas para miles de peregrinos de habla castellana del mundo.

Posee los siguientes grados académicos: Bachillerato en Ingeniería Química de la Universidad de Puerto Rico-Mayagüez, Maestría en Divinidad del Seminario Evangélico de Puerto Rico, Maestría en Teología del Seminario Teológico Princeton, Doctorado en Literatura Hebrea del Seminario Teológico Judío y Doctorado en Sagrada Teología del Centro para la Educación Teológica de Florida. Además ha cursado estudios post-doctorales en lingüística y antropología en la Universidad de Texas y en geografía bíblica en el Centro Avanzado para la Educación Teológica en Jerusalén.

Samuel está casado con la Dra. Nohemí C. Pagán y tienen dos hijos y cuatro nietos. Viven, alternadamente, entre Jerusalén y EE. UU.

_Dedicatoria

Dedico este libro sobre los milagros de Jesús a mis hijos, Samuel y Luis Daniel, pues he querido enseñarles el poder de lo milagroso en nuestro hogar. A mis nueras, Yasmín Lugo e Ileana Nieves, pues he deseado que mis hijos compartan con ellas lo que ellos vivieron en nuestro hogar. Y a mis nietos, Samuel Andrés, Ian Gabriel y Mateo Alejandro, y nieta, Natallie Isabelle, a quienes quiero llegue el mensaje de este libro, para que puedan llevar estas enseñanzas a sus futuras familias.

¡Dios los bendiga!

_Índice

_Prólogo

El Dr. Samuel Pagán de manera magistral se acerca a los milagros de Jesús y los analiza tomando en cuenta las tradiciones de los Evangelios Sinópticos. En esos milagros de Jesús ve sus afirmaciones como el Mesías que trajo la llegada del Reino de Dios o Reino de los Cielos a la tierra.

Una obra no se puede separar de su autor. El libro "Los milagros del reino de Jesús de Nazaret", tampoco se puede separar de la reflexión, estudio, análisis y contextualización de su escritor el Dr. Samuel Pagán.

Conozco a Samuel Pagán desde el año 1978 cuando él era un estudiante para grado doctoral en el *Union Theological Seninary* en la ciudad de Nueva York. Para esa fecha, varios ministros del evangelio –incluyendo a mi esposa Rosa y yo– estudiábamos en el Programa de Certificado en Ministerio Cristiano en el *New York Theological Seminary*, y Samuel era el profesor de Biblia. Allí, por primera vez comencé a disfrutar de su estilo haciendo exégesis y de cómo interpretaba la Biblia desde un contexto latinoamericano.

El autor, al igual que yo, es asiduo peregrino a la tierra bíblica con una treintena de viajes. Allí, ambos, visitamos los lugares donde Jesús de Nazaret nació, vivió, predicó, enseñó, hizo milagros, fue juzgado, crucificado, murió y resucitó, para luego ascender a los cielos.

Algunos de los muchos apellidos recibidos por Jesús de Nazaret fueron: Jesús el Hijo del Carpintero, Jesús el Galileo, Jesús El Maestro, pero para el Padre, Jesús era el Hijo de Dios.

Los milagros en la misión del reino de Jesucristo fueron señales mesiánicas que beneficiaron a los recipientes, pero también fueron señales para contradecir la incredulidad de los religiosos que andaban en busca de indicios para rechazar el reino que Jesús proclamaba.

Juan el Bautista vino proclamando el reino de Dios como precursor del mesías y fue confundido con el mesías. Él y Jesús de Nazaret aparecen como dos mesías, pero Juan admite que él no era el mesías sino Jesús de Nazaret.

Juan el Bautista vino como el cumplimiento de la profecía de Elías Malaquías, la cual es conectada por el evangelista Mateo al referirse en el espíritu de Elías. Pero son las señales milagrosas de Elías, ya que era el segundo mesías Jesús de Nazaret quien las tendría.

Jesús de Nazaret tomó prestado de Juan el Bautista su mensaje al iniciar su ministerio mesiánico. En la tradición mateína se habla del reino de los cielos, pero en las tradiciones marconiana, lucanina y joanina, se hablan del reino de Dios.

Aquellos milagros del proclamado reino de Jesucristo eran evidencias de su participación en la historia de la humanidad como señales inequívocas de la presencia de Dios en él.

Jesús en su reino fue concebido milagrosamente, nació milagrosamente, fue identificado milagrosamente en el río Jordán por Juan el Bautista, se manifestó milagrosamente en su primer milagro en las bodas de Caná de Galilea, milagrosamente. Realizó su ministerio y, al momento de su arresto en Getsemaní, milagrosamente le pegó la oreja derecha que Simón Pedro le laceró a Malco el siervo del Sumo Sacerdote. Su crucifixión, resurrección, manifestación y ascensión, fueron con milagros.

En esos milagros de las sanidades físicas, las liberaciones de espíritus que según en la época de la Palestina se entendían muchas como condiciones mentales y hasta físicas de los que las padecían, el autor ve las demostraciones mesiánicas para cumplir las Escrituras, pero a la vez para beneficio de las personas afligidas y afectadas en su entorno social.

Las acciones extraordinarias llevadas a capo por el Señor Jesús, que llamamos milagro, ciertamente ubicaban su ministerio en un plano singular como el Mesías anunciado por los antiguos profetas , es decir, como el Cristo de Dios, el Mesías ungido por el Espíritu de Dios.

El trabajo del Dr. Samuel Pagán sobre los milagros de Jesús está contextualizado para suplir necesidades; pero que afirmaban que era el Mesías y que manifestaba el Reino de Dios aquí en la tierra. Claramente, señala que no hacía milagros para promoverse; por el contrario, pedía a los beneficiarios que no lo divulgaran ni dijeran nada a nadie. Pero era imposible recibir un milagro o ser testigo de uno de ellos y quedarse callado.

Podría continuar analizando este libro «Los milagros del reino de Jesús de Nazaret", que me ha edificado, enseñado, fortalecido mi fe y me ha llevado al análisis y a la contextualización de lo que hizo Jesús y lo que hace hoy día Jesús. Este libro es un recurso para lectores en general, para pastores, para maestros y para evangelistas. Adquiera este libro, léalo, disfrútelo, enséñelo, predíquelo y comparta con otros sus experiencias.

Dr. Kittim Silva Bermúdez
Autor, conferenciante y predicador
Queens, New York

_Prefacio

Jesús recorría toda Galilea, enseñando en las sinagogas,
anunciando las buenas nuevas del reino,
y sanando toda enfermedad y dolencia entre la gente.
Su fama se extendió por toda Siria,
y le llevaban todos los que padecían de diversas enfermedades,
los que sufrían de dolores graves, los endemoniados,
los epilépticos y los paralíticos, y él los sanaba.
Lo seguían grandes multitudes de Galilea,
Decápolis, Jerusalén, Judea
y de la región al otro lado del Jordán.
Mateo 4.23-25

Una vez más con Jesús de Nazaret

Una vez más exploro temas relacionados con Jesús de Nazaret. Ya hemos estudiado y publicado sobre su vida, enseñanzas y significado ministerial. Además, hemos ponderado el mundo de las parábolas, que ciertamente contiene el centro de sus enseñanzas y destaca, de forma prioritaria, el tema del Reino de Dios o de los cielos. Y esos estudios me han llevado a explorar otros componentes e implicaciones del mensaje y las acciones del famoso rabino de la Galilea.

En esta ocasión identificamos, analizamos y explicamos las narraciones evangélicas que hablan del Jesús que tenía poderes especiales para sanar enfermos, liberar endemoniados, resucitar muertos y alterar los procesos normales y regulares de la naturaleza. ¡Vamos a explorar y analizar el mundo del milagro, la esfera de los portentos y lo sobrenatural! Y nuestras fuentes primarias de estudio serán las narraciones de milagros en los Evangelios canónicos.

De acuerdo con los relatos evangélicos, Jesús de Nazaret era una figura excepcional que, junto a sus enseñanzas proféticas y desafiantes, añadía un componente especial de lo milagroso. Esas acciones extraordinarias, ciertamente ubicaban el ministerio del Señor en un plano singular como el Mesías anunciado por los antiguos profetas o como el Cristo de Dios.

Al analizar las diversas narraciones en torno a esas acciones milagrosas del Señor, nos percatamos que estaban muy cerca del centro teológico y pedagógico de su mensaje, que era la irrupción extraordinaria e inminente del Reino de Dios. Los milagros del Señor eran acciones sobrenaturales, según los relatos evangélicos, que destacan la naturaleza excepcional de sus mensajes y acciones. De acuerdo con los evangelistas bíblicos, esas acciones sobrenaturales de Jesús constituían un componente indispensable de su ministerio, que estaban íntimamente relacionadas con sus enseñanzas transformadoras.

Las actividades de Jesús no solo se presentan en las narraciones evangélicas, sino que, además, se interpretan en los relatos bíblicos. Esos textos canónicos contienen el fundamento básico de lo que sabemos de Jesús. De acuerdo con los Evangelios de Mateo, Marcos, Lucas y Juan, la vida de Jesús estuvo relacionada con intervenciones especiales de Dios desde su nacimiento hasta su pasión y resurrección.

Esos recuentos de los evangelistas ponen claramente de manifiesto que Jesús era un líder judío que no seguía necesariamente el patrón general de las autoridades políticas y religiosas de la época. Sus enseñanzas proféticas y desafiantes superaban las comprensiones tradicionales relacionadas con los rabinos y los líderes de su generación, incluyendo a las autoridades romanas. El Señor se distanció de la ortodoxia religiosa de su tiempo, para explorar nuevas dimensiones exegéticas y teológicas que pudieran bendecir al pueblo, especialmente a los sectores más necesitados de la comunidad.

Formas de estudiar las narraciones bíblicas sobre Jesús

Las formas de estudiar la vida de Jesús son varias. La gente puede analizar la figura de Jesús por el carril canónico. Este proceso sigue las presentaciones que se incluyen en los evangelios del Nuevo Testamento, en el orden que se disponen en la actualidad. El estudio comenzaría en Mateo capítulo uno, proseguiría de forma ordenada hasta llegar al final del libro, y seguiría de esa misma manera con Marcos, Lucas y Juan. Y ese es un buen acercamiento, pues nos permite ver una vida de Jesús desde cuatro perspectivas diferentes y énfasis singulares. No necesariamente nos facilita, sin embargo, la identificación cronológica de los eventos que se incluyen en las narraciones.

Otra manera de estudiar a Jesús es desde la perspectiva temática. De esta forma se identifican los temas y asuntos a estudiar en los Evangelios, para posteriormente explicarlos. Hay virtud en esta metodología, pues se va directamente a los asuntos que se quieran ponderar de la vida y el ministerio de Jesús. Con este acercamiento, se pueden analizar, por ejemplo, las oraciones, los discursos y las parábolas, y se podrían identificar y disfrutar algunos énfasis temáticos en el programa docente del Señor. Por otro lado, esta manera de acercarse al estudio en torno a Jesús puede ignorar o subestimar, inadvertidamente, componentes de su ministerio que requieren un acercamiento más amplio, técnico y específico de los documentos básicos que revelan sus actividades y discursos.

Una tercera forma de estudiar los evangelios es con una metodología de análisis literario y teológico. El estudio sistemático de las narraciones evangélicas sobre Jesús revela, por lo menos, tres tipos amplios de narraciones. Y el estudio cuidadoso de esas narraciones nos permite descubrir los dichos y hechos de Jesús desde una perspectiva literaria y temática.

En esos tres acercamientos a la vida y obra del Señor se pueden distinguir principalmente los temas que destacan y los asuntos que afirman las narraciones evangélicas. Y esas tres grandes narraciones, divididas en temas y subtemas, son las siguientes: las narraciones del nacimiento, las narraciones del ministerio y las narraciones de la pasión. En esas vertientes se pueden agrupar todos los temas que los Evangelios canónicos presentan sobre Jesús. Esas narraciones, que revelan diferencias estilísticas y teológicas de los evangelistas, revelan los componentes temáticos de importancia en el ministerio de Jesús.

Las narraciones del nacimiento destacan los asuntos relacionados a la llegada del Mesías. Son narraciones extraordinarias que apuntan hacia una afirmación teológica fundamental: quien nació en Belén, no era una figura histórica más, sino un personaje extraordinario y especial, que desde su nacimiento está separado por Dios para una encomienda especial (Mt 1.1—2.23; Lc 1.1—2.52).

De acuerdo con las narraciones canónicas del nacimiento, su familia fue sorprendida por los ángeles de Dios (tanto a María como a José), los diversos sectores sociales se unieron a la celebración (p. ej., los pastores, un coro de ángeles y los sacerdotes), los líderes políticos en Jerusalén y los sabios del Oriente, y hasta los astros participaron en los anuncios de este singular y extraordinario personaje. El gran mensaje del nacimiento es que Jesús era el cumplimiento de las antiguas profecías referentes al Mesías prometido.

Las narraciones del ministerio incluyen el corazón de la vida y las acciones educativas y proféticas del Señor. Y esos textos bíblicos se pueden subdividir en cinco grandes áreas temáticas: narraciones de los discursos y las enseñanzas de Jesús (p. ej., oraciones, mensajes y dichos); de las sanidades; de la liberación de endemoniados; de resurrecciones; y demostraciones de autoridad sobre la naturaleza. Esas cinco formas de narraciones de Jesús agrupan todo lo que dijo e hizo, y nos permiten estudiar las diversas perspectivas teológicas y énfasis temáticos que se desean enfatizar en cada uno de los evangelios. Estas narraciones revelan que Dios había ungido a Jesús para llevar a efecto un ministerio singular de transformaciones individuales y sociales, y de desafíos educativos, religiosos y políticos.

El tercer grupo de narraciones mayores en los Evangelios canónicos presentan la pasión del Señor. Y esas narraciones incluyen los relatos que anuncian la crisis de Jesús en Jerusalén con las autoridades religiosas y políticas, presentan las actividades de Jesús durante su última semana de ministerio, los detalles del arresto, el juicio y la ejecución del Señor, y finalmente describe la tumba vacía y las apariciones del Cristo resucitado a las mujeres y a sus discípulos. Estas narraciones finales desean enfatizar el poder de la resurrección como un acto divino que corrobora que Jesús era el Cristo o Mesías prometido por los antiguos profetas de Israel.

Respecto a las diversas metodologías de estudio de la vida de Jesús, debemos indicar que no necesariamente son mutuamente exclusivas. Diversos métodos nos permiten ampliar nuestro conocimiento para identificar y analizar detalles singulares de la vida y el ministerio del Señor a los cuales debemos prestar singular atención.

Nuestra metodología

Nuestra metodología de estudio toma en consideración los aspectos canónicos y temáticos de los Evangelios neotestamentarios. En los estudios sobrios y sabios sobre Jesús, se deben tomar en consideración no solo sus acciones y dichos, sino el propósito que tenían los evangelistas al incluir esas narraciones específicas de milagros, por ejemplo, en el lugar que se incorpora en sus obras. Es importante analizar el contexto temático general en el cual se ubican las narraciones de milagros en cada evangelio, para comprender su significado teológico y didáctico inmediato.

La ubicación de los relatos de milagros en cada evangelio pone de relieve algún énfasis teológico o temático que va en continuidad con la finalidad del evangelista en su escrito. Y ese detalle, que no solo es temático sino estructural y literario, nos interesa, pues tiene componentes educativos que no deben ignorarse ni subestimarse en el estudio de las narraciones sobre los milagros de Jesús.

Nuestro propósito específico en este libro es estudiar el amplio tema de los milagros de Jesús de Nazaret, según están incorporados en los Evangelios canónicos. Y vamos a estudiar todos los milagros (véase Apéndice B) para explorar las implicaciones y las enseñanzas de esas acciones extraordinarias. Los milagros son ciertamente signos del poder divino, pero, a la vez, son enseñanzas transformadoras a los discípulos y seguidores originales del Señor. Y esos actos especiales de Jesús también se constituyen en mensajes desafiantes para los creyentes a través de la historia.

El análisis de todas las narraciones de milagros del Señor en los evangelios revela que se pueden dividir en cuatro grandes áreas de acción divina. La revisión de todas esas narraciones identifica que hay milagros de sanidades, de liberación de endemoniados, de resurrección de muertos y de manifestaciones extraordinarias de poder sobre la naturaleza.

Esos milagros especiales del Señor tocan no solo individuos, familias, comunidades, sino a la naturaleza misma. El poder del milagro de Jesús no estaba cautivo en las enfermedades personales, plagas o pandemias, sino que tenía la capacidad de llegar a la naturaleza, que era una manera de relacionar el ministerio terrenal del Señor con la naturaleza misma del Dios de la creación.

Nuestro análisis de las narraciones de milagros no solo evaluará la intervención milagrosa del Señor, sino que explorará las implicaciones teológicas y educativas de esas acciones. Además, nos interesa explorar también las implicaciones que esas enseñanzas tienen para las comunidades de fe del siglo veintiuno, a la vez que deseamos entrar en diálogo con las comunidades académicas que exploran el contenido de esas narraciones desde perspectivas científicas.

Nuestros estudios de las narraciones de milagros en los Evangelios no rechazan la ciencia en favor de la religión, ni ignora el juicio crítico al evaluar las acciones sobrenaturales del Señor. Por el contrario, deseamos ver cómo esas enfermedades son vistas por la comunidad médica contemporánea, y cómo podemos descubrir el significado, las enseñanzas y las implicaciones de esos extraordinarios milagros sobre la naturaleza. Nuestro deseo es explorar e incentivar diálogos serios y fecundos entre la fe y la razón, la piedad y la ciencia, la oración y la medicina.

Y como los milagros de Jesús eran formas de desafiar a las personas a dejar atrás las vidas de cautiverio y dolor, incluyo a continuación uno de mis poemas que explora el poder de levantarse para dejar atrás los cautiverios de la vida.

Ponte de pie y no te rindas

Cuando sientas que existir es cuesta arriba,
Cuando creas que para ti ya no hay salida,
Y el cansancio se apodere de tu vida,
Duerme un rato, sueña y canta,
Ponte de pie y no te rindas.

Si la nube se presenta gris y fría,
Que parece que no hay luz, solo porfía,
No hay salida, no hay espacio, ni valía...

Piensa y vive, no reniegues,
Ponte de pie y no te rindas.

Cuando tus fuerzas se agoten,
Cuando el desánimo arrastre,
Cuando la lágrima llegue,
Y la vida te maltrate,
Descansa un rato, si quieres,
Ponte de pie y no te rindas.

Pues después de toda lucha y agonía,
Y al final de las tormentas y los días,
Verás que valió la pena,
Sabrás que hay un sol que brilla,
Abre los ojos y el alma,
Ponte de pie y no te rindas.

Y así los días van pasando,
Uno a uno, ante tu vista,
Verás que vences la lucha,
Verás que triunfas en ella,
Verás que alcanzas el cielo,
Ponte de pie y no te rindas.

Dr. Samuel Pagán
Orlando, Florida
15 de agosto de 2020

_Introducción

Al atardecer, le llevaron muchos endemoniados,
y con una sola palabra expulsó a los espíritus,
y sanó a todos los enfermos.
Esto sucedió para que se cumpliera
lo dicho por el profeta Isaías:
«Él cargó con nuestras enfermedades
y soportó nuestros dolores».
Mateo 8.16-17

El milagro

El Sermón del monte (Mt 5.1—7.29) es posiblemente el discurso más importante de Jesús de Nazaret. En ese mensaje se incluyen los valores morales, los principios éticos y las virtudes espirituales que caracterizan la vida y las acciones del Señor. Además, en esa gran enseñanza, se presentan los reclamos básicos que el Señor hace a sus seguidores y discípulos. Este discurso ha sido el texto que, a través de la historia, académicos y creyentes han utilizado para estudiar, comprender y aplicar las enseñanzas y los desafíos del ministerio del famoso rabino de la Galilea.

De singular importancia, al estudiar este singular mensaje de Jesús, es que inmediatamente antes y después de esa narración, en la cual se pone de manifiesto el corazón de su teología, se incluyen relatos que destacan la importancia de los milagros en su ministerio. En efecto, las actividades milagrosas del Señor se relacionan íntimamente con su fundamento teológico y misionero, y son parte integral de su vocación de servicio, sus prioridades pedagógicas y de su mensaje profético en torno al Reino de Dios.

En primer lugar, se indica en el Evangelio de Mateo (Mt 8.16-17) que Jesús, con solo su palabra, liberaba a los endemoniados de los espíritus que los atormentaban, y que sanaba a todos los enfermos. Además, la narración, que se ubica inmediatamente antes de esa enseñanza básica del Señor, alude a las diversas liberaciones y sanidades que llevaba a efecto (Mt 4.23-25). Ese detalle literario y estructural en Mateo, que tiene ciertamente serias implicaciones pedagógicas y teológicas, puede ser una indicación que, para el evangelista, los milagros eran una especie de extensión del mensaje de las Bienaventuranzas, en el cual se presentaba la prioridad del mensaje del Señor referente al Reino de Dios o de los cielos (Mt 6.10).

Al leer con detenimiento el mensaje de Jesús en el Evangelio de Mateo, es importante descubrir que sus sanidades se asocian directamente a las antiguas profecías de Isaías (Is 52.13—53.12). La predicación del Reino incluía una serie de demostraciones del poder divino, que incluía las intervenciones milagrosas de Dios en las actividades de Jesús. Y esas acciones prodigiosas se denominan en los evangelios como *milagros*, que pueden manifestarse en términos de sanidades físicas, liberaciones emocionales y espirituales, resurrección de muertos, e intervenciones sobrenaturales en la naturaleza.

Los milagros de Jesús eran una especie de corroboración física de sus labores espirituales como el ungido de Dios y Mesías. Además, esas acciones prodigiosas, que se relacionaban con los discursos y las actividades del Señor, indicaban que el Reino de Dios o de los cielos irrumpía con fuerza en medio de la sociedad y la historia. Los milagros, en efecto, eran parte integral del ministerio de Jesús. No constituían actividades aisladas o secundarias que se realizaban independientemente o al margen de la presentación del mensaje profético y transformador del Señor.

Las narraciones de milagros eran una especie de corroboración de la presencia de Dios con Jesús, que atendía responsablemente las necesidades físicas y los clamores espirituales de su pueblo. En su tarea docente y profética, Jesús incorporó el elemento milagroso como parte de su programa ministerial y espiritual. Y de acuerdo con los evangelistas, el pueblo esperaba de Jesús esas acciones milagrosas. Jesús era visto, en efecto, como el predicador de las sanidades, el agente de las liberaciones y el Señor de las transformaciones.

En nuestra comprensión de los milagros relacionados con Jesús, debemos tomar seriamente en consideración los comentarios y las percepciones que el libro de los Hechos tiene de Jesús y su obra:

> *Ustedes conocen este mensaje que se difundió por toda Judea,*
> *comenzando desde Galilea, después del bautismo que predicó Juan.*
> *Me refiero a Jesús de Nazaret:*
> *cómo lo ungió Dios con el Espíritu Santo y con poder,*
> *y cómo anduvo haciendo el bien*
> *y sanando a todos los que estaban oprimidos por el diablo,*
> *porque Dios estaba con él.*

Nosotros somos testigos
de todo lo que hizo en la tierra de los judíos y en Jerusalén.
Lo mataron, colgándolo de un madero,
pero Dios lo resucitó al tercer día
y dispuso que se apareciera, no a todo el pueblo,
sino a nosotros, testigos previamente escogidos por Dios,
que comimos y bebimos con él después de su resurrección.
Hechos 10.37-41

De acuerdo con el testimonio bíblico, la comprensión de Pedro en torno al ministerio de Jesús era que se dedicaba a hacer el bien; además, el apóstol entendía que el Señor hacía milagros al sanar a todos los que estaban oprimidos por el diablo. ¡Y el bien que hacía Jesús incluía sus actividades de milagros! ¡La bondad teológica del Maestro se manifestaba físicamente en las sanidades que hacía! De esa forma se unían las virtudes educativas y proféticas del Señor a sus intervenciones extraordinarias en la sociedad para responder a las necesidades más hondas del alma humana.

Desde la perspectiva teológica del libro de los Hechos, Jesús unía en su ministerio el actuar con bondad y la acción milagrosa, que eran signos de que Dios lo había ungido con el Espíritu Santo y los había dotado del poder divino. Se fundían, en el programa teológico y misionero del Señor, lo evangelístico y lo profético, lo educativo y lo espiritual, la sanidad física y la liberación emocional. Y esa unión de virtudes personales y poder espiritual prepararon el ambiente para que pudiera llevar a efecto un misterio grato, pertinente y transformador de éxito.

Los milagros en los Evangelios

Para comprender bien la naturaleza de las acciones extraordinarias de Jesús, de acuerdo con los Evangelios sinópticos, debemos definir lo más claramente posible el amplio concepto que constituye lo *milagroso*. Según la Real Academia Española, un *milagro* "es un tipo de suceso o cosa rara, extraordinaria y maravillosa". Para el mundo académico, lo milagroso se asocia a lo extraño, no esperado e inexplicable.

Esa definición básica, sencilla, inicial y general, se puede ampliar cuando el acto extraordinario se relaciona con lo divino. Con esa nueva comprensión, que incorpora elementos religiosos, podemos indicar que *milagro* "es un hecho no explicable por las leyes naturales, que puede atribuirse a una intervención especial y sobrenatural de origen divino".

Un milagro, desde la perspectiva amplia de la experiencia religiosa, es un evento que acontece y que no necesariamente responde o puede comprenderse de acuerdo con las leyes conocidas de la naturaleza, según con nuestros entendimientos científicos contemporáneos. Se trata de alguna experiencia personal o natural que rompe los patrones entendibles del conocimiento humano. Y como el hecho o la acción no puede entenderse y explicarse de forma adecuada, según el conocimiento científico actual, se denomina *milagro*.

En la Biblia, sin embargo, el milagro es lo inhabitual, inexplicado, inconcebible, desconcertante, inesperado y asombroso. Es el acto divino que mueve a los seres humanos a sacar la mirada de sus adversidades y angustias para dirigirla a Dios. El milagro intenta mover la disposición temporal y humana, para relacionarla con la dimensión eterna y divina. El milagro es una manera de poner de manifiesto la especial voluntad divina en medio de alguna situación de crisis histórica, personal o comunitaria.

La palabra castellana *milagro* proviene directamente del latín *miraculum*, que describe un hecho portentoso, admirable e inexplicable. El verbo latino *mirari* se relaciona con acciones de asombro y sorpresa. Desde este ángulo lingüístico, el milagro es una actividad asombrosa que produce en las personas un sentido grato de admiración y aprecio, pues no puede comprenderse o explicarse de forma natural o sencilla.

En hebreo, un término para describir lo milagroso es *mopheth*, que puede traducirse al castellano como un "signo prodigioso". Esta última expresión se vierte en griego como *teras* y en latín como *portentum*, que pueden entenderse en español como "maravillas, portentos o acciones prodigiosas". La idea general se asocia con el mundo de lo milagroso, radiante, espectacular y extraordinario.

Para referirse a las actividades milagrosas relacionadas con Jesús de Nazaret, los Evangelios canónicos utilizan varias palabras y expresiones griegas de gran importancia semántica e implicaciones teológicas. El griego *dynameis* se asocia con los hechos portentosos, las actividades extraordinarias o directa y sencillamente los milagros de Jesús (Mt 11.20-21,23; 13.54,58; 14.2; Mr 6.2,5,14; Lc 10.13; 19.37).

Otra palabra griega de importancia usada en el Nuevo Testamento para describir lo milagroso es *paradoxa*, que comunica ideas como "maravillas" y "cosas notables o extrañas" (Lc 5.26). También el texto griego utiliza la expresión *sémeion*, que se asocia directamente con el mundo de los prodigios, las señales y los milagros (Lc 23.8; Jn 2.11,23; 3.2; 4.48,54; 6.2,14,26; 7.31; 9.16; 11.47; 12.18,37; 20.30).

En el Evangelio de Juan, para aludir al ministerio milagroso del Señor, se utiliza una doble expresión griega *émeia kai terata*, que se ha traducido tradicionalmente como "señales y prodigios" (Jn 4.48). Además, es posible que la expresión griega, que se ha vertido tradicionalmente al castellano como "hacer el bien" o *euergetón*, esté también relacionada con el mundo de lo milagroso asociado a las actividades educativas y misioneras de Jesús.

Esas palabras hebreas, latinas y griegas nos ubican en el ámbito de lo especial, de lo extraordinario, de lo milagroso, de lo prodigioso... El milagro, desde esta perspectiva multilingüe y multicultural, y también desde una comprensión teológica, es un tipo de intervención sobrenatural en la historia, el mundo, la sociedad, el cosmos y los individuos; que contribuye positivamente a la afirmación, comprensión y celebración del poder divino. Lo milagroso es el encuentro de lo divino y lo humano que propicia la sanidad, liberación y resurrección de alguna persona. Y esos actos milagrosos son también mensajes, enseñanzas y signos de las virtudes divinas que llegan para satisfacer las necesidades humanas.

Las narraciones de milagros en los Evangelios se relacionan directamente con las acciones de Jesús —y también de algunos de sus discípulos. En esos relatos, el Señor responde a algún problema mayor o alguna adversidad seria que afecta a los individuos, los grupos y la naturaleza. Y ante un desafío formidable, los evangelistas presentan a un Jesús lleno de autoridad espiritual y poder divino que es capaz de superar esos infortunios de salud física y emocional, y vencer las complejidades y los problemas en la naturaleza.

Para los evangelistas cristianos, Jesús no solo era rabino, maestro y profeta, sino taumaturgo, que es la expresión técnica que describe a una persona que hace cosas prodigiosas, maravillosas y milagrosas. Y las sanidades divinas sin intervenciones médicas y profesionales se incluyen en el mundo de la taumaturgia. Esos milagros de sanidades se explican desde la perspectiva de las intervenciones sobrenaturales de Dios en medio de la historia humana, a través del ministerio profético y pedagógico de Jesús.

Los problemas a los que el Señor responde de forma milagrosa y sobrenatural son de doble índole: de salud física, emocional y espiritual, y de superación de varios desafíos físicos y meteorológicos. La dinámica general para responder a esas adversidades es directa y clara. Tradicionalmente traían ante el Señor —o se encontraban en el camino— alguna persona enferma, poseída por espíritus o muerta, o debía enfrentar situaciones de la naturaleza que podían detener su paso firme para cumplir la voluntad divina. Ante esos desafíos físicos, mentales, espirituales y cósmicos, respondía con autoridad y virtud para superar la crisis y la adversidad.

El énfasis teológico de los evangelistas al presentar las narraciones de milagros es destacar que el Señor atendía con sentido de prioridad a la gente en necesidad. Además, esos relatos eran maneras de indicar que Jesús respondía a los reclamos reales de las personas. De singular importancia es comprender que los milagros no eran parte de un programa de relaciones públicas o algún esfuerzo de mercadeo del programa misionero de Jesús.

Los milagros respondían de forma elocuente a las necesidades más hondas e íntimas de las personas y las comunidades. Formaban parte de la labor profética, docente y transformadora de Jesús en la Palestina antigua.

Milagros en el Antiguo Testamento

Una lectura cuidadosa de la Biblia hebrea, o el Antiguo Testamento, revela que los milagros se manifiestan mayormente y de forma destacada en períodos específicos (véase Apéndice A). Esas acciones especiales de Dios se asocian a momentos en la historia donde hay revelaciones divinas significativas y singulares, y necesidades humanas apremiantes. Esta amplia comprensión teológica contribuye positivamente a la percepción de que lo milagroso se relaciona con acciones divinas con significado y mensajes. Los milagros son esencialmente signos y mensajes divinos en medio de las realidades humanas.

Aunque las intervenciones extraordinarias de Dios son constantes en la historia bíblica, hay tres períodos donde lo milagroso parece que toma auge y se manifiesta con frecuencia. Y esos períodos de importancia bíblica son los siguientes: la época de Moisés y Josué; el período de Elías y Eliseo; y durante el ministerio de Jesús de Nazaret.

Esos tres períodos agrupan gran parte de las narraciones bíblicas de los milagros. Desde la perspectiva teológica, esos períodos también fueron fundamentales en la historia de la salvación y requerían una serie de intervenciones divinas que superaran las teofanías tradicionales del período de los patriarcas y las matriarcas de Israel.

El estudio de la Biblia hebrea muestra que un singular momento donde los milagros y las acciones prodigiosas jugaron un papel protagónico es el período que va desde la liberación de Egipto hasta la conquista de Canaán. Esos años han jugado un papel determinante en la historia bíblica, pues incluyen no solo la liberación del pueblo de Israel de la esclavitud de Egipto, sino la revelación de los Diez Mandamientos y la presentación de la Ley a Moisés y al pueblo; la afirmación del Pacto de Dios con el pueblo elegido; el establecimiento del culto al Señor que se reveló en el monte Sinaí, como el único Dios verdadero; y finalmente, la conquista de la Tierra Prometida.

En este período es que se encuentran las siguientes manifestaciones milagrosas de parte de Dios: la revelación a Moisés de la zarza ardiente (Éx 3), milagros que afirman la misión de Moisés (Éx 3—4), la vara que se convierte en serpiente y las diez plagas de Egipto (Éx 7—12), el cruce extraordinario del mar Rojo (Éx 14), y la provisión de alimento y agua al pueblo en medio del desierto (Éx 16; Nm 1; Éx 15.17; Nm 20). Además, en este singular período de la historia bíblica, se manifiestan los castigos enviados por Dios a los israelitas desobedientes (Lv 10.2; Nm 11.16; 16.21); el paso extraordinario del río Jordán para llegar a la Tierra Prometida (Jos 3—4); la caída espectacular de los muros de la ciudad de Jericó (Jos 6); y el singular milagro cósmico respecto al sol en la batalla de Gabaón (Jos 10).

En efecto, el período de liberación y conquista está lleno de acciones divinas que no pueden explicarse fácilmente desde las ciencias naturales. Fue un tiempo especial de revelación divina que necesitaba esta serie de narraciones de milagros que confirmaran de forma concreta la voluntad de Dios. Ante desafíos históricos formidables, se manifiesta el poder divino de manera especial, portentosa y milagrosa.

El recuento de estos milagros tenía una importancia teológica especial. Dios se había revelado a Abraham y le había prometido una tierra de paz y seguridad, fuera de la antigua ciudad de Ur, conocida como "de los caldeos" (Gn 12). En las narraciones del Pentateuco, la promesa al famoso patriarca llega a su cumplimiento y se transforma en realidad. Y las narraciones de milagros divinos en este período eran una especie de corroboración teológica de lo que sucedía desde la perspectiva histórica.

El segundo período de gran importancia teológica, desde la perspectiva de las narraciones de los milagros divinos en la historia, se puede asociar con la vida y las acciones de los profetas Elías y Eliseo. En este período el gran desafío no provenía del faraón de Egipto ni de gobiernos extranjeros; el problema real era la atracción que sentía el pueblo hacia las divinidades cananeas. El problema se complicaba aún más, pues ese gran desafío de idolatría estaba tolerado, permitido y hasta propiciado por la monarquía de Israel. Y entre esas divinidades cananeas está el muy famoso Baal.

Para responder de forma vigorosa a esas tentaciones idolátricas, que eran incentivadas por la casa real israelita, Elías y Eliseo llevaron a efecto una serie importante de milagros que tenían como objetivo claro demostrar la superioridad del Dios de Israel en contraposición a las tradicionales divinidades cananeas. El mensaje subyacente en los milagros es que el Dios de Israel es poderoso para manifestarse a su pueblo y las divinidades cananeas, como Baal, no tienen la capacidad de intervenir en medio de la historia humana.

Relacionados con este dúo importante de profetas, las narraciones bíblicas incluyen como 20 milagros, que van desde intervenciones divinas en las dinámicas cotidianas, como la multiplicación de la harina y el aceite (1Re 17.14-16), hasta la manifestación del poder de Dios de manera extraordinaria y especial, con la resurrección del hijo de la viuda (1Re 17.17-24). A esos milagros debemos añadir la manifestación del fuego de Dios en el altar (1Re 18.30-38), la oración por lluvia que fue contestada (1Re 18.41-45), el fuego que cayó del cielo (2Re 1.10-12) y la purificación del agua en Jericó (2Re 2.21-22).

La lectura de las narraciones de milagros en el Antiguo Testamento descubre su importancia teológica. Esos relatos de milagros son afirmaciones teológicas ante los grandes desafíos que enfrentaba el pueblo. En primer lugar, el cautiverio en Egipto y las políticas del faraón impedían a los israelitas servir al Señor de forma adecuada. Además, las tentaciones que le presentaban a los israelitas las divinidades locales de Canaán se constituyeron en un problema muy serio y existencial para el pueblo, que ya estaba en la Tierra Prometida.

Ante esos dos grandes desafíos históricos, las narraciones de milagros juegan un muy importante papel teológico. Estos relatos ponen de relieve el poder de Dios, además de indicar que el Señor está atento a las necesidades de su pueblo. Y ese gran marco teológico es el contexto general de las narraciones de milagros que se incorporan en el Nuevo Testamento.

Jesús de Nazaret vivió en una sociedad cautiva por las políticas del imperio romano y en un mundo religioso enclaustrado en una serie compleja de leyes, ordenanzas y mandamientos. Esa sociedad necesitaba de la intervención extraordinaria de Dios, y en medio de esas dinámicas políticas, religiosas, sociales y económicas, Jesús de Nazaret anuncia la llegada del Reino de Dios o de los cielos. Y junto a su mensaje liberador y salvador del Reino, se unieron las narraciones de milagros. Esos relatos son afirmaciones teológicas firmes y claras de que Dios acompaña y apoya a Jesús en su necesaria e indispensable gestión profética, educativa y transformadora.

El concepto de *milagro* en la historia

La comprensión de lo milagroso ha cambiado en la sociedad a través de la historia. A medida que el conocimiento y las ciencias naturales han ido en aumento, el concepto de lo que constituye un milagro tradicional ha variado. Inclusive, en algunos foros académicos, en diálogos seculares y hasta en algunos círculos religiosos, la realidad y las expectativas de lo milagroso y excepcional en la vida, con el tiempo, ha pasado a un segundo plano.

De forma paulatina, el deseo de vivir lo trascendental y extraordinario de las actividades milagrosas de Dios fue decayendo. Al llegar a la sociedad contemporánea, respecto a las percepciones de lo milagroso, se manifiestan dos claras tendencias polarizadas: una teología que niega rotundamente la existencia y las manifestaciones de lo sobrenatural y milagroso; y otra comprensión teológica de lo prodigioso y especial, que entiende que hay espacio en la vida moderna para ese tipo de manifestaciones divinas, que no necesariamente son comprensibles, de acuerdo con el entendimiento contemporáneo de las ciencias naturales.

Desde el medievo, especialmente desde la llegada y el desarrollo de la Reforma Protestante, la Revolución Francesa y la Ilustración europea, la comprensión y aceptación de lo milagroso ha sido revisada de forma cuidadosa, además de ser fuertemente cuestionada. Mientras en el período post bíblico, los milagros eran entendidos en círculos eclesiásticos, como una especie de prueba irrefutable de la existencia, la presencia y el poder de Dios, con el tiempo esas acciones prodigiosas del Señor se convirtieron en simbología, y hasta comenzaron las dudas de la realidad de lo milagroso en las narraciones evangélicas. Se desarrolló el pensamiento de que lo que no puede suceder el día de hoy, tampoco pudo haber sucedido en la antigüedad.

Los teólogos de la Ilustración europea, y sus discípulos históricos y culturales, intentaron responder al escepticismo relacionado con las reflexiones críticas sobre la vida, los mitos y la religión. Comenzaron a explicar los milagros en la Biblia, especialmente los que se relacionan con las narraciones de Jesús de Nazaret, desde una perspectiva simbólica, racional y científica. Algunas de esas explicaciones todavía perduran en varios círculos académicos contemporáneos.

La narración de lo milagroso en las Sagradas Escrituras es la interpretación teológica y mesiánica de algún hecho o actividad, que no necesariamente tiene explicaciones naturales. Se trata de relatos bíblicos que desean afirmar el poder divino y demostrar la autoridad y el mesianismo de Jesús.

De los milagros del Señor solo tenemos los recuentos de los evangelistas, que tenían un muy claro y firme propósito teológico: anunciar que Jesús de Nazaret era el Mesías prometido por Dios, que tenía la autoridad, el poder y la virtud de hacer milagros.

Si los milagros son hechos y acciones que no responden necesariamente a las ciencias naturales, para desechar la posibilidad de lo milagroso en la historia, primero debemos comprender bien todas las leyes y todos los procesos que gobiernan el universo y la vida. Y llegar a esa comprensión plena de las leyes naturales que rigen las funciones del cuerpo humano y las actividades atmosféricas, es un ideal noble y grato, pero con muy pocas posibilidades de ser alcanzado en la actualidad.

Indicar, por ejemplo, que se tiene ese tipo amplio, completo y absoluto de conocimiento científico es una arrogancia magna, que descalifica a quien lo crea y lo diga. Aunque las investigaciones científicas son muchas, y con bastantes logros importantes y apreciados, no podemos asegurar a ciencia cierta que nuestro análisis y nuestra comprensión de las dinámicas subyacentes de las actividades atmosféricas y las reacciones biológicas y emocionales del cuerpo humano sean completas y plenas.

Desde la perspectiva bíblica básica, los milagros, especialmente los que están relacionados con las intervenciones sanadoras de Jesús de Nazaret, son hechos y acciones que, cuando se analizan a la luz de la fe, se transforman en signos de esperanza, amor y misericordia divina hacia alguna persona que sufre dolencias físicas, emocionales o espirituales. Lo milagroso, especialmente las sanidades, son parte del proyecto de Dios para la humanidad, pues pone claramente de manifiesto el compromiso y la capacidad divina de acompañar a su pueblo aún en momentos de dificultad mayor.

El fundamento principal de este tipo de definición de lo milagroso, desde una comprensión religiosa, no es el rechazo a las leyes de la naturaleza, entendidas o por descubrir, sino una afirmación de la capacidad divina, y específicamente de Jesús, de responder a los cautiverios más serios del cuerpo, el alma o el espíritu humano. Desde la perspectiva teológica, los milagros son formas de demostrar el compromiso de lo eterno en el tiempo, de la relación de lo divino y lo humano, de la intimidad del poder del Eterno en medio de la historia. En efecto, las narraciones de los milagros en la Biblia son parte esencial de la historia de la salvación.

Esa comprensión del milagro, como signo divino que manifiesta el poder de lo sobrenatural en la historia humana, nos permite analizar las narraciones de los actos portentosos de Jesús en los evangelios con amplitud teológica y afirmación intelectual. Las sanidades, liberaciones, resurrecciones y acciones en la naturaleza incluyen mensajes que afirman la llegada del Reino a la historia en la figura de Jesús de Nazaret.

En el estudio de las narraciones de milagros no solo hay que explorar el hecho o acontecimiento, sino hay que revisar y analizar la importancia de esa acción milagrosa en el programa teológico y pedagógico amplio de Jesús de Nazaret. En efecto, el milagro es también enseñanza y mensaje en torno al Reino de Dios o de los cielos. Los milagros de Jesús son signos elocuentes de la irrupción del Eterno en medio de la historia de la humanidad.

Analizar lo milagroso, en general, y las sanidades, en particular, únicamente desde la perspectiva científica o médica, no hace justicia al propósito teológico de las narraciones bíblicas que, en el caso específico de Jesús, se encuentran en los Evangélicos canónicos. El propósito básico de los evangelistas cristianos era afirmar y compartir el mensaje del Reino que anunciaba el Señor. Tenían una muy clara finalidad evangelística y misionera, no eran presentaciones científicas o médicas de las enfermedades ni de las condiciones climatológicas.

Las narraciones de los discursos y las enseñanzas de Jesús revelan esas dimensiones pedagógicas de manera clara y directa. Y en ese mismo espíritu didáctico se encuentran los relatos de los milagros que ponen de manifiesto la llegada del Reino de forma extraordinaria.

Los milagros de Jesús no solo destacan la importancia de la irrupción divina en las esferas humanas, sino que subrayan el deseo de Dios de responder a las necesidades de individuos y comunidades. Los milagros, según los Evangelios, son signos y señales del poder del Señor ante los desafíos extraordinarios que deben vivir las personas y los pueblos.

Sanadores en la antigüedad

Los relatos de personas que sanan en la antigüedad no son pocos, insólitos ni raros. Las actividades de taumaturgos, o personas que llevan a efecto sanidades o actividades milagrosas, están bien atestiguadas, tanto en la literatura judía como en la griega. En efecto, se puede encontrar en la literatura extrabíblica relatos de sanidades, liberaciones de espíritus demoníacos, resurrecciones de muertos, y hasta de tempestades que son calmadas de formas espectaculares.

La evaluación de la literatura de milagros extrabíblica nos permite descubrir y comprender la peculiaridad y extensión de las actividades de Jesús. Además, la evaluación de esos relatos nos ayuda a descubrir las diferencias éticas, morales y espirituales de las intervenciones del Señor, en contraposición con los relatos extrabíblicos.

Uno de los personajes más famosos en la antigüedad, reconocido por sus actividades taumatúrgicas, es Apolonio. Este sanador era oriundo de la ciudad de Tiana, ubicada en la antigua Capadocia —la actual Turquía— y vivió a mediados del siglo primero d. C., hasta comienzos del segundo. En las obras que presentan sus actividades se incluyen relatos de milagros, que se asociaban a su gran sabiduría y la especial capacidad que le otorgaron los dioses.

Desde la perspectiva judía también hay personajes que tienen capacidades taumatúrgicas que deben mencionarse. Y en ese extraordinario mundo de lo milagroso podemos identificar a Honi u Onías, el trazador de círculos, y Hanina Ben Dosa. Ambos personajes son buenos representantes de ese tipo de sociedad que espera y confía en lo milagroso, espectacular y excepcional.

Honi vivió a mediados del siglo primero a. C., y es mencionado por el famoso historiador judío Flavio Josefo. Una de sus hazañas más importantes es que, en un singular período de sequía nacional, oró a Dios para que la sequía finalizara. Efectivamente, según Josefo, sus plegarias fueron escuchadas por Dios, pues la calamidad terminó. Honi era visto en su comunidad como un hombre de bien con capacidades especiales para hacer milagros.

Los relatos de las actividades de Hanina Ben Dosa, que posiblemente era coetáneo de Josefo, se encuentran en la literatura judía conocida como la Misná. Y la fama de Hanina está asociada a sus curaciones especiales. Era visto en su comunidad como un sanador especial y distinguido.

Junto a las narraciones de milagros atribuidas a Honi y Hanina, se pueden encontrar en la antigüedad referencias adicionales a los poderes milagrosos que tenían algunos personajes de importancia social, política y militar. De acuerdo con Tácito y Suetonio, el gran Vespasiano (9-79 d. C.), después de haber sido proclamado emperador, sanó a dos hombres muy enfermos, mientras aún estaba en Egipto, en la ciudad de Alejandría; uno de los enfermos era ciego y el otro, tenía una mano paralizada.

Desde esta singular perspectiva, Cicerón indica que el famoso general romano Pompeyo (106-48 a. C.) tenía poderes especiales para dominar los vientos y las tempestades; indica, además, que poseía la capacidad de caminar sobre las aguas y los fuegos sin dificultades. Desde esta amplia perspectiva taumaturga, sectores de la antigua comunidad romana le atribuían a Pompeyo no solo virtudes militares asociadas a sus campañas bélicas, sino poderes milagrosos.

En efecto, ¡el mundo antiguo esperaba milagros y prodigios de sus líderes!

Falsos milagros

Un elemento singular de las narraciones bíblicas es que incluyen lo que podríamos catalogar como falsos milagros. Se trata de actividades que imitan las intervenciones divinas, pero que carecen de los fundamentos éticos, morales y espirituales que caracterizan los milagros bíblicos verdaderos. Son acciones que llaman la atención en la comunidad, pues tienen la capacidad de atraer a las personas no atentas a las motivaciones profundas de quienes llevan a efecto estas acciones.

Entre estos falsos milagros se pueden identificar las acciones de los magos de Egipto, que tenían la capacidad de imitar los milagros hechos por Moisés. (Éx 7.11,22; 8.3,14). Las hazañas de los magos egipcios intentaban subestimar y menospreciar las intervenciones especiales de Moisés. El propósito era desprestigiar y minimizar las hazañas milagrosas de Moisés, cuyo proyecto de vida fundamental era la liberación de los israelitas de las tierras de Egipto.

En el Nuevo Testamento las referencias a los magos son mayores. En primer lugar, Simón el mago, según el testimonio bíblico, tenía cautiva y atónita a toda la comunidad de Samaria (Hch 8.9-11). El libro de los Hechos alude a otro mago llamado Elimas (Hch 13,6-12). Además, en la misma obra de Lucas se habla de libros que se utilizaban para aprender magia (Hch 19.19).

En las sociedades neotestamentarias abundaban personas que decían que tenían poderes milagrosos y eran reconocidos en sus comunidades por esas actividades. Se trataba de personas que con señales engañosas intentaban reproducir las acciones portentosas y milagrosas de Dios. Jesús habló de este tipo de personas y actividades, cuyo propósito fundamental era seducir, desorientar y engañar a los creyentes y la comunidad (Mt 24.24).

Desde una perspectiva bíblica y teológica más amplia, las actividades milagrosas fraudulentas y engañosas son parte de las características de las acciones del Anticristo (véase, p. ej., 2Ts 2.9-12; 1Ti 4.1-2; Ap 13.13-15). Esas acciones "milagrosas", aunque llamen la atención, no pueden provenir de parte del Dios bíblico, si no se fundamentan en los principios rectores de las acciones divinas, de acuerdo con las Sagradas Escrituras. Y, ciertamente, las Escrituras nos brindan algunas pistas para distinguir y discernir entre los milagros verdaderos y los falsos.

Son varios los criterios de discernimiento para corroborar la autenticidad y veracidad de los milagros. El primero se relaciona con la Palabra de Dios. Si algún milagro contradice la voluntad y las acciones de Dios, de acuerdo con las Sagradas Escrituras, no es verdadero (Dt 13.1-5), y debe ser rechazado de manera radical y contundente.

El segundo criterio para discernir lo verdadero de lo falso en el mundo de lo milagroso se asocia a los resultados: los milagros verdaderos glorifican a Dios no a las personas. Si el milagro no enaltece la gloria divina, tal acción llamativa y asombrosa también debe ser descalificada por carecer de los fundamentos éticos, morales y espirituales necesarios para relacionarlos con la manifestación de la gloria de Dios.

Hay personas que tienen la capacidad de hacer algún tipo de señal milagrosa, la Biblia reconoce esa realidad. Sin embargo, la teología bíblica sana afirma que los milagros verdaderos destacan la grandeza y la santidad de Dios, además de responder a las necesidades reales de la gente. Las sanidades, por ejemplo, no son espectáculos públicos para afirmar el ego de ninguna persona, sino acciones divinas para demostrar el compromiso del Señor con las personas cautivas, necesitadas, angustiadas y heridas por las enfermedades y los cautiverios que les impiden vivir en plenitud y ser felices.

Enfermedades y sanidades

Cada cultura tiene sus comprensiones específicas de las enfermedades. Pues esas dificultades de salud no son solo realidades biológicas y condiciones físicas y mentales, pues se interpretan a la luz de la cultura y la sociedad. Las personas enfermas no solo experimentan las calamidades y dolencias corporales, sino que están expuestas y reciben las interpretaciones que hacen sus comunidades de sus realidades físicas.

En la Palestina del primer siglo, las personas enfermas sufrían las dificultades asociadas a comunidades pobres y subdesarrolladas. Muchas de esas personas padecían enfermedades y condiciones complejas y posiblemente insuperables, que les movía aún más en el mundo de la pobreza social y económica que los llevaba de manera inmisericorde al mundo de lo paupérrimo y la mendicidad. Por la carencia de infraestructuras de salud adecuadas, quedaban abandonadas a su propia suerte que los hería aún más y los llevaba finalmente a la miseria, el abandono y la desesperanza.

Las personas enfermas percibían sus condiciones desde una doble perspectiva: las dimensiones biológicas y las comprensiones teológicas. A la vez, experimentaban las dolencias del cuerpo y entendían que estaban abandonadas por Dios. Vivían un infortunio continuo e intenso, pues el dolor no solo era físico sino espiritual. A la inhabilidad visual, auditiva, de comunicación o de movilización, se unía un sentido hondo de dolor, angustia, impotencia, rechazo, discrimen… En efecto, las personas enfermas se preguntaban el porqué de sus angustias y condiciones, sin encontrar respuestas satisfactorias a una serie intensa de dolores, interrogantes e insatisfacciones.

Esa multitud de personas enfermas, que vivían en un intenso cautiverio físico, emocional y espiritual, constituyeron un sector de gran importancia en el proyecto misionero de Jesús de Nazaret. Las preguntas existenciales eran complejas. ¿Por qué estoy maldito con esta enfermedad? ¿Por qué a mí? ¿Por qué ahora? ¿Por qué nadie me ayuda? ¿Por qué estoy solo? Y esas preguntas eran extremadamente difíciles de responder, pues, para los enfermos, sus calamidades no solo se entendían desde la dimensión médica, sino desde una muy profunda percepción religiosa, emocional y espiritual.

De acuerdo con el pensamiento semita antiguo, en Dios está el origen de la salud y la enfermedad; el Señor era el agente que propiciaba el bienestar o enviaba la calamidad. Esa era una sociedad que entendía que el origen de la vida y la muerte se asociaba con lo divino. Y en el medio del proceso se encuentra la enfermedad. La salud se relacionaba con la bendición divina y la enfermedad, con la maldición.

A ese mundo herido por las enfermedades físicas y mentales, a las que se unía la dimensión espiritual, llegó Jesús de Nazaret con una palabra de esperanza y un mensaje de sanidad. En su anuncio del proyecto del Reino de Dios a la sociedad judía del primer siglo, el Señor no olvidó ni ignoró ni rechazó este sector social de grandes necesidades. A esa comunidad de personas heridas físi-camente y angustiadas emocionalmente les faltaba salud, apoyo social, atención médica, comprensión comunitaria y solidaridad espiritual. ¡Además, vivían el abandono inmisericorde de las instituciones religiosas y políticas!

Jesús de Nazaret llega con el proyecto del Reino que incluye una singular y muy importante dimensión de lo milagroso, inesperado, espectacular y pro-digioso. Con su verbo elocuente, sus enseñanzas sabias y mensajes pertinentes, contribuyó a que resucitara la esperanza en las personas más dolidas y heridas de la comunidad. Y en medio de las interminables soledades y las incertidum-bres eternas de la comunidad enferma, comenzó a escucharse, en las ciudades, los caminos, las aldeas y los montes, que los ciegos veían, los sordos escuchaban, los cautivos eran liberados y a los pobres se les anunciaba el evangelio…

Milagros de Jesús de Nazaret

Al estudiar con detenimiento los milagros que se atribuyen a personajes de la antigüedad, se descubre una serie importante de características singula-res en las actividades que llevaba a efecto Jesús. En primer lugar, Jesús no hacía milagros para exhibir sus poderes o para hacer un espectáculo de su autoridad espiritual. Por el contrario, siempre las narraciones de milagros asociadas con las actividades del Señor responden a los clamores humanos más hondos y sentidos. El milagro es un acto para manifestar la misericordia y el amor de Dios.

El propósito de Jesús en su tarea milagrosa es eliminar las dolencias, enfer-medades o condiciones que le impedían a las personas vivir vidas liberadas, au-tónomas, gratas y bendecidas. No había honorarios ni los milagros se llevaban a efecto para castigar personas, que son detalles que se descubren al estudiar las narraciones generales de milagros en las sociedades griegas y romanas de la antigüedad.

El buen modelo de Jesús como rabino, maestro, profeta y sanador se des-cubre y afirma en los Evangelios canónicos. Para Jesús, su tarea docente y pro-fética incluía lo milagroso, para afirmar desde diferentes ángulos la llegada del Reino. Los milagros y las sanidades eran parte integral de la comprensión mi-sionera y programática de Jesús.

En los evangelios apócrifos, sin embargo, se presenta una imagen de la in-fancia del Señor que no concuerda con los relatos bíblicos. Estos evangelios apócrifos presentan a un Jesús niño que hace milagros para exhibir sus poderes o para castigar a alguien. Y esa no es la intención misionera del Jesús adulto, de acuerdo con las narraciones canónicas que están a nuestra disposición.

En las narraciones de milagros que se encuentran en los Evangelios canónicos, se puede identificar una serie recurrente de temas de importancia o de motivaciones para llevar a efecto las sanidades. La finalidad de este tipo de relato de milagro de sanidad es responder a los reclamos de alguna persona necesitada, además de glorificar a Dios.

El estudio de los Evangelios canónicos descubre que Jesús de Nazaret lleva a efecto varios tipos de acciones milagrosas. Y esas acciones están íntimamente relacionadas con su anuncio y afirmación del Reino de Dios. Son milagros que no solo responden a las necesidades humanas, sino que transmiten valores y enseñanzas, de acuerdo con la finalidad teológica y educativa de cada evangelista.

Las narraciones de milagros en los Evangelios presentan cuatro tipos generales de prodigios. El primer tipo de acción milagrosa de Jesús son las sanidades. Y esas sanidades incluyen, varias condiciones de salud: por ejemplo, curaciones de ciegos, sordos, paralíticos y leprosos. Esas acciones del Señor son signos claros de misericordia divina que destacan el poder de Dios sobre el cuerpo, la mente y el espíritu.

El segundo tipo de milagro son las liberaciones de demonios o espíritus impuros. Y con las liberaciones se pone de relieve el poder de Jesús sobre el mundo espiritual, sobre los poderes demoníacos que quieren quitarle la paz y la tranquilidad a la humanidad. Las resurrecciones constituyen el tercer tipo de acción milagrosa. Esos actos de resucitar difuntos son signos del poder divino sobre la vida y la muerte. Y para completar esas acciones extraordinarias y portentosas del Señor, se descubren los milagros sobre la naturaleza, que son formas teológicas de afirmar que Jesús tiene el poder divino sobre el cosmos y la creación.

Esas acciones milagrosas ponen de manifiesto el poder de Dios en medio de las realidades humanas; además, revelan la misericordia de Jesús ante las necesidades de individuos y comunidades. Esos relatos de milagros ponen de relieve el compromiso de Jesús con la gente en necesidad y reiteran su comprensión de la voluntad divina que se hacía realidad en medio de la historia humana. El propósito del ministerio de Jesús era restaurar la comunicación de Dios con las personas, y para lograr ese objetivo unía su ministerio docente y profético a sus labores llenas de señales milagrosas y signos de Dios.

La evaluación amplia de todas las narraciones de los milagros de Jesús descubre que un segmento importante de esos recuentos de intervenciones divinas portentosas se relaciona con la sanidad de mujeres. En una sociedad patriarcal, donde las mujeres no eran vistas con mucho prestigio social, el Señor separó tiempo de calidad para atender a sus necesidades espirituales y para sanarlas físicamente y liberarlas espiritualmente.

Inclusive, las narraciones de este tipo de sanidad ubican a Jesús respondiendo con libertad a los reclamos de las mujeres. Los relatos de sanidades indican que en el proceso el Señor interactuaba con las mujeres, y hasta las tocaba, rompiendo de esta forma las regulaciones religiosas de la época. Para Jesús de Nazaret, más importante que las regulaciones religiosas y las interpretaciones rabínicas de la Ley, estaban los seres humanos y sus necesidades.

Al estudiar las narraciones de milagros se descubre que no eran actos improvisados. Por el contrario, las sanidades incluyen un tipo de proceso que revela orden y sentido de dirección. Esos procesos incluyen una lista de detalles que demuestran que no se trata de una actividad momentánea del Señor, pues se pueden distinguir elementos recurrentes en los relatos de las sanidades y los milagros.

Entre esas dinámicas que circundan las acciones milagrosas del Señor, se encuentran las siguientes acciones o declaraciones:

- Identificación de la duración de la enfermedad.
- Peligrosidad de la calamidad.
- Frustración de los médicos.
- Dudas de las personas que rodean a la persona necesitada.
- Llegada del Señor al enfermo o cautivo.
- Alejamiento de los espectadores.
- Jesús el sanador toca al enfermo o al cautivo.
- Se afirma una palabra de sanidad y liberación.
- Se produce el milagro, la sanidad o liberación.
- Se describe el resultado de la acción divina.
- Corroboración del resultado o del milagro.
- Salida de la persona sanada o liberada.
- Impacto del milagro en la comunidad.

Cada uno de los elementos de esta lista de acciones no necesariamente se incluyen en todas las narraciones de milagros, pero exponen el cuadro amplio de los procesos y sus propósitos fundamentales. Esta lista es una corroboración de que esas narraciones milagrosas en los Evangelios canónicos estaban muy bien pensadas y redactadas, pues tenían serias implicaciones teológicas y pedagógicas en el ministerio de Jesús. Los milagros no solo eran acciones portentosas del poder del Señor, sino transmitían mensajes de vida, liberación y esperanza.

Aunque en la antigüedad había personas taumaturgas, que se conocían por hacer actos mágicos y prodigiosos, la revisión de las narraciones de los milagros que se relacionan con Jesús muestra ciertas características que no debemos obviar ni subestimar.

En primer lugar, el Señor nunca recurrió a la magia para llevar a efecto sus acciones milagrosas. No utilizó amuletos ni empleó raíces mágicas ni incentivó la repetición de frases fantásticas o hipnóticas. Por el contrario, Jesús se presentó ante la crisis con la autoridad espiritual y fuerza moral que provenía directamente de Dios. El objetivo de sus sanidades y liberaciones era doble: poner de manifiesto el poder y la gloria de Dios y responder a las angustias mayores que impedían que alguna persona disfrutara la vida a plenitud.

De singular importancia al estudiar los relatos que presentan los milagros de Jesús es el papel que juega la fe en esos procesos. Ese fundamental componente de confianza en Dios, y de seguridad de que el Señor tiene la capacidad y el deseo de liberar a alguna persona de sus calamidades físicas, emocionales y espirituales, no se pone en evidencia en las narraciones de milagros en la antigüedad, fuera del ámbito de los milagros bíblicos en general y en especial los que lleva a efecto Jesús.

Es de notar, además, que los milagros de Jesús de Nazaret, de acuerdo con las narraciones evangélicas, no tienen como objetivo básico ensalzar su figura o requerir reconocimientos especiales de su labor. Por el contrario, siempre sus milagros estaban relacionados con las necesidades de la gente.

Los milagros del Señor no formaban parte de un programa de relaciones públicas que realzaban la figura del que llevaba a efecto el prodigio. El propósito era sanar y liberar personas en diversos tipos de cautiverios. Nunca el Señor utilizó su ministerio de milagros para enfatizar su persona, solo deseaba glorificar a Dios y bendecir a la humanidad.

Para el Señor Jesús, su ministerio de sanidades era la continuación de sus mensajes elocuentes y sus enseñanzas desafiantes. Los milagros eran parte de un ministerio que debía ser pertinente y contextual. Un pueblo con dificultades en la comprensión y aplicación de los valores religiosos que procedían de los rabinos y los maestros de la Ley en Jerusalén y que, además, estaba sumido en un mundo complejo de enfermedades físicas, cautiverios espirituales y calamidades emocionales, necesitaba que Jesús presentara un mensaje de desafío a las instituciones religiosas y políticas de la época, además de responder a los dolores continuos del pueblo.

Las sanidades, las liberaciones, las resurrecciones y los milagros de Jesús eran componentes indispensables en su ministerio, pues le esperaba y le seguía un pueblo enfermo, cautivo, desorientado y muerto. Y ante una sociedad con angustias en el alma, dolores en el corazón, cautiverios sociales, opresiones políticas y enfermedades en el cuerpo, el Señor Jesús llegó con la palabra profética y las acciones milagrosas que hacían falta.

01
Sanidades de ciegos

Al irse Jesús de allí, dos ciegos lo siguieron, gritándole:
—¡Ten compasión de nosotros, Hijo de David!
Cuando entró en la casa, se le acercaron los ciegos,
y él les preguntó: —¿Creen que puedo sanarlos?
Sí, Señor —le respondieron.
Entonces les tocó los ojos y les dijo:
—Que se haga con ustedes conforme a su fe.
Y recobraron la vista. Jesús les advirtió con firmeza:
—Asegúrense de que nadie se entere de esto.
Pero ellos salieron para divulgar por toda aquella región
la noticia acerca de Jesús.
Mateo 9.27–32

Enfermedad, medicina y teología

Las sanidades de Jesús de Nazaret eran una continuación del mensaje teológico y las enseñanzas transformadoras en torno al Reino de Dios. Esa singular y novel enseñanza de redención, liberación y esperanza, que se presenta en el Sermón del monte y se destaca en las Bienaventuranzas (Mt 5.1—7.29), incorpora de forma destacada y, con intencionalidad, el mundo de los prodigios y las esferas de lo sobrenatural. En efecto, las narraciones de las enseñanzas y actividades del Señor, de acuerdo con los Evangelios canónicos, incluyen sus acciones milagrosas de sanidades de personas enfermas, liberaciones de cautivos espirituales y emocionales, resurrecciones de muertos y prodigios sobre la naturaleza.

Desde las perspectivas teológicas, el Reino de Dios era el cumplimiento de las antiguas promesas divinas al pueblo de Israel. Y desde los ángulos prácticos, los valores del Reino respondían a las necesidades concretas del pueblo, especialmente de los sectores más heridos, marginados y angustiados de la comunidad, como son las personas pobres, enfermas y espiritualmente cautivas.

Para Jesús de Nazaret, la buena noticia del Reino tenía implicaciones inmediatas y liberadoras para la gente; además, la predicación del evangelio propiciaba un ambiente de salud integral, de bienestar físico, espiritual y social, y de sosiego y paz, que ciertamente se fundamentan en la revelación de la voluntad divina y la implantación del Reino de Dios y su justicia. El mensaje del Señor llegaba con fuerza a las antiguas ciudades de la Nazaret, Capernaúm y Jerusalén; irrumpía como un agente de bondad, misericordia y transformación, que se vivía no solo en la salud física sino en el bienestar emocional, espiritual, familiar, social, económico y político. Y en medio de esas dinámicas proféticas y educativas, los milagros y las sanidades juegan un papel destacado, singular y protagónico.

La comprensión antigua de la salud entendía que Dios se encuentra en el origen tanto de la salud como de la enfermedad. En efecto, desde la perspectiva de las Escrituras, el Dios bíblico es el Señor de la vida y la muerte, y las enfermedades eran vistas en relación con lo divino. Esa comprensión básica movía a las personas a relacionar el bienestar físico y emocional con la bendición de Dios. Pensaban que las enfermedades y los cautiverios espirituales eran signos claros del juicio divino o abandono del Señor.

En los tiempos bíblicos, los israelitas pensaban que las personas que disfrutaban de vidas saludables y prósperas, era porque tenían la bendición de Dios. También entendían que las enfermedades físicas, mentales y espirituales eran signos del juicio y rechazo divino. Era un mundo espiritualmente complicado, pues las enfermedades se relacionaban con infidelidades o pecados, que podían ser tanto públicos como privados, que necesitaban recibir el juicio y castigo del Señor. Inclusive, pensaban que los pecados y sus consecuencias nefastas podían pasar de generación en generación y de padres a hijos.

Las personas ciegas, paralíticas, tullidas, leprosas, lunáticas o endemoniadas, o espiritual y emocionalmente enfermas, en ese tipo de sociedad, no solo debían cargar el peso de las complejidades físicas y emocionales relacionadas con sus condiciones, sino que también vivían con un sentido de culpa, dolor y frustración. Entendían que estaban viviendo la maldición divina. Ese sector de la sociedad sufría una especie de triple marginación y angustia: sentía los síntomas y los dolores físicos, percibía el rechazo social por sus calamidades y vivía la angustia espiritual por ser rechazado por Dios.

Ese era el ambiente ideal para que las sanidades cumplieran una doble función. Se liberaba a la persona enferma y herida por alguna dificultad física o emocional y se independizaba del martirio asociado con su condición. Además, la sanidad era liberación espiritual y teológica, pues las personas sanadas y liberadas pasaban del mundo de la maldición a las dinámicas gratas de la bendición de Dios. Se movían, providencialmente, de las esferas nefastas de las maldiciones espirituales, a los ambientes gratos y liberados de la misericordia divina.

Esa teología de la sanidad, que se afirma con claridad en la declaración del Salterio (Sal 103.1-3), se pone claramente de manifiesto en la poesía de Isaías (Is 33.21-24). El profeta afirma con certeza que vendrá el día cuando, por el poder de Dios, la enfermedad ya no se manifestará en el pueblo:

> *Allí el SEÑOR nos mostrará su poder.*
> *Será como un lugar de anchos ríos y canales.*
> *Ningún barco de remos surcará sus aguas,*
> *ni barcos poderosos navegarán por ellas.*
> *Porque el SEÑOR es nuestro guía;*
> *el SEÑOR es nuestro gobernante.*
> *El SEÑOR es nuestro rey: ¡Él nos salvará!*
> *Tus cuerdas se han aflojado:*
> *No sostienen el mástil con firmeza*
> *ni se despliegan las velas.*
> *Abundante botín habrá de repartirse,*
> *y aun los cojos se dedicarán al saqueo.*
> *Ningún habitante dirá: «Estoy enfermo»;*
> *y se perdonará la iniquidad del pueblo que allí habita.*

La sanidad de dos ciegos

En ese mundo donde la enfermedad no solo era martirio físico sino una angustia espiritual, las personas ciegas sufrían de manera intensa. ¡No podían disfrutar ni percatarse visualmente de las sonrisas y las lágrimas, de los amaneceres y los ocasos, de las ciudades y los campos, de los desiertos y los ríos, de lo que sucedía a sus alrededores! Los impedimentos visuales son desafíos extraordinarios, pues, para muchas personas, se cierra un carril importante por donde se tiene acceso a la realidad y a lo que sucede en la vida, y se disminuyen y complican las posibilidades de comprender adecuadamente e internalizar las dinámicas que les rodean y afectan.

Las personas con impedimentos visuales carecen de un componente esencial para interactuar con la vida y esa condición les hace depender de otros sentidos para comprender de alguna forma las complejidades de la existencia humana. Esa condición física e impedimento complica los procesos naturales para conocer las personas y para reaccionar ante los cambios en el ambiente y la comunidad. La invidencia se convertía no solo en angustia física y crisis teológica y espiritual, sino en la disminución de sus habilidades para interaccionar de manera óptima con las personas, las conversaciones, los ambientes y las comunidades.

La ceguera en la antigüedad era una condición bastante frecuente, en comparación con las realidades contemporáneas. Posiblemente algunas de las causas de esa condición eran las siguientes: la enfermedad de la viruela y la inflamación de los ojos producto de la falta adecuada de higiene, por el polvo fino del ambiente que se acumula en los ojos y por la intensidad solar. Además, se piensa que unas moscas diminutas se escondían en los párpados y atacaban directamente los ojos de las personas. Las leyes del Pentateuco afirman la importancia de tratar a las personas con diversas discapacidades, incluyendo las que tienen impedimentos visuales, con misericordia, respeto y dignidad (Lv 19.14).

Respecto al mundo de la invidencia debemos destacar que los Evangelios canónicos presentan la prioridad que Jesús le dio a la sanidad de las personas con esa condición de salud. De acuerdo con las narraciones que presentan la respuesta de Jesús a los discípulos de Juan el Bautista (Mt 11.2-11; Lc 7.18-28), los ciegos tienen prioridad en la manifestación del Reino de los cielos.

Ante la pregunta si Jesús era verdaderamente el Mesías esperado, el Señor contestó de manera clara, firme y decidida (Mt 11.4-5):

> *Les respondió Jesús:*
> *—Vayan y cuéntenle a Juan lo que están viendo y oyendo:*
> *Los ciegos ven, los cojos andan, los que tienen lepra son sanados,*
> *los sordos oyen, los muertos resucitan*
> *y a los pobres se les anuncian las buenas nuevas.*

La respuesta de Jesús ante las preocupaciones mesiánicas del famoso profeta del desierto, que lo conocía bien y lo había bautizado en el río Jordán (Mt 3.13-17; Mr 1.9-11; Lc 3.21-22), revela la relación íntima que había entre su ministerio profético y educativo y las señales prodigiosas y los milagros. La llegada del Reino a la historia tenía un mensaje especial de sanidad y esperanza para las personas enfermas.

Y en el marco amplio de esas acciones milagrosas y sanidades de Jesús de Nazaret, el primer signo de su identidad mesiánica es la sanidad de las personas ciegas. En efecto, la restauración de la capacidad de ver era una clara señal de la inauguración de la época mesiánica.

La narración de la sanidad de los dos ciegos en Capernaúm era una forma de destacar que había llegado una nueva época, un tiempo novel al mundo judío palestino de la antigüedad. Esa hora novel de intervenciones milagrosas de Dios, tomaba prioritariamente en consideración a las personas enfermas o discapacitadas que habían perdido la esperanza de experimentar algún tipo de cambio positivo y liberador en sus formas de vida.

En este relato evangélico, dos invidentes siguieron a Jesús y no lo dejaron hasta lograr sus metas: ¡recibir la vista! Esta sanidad dual abría la posibilidad de que otras personas ciegas —o que sufrían diversas enfermedades y calamidades físicas, emocionales y espirituales— salieran de la oscuridad y el cautiverio en que vivían, recuperaran la esperanza y recobraran los deseos de vivir con dignidad, respeto e integridad. La intervención de Jesús les devolvió la vida, pues cambiaba la condición de dependencia e inseguridad, a una nueva realidad de independencia y seguridad.

La ciudad de Capernaúm

Este milagro se llevó a efecto en la ciudad de Capernaúm, a orillas del lago de la Galilea. Luego del asesinato de Juan el Bautista, Jesús se mudó desde la pequeña villa de Nazaret donde se había criado y vivía, a esta ciudad pesquera por varias razones, entre las que se encuentran las siguientes: como era una ciudad de importancia en la Galilea, en Capernaúm el Señor tenía la oportunidad de llegar a más personas y su mensaje se podía difundir con amplitud y rapidez; además, en esa ciudad, por su naturaleza urbana y comercial, vivían algunos de los líderes rabínicos más importantes de la región y su población era mixta, pues sus ciudadanos eran judíos y gentiles.

En Capernaúm Jesús estableció su base de operaciones (Mt 4.12-17; Lc 4.14-15; 5.1-11; 6.17-19), por esa razón los Evangelios la identifican como "su ciudad" (Mt 9.1). La importancia de Capernaúm se revela al notar que contaba con un puesto para cobrar impuestos (Mt 9.9) y que tenía una base militar romana (Mt 8.5). Además, en esa ciudad se hospedaba en la casa de Pedro y Andrés, que se dedicaban a la pesca. Y en esa misma ciudad llevó a efecto varias sanidades y milagros de importancia (Mt 8.16-17).

Por ser una ciudad de reconocimiento político y comercial, también era un espacio adecuado para las personas que se dedicaban a la mendicidad. Personas enfermas y marginadas de los centros de trabajo, y carentes de adecuadas infraestructuras de apoyo familiar, se mudaban a Capernaúm para esperar algún tipo de ayuda para la subsistencia. Las personas que viven de la misericordia de limosnas y de la comunidad buscan lugares económicamente desarrollados para establecer sus vidas.

En medio de ese complejo mundo de discapacidades, enfermedades, impotencias y desesperanzas, dos ciegos escucharon de Jesús y de su tarea mesiánica,

43

profética y educativa. Además, el poder del Señor para llevar a efecto milagros de sanidades se escuchaba ya no solo en las ciudades de Nazaret y Capernaúm, sino en la región de la Galilea. Y en ese ambiente de necesidad personal y de cautiverio, y a la vez de expectativa positiva de recobrar la vista y la normalidad, los dos ciegos se decidieron buscar al Señor y seguirlo hasta conseguir lo que necesitaban y deseaban: la salud física y el bienestar individual, familiar y social.

El clamor humano y la respuesta divina

La sanidad de los dos ciegos en el Evangelio de Mateo se ubica en medio de una serie de relatos de milagros luego del Sermón del monte (Mt 5.1—7.28). Como una especie de continuación teológica de las Bienaventuranza, las narraciones evangélicas indican que el Señor sanó a personas de lepra, espíritus inmundos, fiebres, parálisis y hemorragias; además de haber calmado los vientos en el lago de la Galilea.

La sanidad de los dos ciegos se encuentra en medio de otros milagros y manifestaciones concretas del poder divino sobre la naturaleza. El marco de referencia teológico de la narración sobre la sanidad de los invidentes es el poder de Dios sobre la creación y el compromiso de Jesús con la gente en necesidad. Se unen en ese relato, el clamor más hondo que proviene del ser humano y la manifestación de gracia más amplia que genera la misericordia divina. Se unen en la narración, la necesidad humana y el compromiso divino.

Dos ciegos, al enterarse de la fama de Jesús y de su estadía en Capernaúm, deciden buscarlo. ¡No se detuvieron hasta encontrarlo! Y una vez lo encuentran, resuelven llegar a su hogar y pedir con firmeza el milagro que necesitaban de sanidad. ¡Determinan que no van a detenerse hasta recibir la manifestación plena de la misericordia divina! Del ambiente de la narración se identifican la desesperanza de los ciegos y también la audacia de cambiar su situación de vida. Se ponen de manifiesto la naturaleza de la crisis y los dolores de los invidentes.

De acuerdo con el relato, al llegar a la casa donde vivía el Señor comenzaron a gritar y suplicar misericordia. Ese reclamo desesperado de bondad y gracia lo hacían fundamentados en que Jesús era el hijo de David. El clamor de los ciegos revela las complejidades relacionadas con la condición de invidencia. Y la afirmación de Jesús como hijo de David era el reconocimiento de que el Señor era el Mesías prometido de la casa del famoso rey de Israel.

Jesús respondió con amabilidad a los reclamos de los invidentes y los invitó a la casa. En el diálogo, el Señor les pidió declarar la confianza que tenían en el poder divino. Y ellos respondieron en la afirmativa. Fue una conversación corta y directa. Según el texto bíblico, Jesús los motivó a expresar sus convicciones y reveló su misericordia, amor y poder. El Señor dedicó tiempo de calidad a los ciegos para que pudieran expresar sus sentimientos más profundos y también para responder con gracia y misericordia a sus reclamos.

Al escuchar las palabras de seguridad de los invidentes, el Señor los tocó, en un gesto noble de amor, fraternidad y compañerismo; además, les dijo que recibirían la sanidad fundamentados en la fe que habían demostrado. La determinación de los invidentes, unida a la perseverancia y la fe, produjeron el milagro divino. Jesús, en su misión mesiánica, respondió a las necesidades de dos personas que no tenían esperanzas en las instituciones humanas, pero que declararon confianza en el Señor. Y el factor fundamental para que el milagro se hiciera realidad fue la fe.

Luego de la declaración de fe de los necesitados y del toque del Señor, los dos ciegos recibieron la tan anhelada y necesitada vista. Fue un milagro de sanidad especial y portentoso a dos personas a la vez. Y ante lo asombroso e increíble del suceso, el Señor le pidió a los que habían estado ciegos, pero que ahora podían ver, que no dijeran nada de lo que había sucedido a nadie.

La petición de Jesús, sin embargo, era muy difícil de entender u obedecer. ¿Cómo explicarle a la gente, que sabía que los dos invidentes eran parte de la comunidad con necesidades especiales, que de pronto podían ver? Era extremadamente difícil esconder este tipo de sanidad en Capernaúm, pues los invidentes en la antigüedad dependían de las limosnas diarias del pueblo.

Los invidentes sanados, que eran personas conocidas en la ciudad, al salir de la casa donde estaba Jesús, divulgaron lo que había sucedido. Y la fama del Señor como sanador se extendió aún más por toda la región. Las dos personas sanadas no pudieron esconder su nueva realidad de sanidad.

Que hayan sido dos los invidentes que recibieron sanidad acentúan notablemente las capacidades divinas de intervención en las actividades educativas de Jesús, en medio de las realidades humanas. No solo Dios podía sanar a una persona, sino que intervenía de forma milagrosa en dos al mismo tiempo, que era una manera de magnificar el poder divino y enfatizar la autoridad que se manifestaba de las actividades docentes, proféticas y misioneras de Jesús de Nazaret.

La sanidad del ciego Bartimeo

Después llegaron a Jericó.
Más tarde, salió Jesús de la ciudad acompañado de sus discípulos
y de una gran multitud.
Un mendigo ciego llamado Bartimeo (el hijo de Timeo)
estaba sentado junto al camino.
Al oír que el que venía era Jesús de Nazaret, se puso a gritar:
—¡Jesús, Hijo de David, ten compasión de mí!
Muchos lo reprendían para que se callara,
pero él se puso a gritar aún más:
—¡Hijo de David, ten compasión de mí!
Jesús se detuvo y dijo:
—Llámenlo. Así que llamaron al ciego.
—¡Ánimo! —le dijeron—. ¡Levántate! Te llama.
Él, arrojando la capa, dio un salto y se acercó a Jesús.
—¿Qué quieres que haga por ti? —le preguntó.
—Rabí, quiero ver —respondió el ciego.
—Puedes irte —le dijo Jesús; tu fe te ha sanado.
Al momento recobró la vista
y empezó a seguir a Jesús por el camino.
Marcos 10.46–52

La antigua ciudad de Jericó

Jericó es una antigua ciudad ubicada en la llanura entre la antigua Palestina y Cisjordania, muy cerca del río Jordán y del mar Muerto, a unos 250 metros bajo el nivel del mar y a unos 27 kilómetros de Jerusalén. La ciudad era la última parada de los peregrinos provenientes de la Galilea, y otros lugares del norte y del este, que se dirigían a Jerusalén, antes de subir las montañas y llegar al Templo.

Las narraciones bíblicas asociadas a la ciudad son de gran importancia histórica y teológica, pues incluyen el relato de la primera conquista militar de Josué y los grupos israelitas al llegar a la Tierra Prometida, Canaán. Luego que salieron de Egipto y peregrinaron el desierto por décadas, los israelitas guiados por Josué finalmente conquistaron Jericó y llegaron a tomar posesión de las tierras prometidas al patriarca Abraham (Gn 12). En Jericó también está el famoso manantial de Eliseo (*Ein as-Sultan*) que representa la salud, el bienestar y el poder de Dios (2Re 5). La ciudad de Jericó, en efecto, es sinónimo de triunfo, sanidad, conquista y superación de adversidades.

La narración de la sanidad del ciego Bartimeo se ubica en un muy buen contexto geográfico, histórico y teológico. Jesús de Nazaret y sus discípulos posiblemente visitaban la ciudad con alguna frecuencia. Como parte de las celebraciones de las fiestas de peregrinación anuales de la comunidad judía en el Templo, Jesús, sus familiares, discípulos y seguidores, pernoctaban en Jericó antes de proseguir sus caminos y subir a Jerusalén. Generalmente, esos viajes desde la Galilea llegaban a Jericó en la tarde, de esa forma los grupos de peregrinos descansaban en la noche para posteriormente viajar temprano en la mañana a la Ciudad Santa.

Algunos de los sacerdotes del Templo vivían en los alrededores de la ciudad, pues la comunicación entre Jerusalén y Jericó era continua. Inclusive, la famosa parábola del buen samaritano se ubica en el camino entre esas dos ciudades (Lc 10.25-37). En efecto, los judíos conocían muy bien la ciudad desde la perspectiva histórica y también por consideraciones geográficas y conveniencias para las peregrinaciones al Templo.

La narración bíblica ubica la sanidad de Bartimeo el ciego a la salida de la ciudad. Las puertas de las ciudades eran lugares preferidos para las personas que mendigaban, por la cantidad de personas que pasaban por esos lugares. De acuerdo con el relato de Marcos, el Señor estaba acompañando por sus discípulos y una gran multitud (Mr 10.46). Además, el Señor ya salía de la ciudad de Jericó para dirigirse a Jerusalén y enfrentar con valor y dignidad su última semana ministerial, que comenzó con la llamada Entrada Triunfal (Mr 11.1-11). La sanidad de Bartimeo es el último milagro que lleva a efecto el Señor antes de su crucifixión y resurrección, fuera de la ciudad de Jerusalén.

La sanidad

Como el grupo era numeroso y hacían ruido, el invidente, preocupado y curioso, preguntó qué sucedía. Cuando alguien le indica que la algarabía está relacionada con el paso de Jesús y sus seguidores, Bartimeo comenzó a gritar para llamar la atención del Señor. En sus gritos decía: Jesús, Hijo de David, ¡ten compasión de mí! Es evidente que ya la fama del Señor se había difundido por Jericó y había llegado a oídos del invidente.

El clamor de Bartimeo era firme, alto y reiterado. ¡Quería poner fin de una vez y por todas a su calamidad y dolor! Invocaba al Señor con el título que lo relaciona con la dinastía de David, que era una manera de aludir a los poderes políticos y militares del Mesías. El invidente vivía en medio de una crisis de múltiples dimensiones: la realidad de vivir en la oscuridad, la angustia de la dependencia, el dolor de interpretar su condición como un acto de juicio divino y la crisis del cautiverio romano que se imponía con fuerza sobre la antigua ciudad de Jericó.

Y en medio de todos esos factores de adversidad, Bartimeo decidió implorar la compasión divina. El invidente, que estaba acostumbrado a mendigar en las puertas de la ciudad, en aquella ocasión decidió armarse de valor para clamar por la misericordia de Dios. No le importó que lo reprendieran por los gritos ni tomó en consideración el decoro social ni le interesaron los protocolos adecuados para llegar ante personas de importancia.

Bartimeo escuchó que Jesús de Nazaret pasaba por Jericó y decidió moverse hasta llegar ante su presencia y presentar su caso. Llegó a la firme convicción de que no quería vivir más cautivo en la invidencia y en el mendigar. Decidió superar su condición de invidente fundamentado en lo que había escuchado del Señor: ¡que tenía el poder, la capacidad y el deseo de sanar a los ciegos!

La fe del invidente

La fe de Bartimeo se expresaba en decibeles. Fueron tan altos los gritos del ciego que Jesús decidió detener la comitiva para atender sus reclamos con dignidad. No desperdició un instante el Señor para responder a la necesidad humana. Ante los clamores continuos de la desesperanza, el Señor decide separar tiempo de calidad para escuchar y atender un hombre con misericordia, que estaba inmerso en la desesperación. Y frente a la mirada asombrada de la multitud, y la atención precisa del invidente, Jesús propicia un diálogo de sanidad y liberación, de esperanza y salvación, de misericordia y vida.

Cuando el Señor llama a Bartimeo, y alguien le dice que tuviera ánimo que Jesús lo iba a atender, el ciego dio un salto y dejó la capa antigua que lo cubría. Posiblemente la narración desea destacar que el ciego dejaba atrás lo que representaba su vida en la oscuridad, su existencia cautiva en el mendigar, sus días interminables esperando alguna limosna o algún gesto de solidaridad. Bartimeo anhelaba una nueva oportunidad para vivir fuera del martirio de una condición que lo mantenía en la dependencia. Ya no quería ser objeto de la conmiseración humana, sino beneficiario de la bendición divina.

El diálogo de Jesús y Bartimeo fue corto y cordial, grato y respetuoso, efectivo y preciso. "¿Qué quieres que haga contigo?", le preguntó el Señor. No anduvo con rodeos Jesús, fue directamente a la necesidad y petición del invidente. Y Bartimeo no se inhibió ni se amilanó para pedir su sanidad, que era la forma precisa de alcanzar su liberación. ¡Solo quería ver! ¡Únicamente deseaba vivir sin dependencias! ¡Anhelaba romper con las cadenas y con el cautiverio de la oscuridad! ¡Deseaba ser una persona liberada!

La respuesta de Jesús fue extraordinaria: ¡Tu fe te ha sanado! El Señor solo respondió al clamor de Bartimeo, pues tenía fe y la fe era el valor necesario para que el milagro se hiciera realidad. Quería ver y tenía fe, y el Señor propició, según el texto bíblico, que su petición fuera contestada. Y como el milagro se llevó a efecto, Jesús despidió a Bartimeo para seguir su camino.

La fe de Bartimeo fue el agente especial de su sanidad. De acuerdo con la Epístola a los hebreos, la fe es *la garantía de lo que se espera, la certeza de lo que no se ve* (Heb 11.1). En medio de su necesidad, el invidente demostró que estaba seguro de que Dios podía brindarle lo que anhelaba, aunque no pudiera verlo ni siquiera imaginarlo. Bartimeo no tenía vista, pero tenía fe. Y Jesús honró la fe del invidente traduciendo sus ruegos y clamores en luz y visión.

Bartimeo, en gratitud, acompaño a Jesús en su viaje a Jerusalén. La sanidad era el descubrimiento de la vida independiente, que disfruta la existencia sin obstáculos físicos, mentales y espirituales. Lo que transformó la vida de Bartimeo fue la fe, la confianza en Dios, la seguridad de que Jesús podía responder efectivamente a sus clamores y reclamos. Y una vez liberado, tomó la importante decisión de seguir a Jesús y enfrentar un nuevo ciclo de adversidades con vista y con visión.

La sanidad del ciego en Betsaida

Cuando llegaron a Betsaida,
algunas personas le llevaron un ciego a Jesús
y le rogaron que lo tocara.
Él tomó de la mano al ciego y lo sacó fuera del pueblo.
Después de escupirle en los ojos y de poner las manos sobre él,
le preguntó: —¿Puedes ver ahora?
El hombre alzó los ojos y dijo:
—Veo gente; parecen árboles que caminan.
Entonces le puso de nuevo las manos sobre los ojos,
y el ciego fue curado:
recobró la vista y comenzó a ver todo con claridad.
Jesús lo mandó a su casa con esta advertencia:
—No vayas a entrar en el pueblo.
Marcos 8.22-26

La ciudad de Betsaida

La sanidad del hombre de la ciudad de Betsaida es singular desde varias perspectivas. En primer lugar, la narración revela un acto de solidaridad y afirmación de la amistad. Unas personas, probablemente amistades del invidente, intervienen para tratar de aliviar la situación de oscuridad física y angustia existencial que vivía. Demuestran cariño, afirmación fraternal y misericordia. Ponen de manifiesto el valor de la fraternidad solidaria, responsable y fiel. Inclusive, de acuerdo con la narración en el Evangelio de Marcos, le suplicaron a Jesús que tocara al hombre ciego, pues ya el Señor tenía fama de que su toque brindaba sanidad a los enfermos.

En el análisis de este milagro hay que notar, además, que es la primera sanidad de algún invidente que se relata en Marcos; y es una narración de sanidad que no se incorpora en los otros evangelios. Según este Evangelio, ya el Señor había liberado endemoniados (Mr 1.21-28), sanado a muchos enfermos (Mr 1.32-35), multiplicado los panes y los pescados (Mr 6.30-44; 8.1-10), y hasta había caminado sobre las aguas del lago de la Galilea, cuando se encuentra en Betsaida con el invidente. Para Marcos, antes de esta sanidad, ya el Señor había demostrado su poder en medio de las realidades y necesidades humanas, y también en el corazón de las fuerzas de la naturaleza.

Debemos tomar en consideración, al evaluar la importancia y el mensaje de esta narración, que este incidente se lleva a efecto en la ciudad de Betsaida. La ubicación precisa de la ciudad, cuyo nombre significa "casa de la pesca" o "lugar de las redes", la identifican claramente como una villa pesquera. Algunos estudiosos sitúan la ciudad al este del río Jordán, muy cerca de su desembocadura, que Felipe, hijo de Herodes, llamó Julia en honor a la hija de Cesar Augusto. Sin embargo, de acuerdo con las narraciones evangélicas, parece que la ciudad estaba ubicada en la Galilea (Jn 12.21), al oeste del río Jordán y muy cerca de Capernaúm.

Desde la perspectiva del ministerio de Jesús, Betsaida era importante, pues fue el lugar de donde provenían los discípulos Pedro, Andrés y Felipe (Jn 1.44; 12.21-22), que jugaron —especialmente Pedro— un papel protagónico en su ministerio. Además, de acuerdo con el Evangelio de Mateo (Mt 14.13-21), Jesús dio de comer a más de 5,000 hombres —sin contar las mujeres ni los niños— en algún lugar desértico muy cerca de la ciudad.

Es muy importante notar, además, al estudiar la narración de la sanidad del invidente y evaluar la ciudad donde se llevó a efecto el milagro, que Betsaida recibió una muy severa maldición de Jesús. Tanto en Betsaida, como en Corazín y Capernaúm, el Señor presentó el mensaje del Reino y demostró su poder para hacer milagros y sanidades. Sin embargo, las actitudes de incredulidad y falta de arrepentimiento de los ciudadanos de esas ciudades propiciaron el firme reproche divino (Mt 11.20-24; Lc 10.13-16). El juicio para Tiro y Sidón, que eran ciudades paganas, será más benigno que para Betsaida, Corazín y Capernaúm.

La sanidad

El relato de esta sanidad revela un proceso, no fue un acto instantáneo. La narración es bastante explícita. Un grupo de personas llevaron ante Jesús a un hombre ciego, posiblemente como un gesto de amor y misericordia hacia la persona invidente. No es de extrañar esa acción de solidaridad, pues la fama del Señor como agente divino para hacer milagros ya se había difundido en la región.

El gesto hacia el invidente, también puede ser una forma de poner al Señor en aprietos frente a la comunidad. Es posible que desearan poner a prueba las habilidades de Jesús para hacer milagros. ¡Quizá querían corroborar públicamente el poder sanador del Señor!

Independientemente de las intenciones reales del grupo, se encontraron cara a cara en Betsaida las siguientes personas: Jesús, el hombre ciego, la gente que lo llevó para implorar su sanidad, y los discípulos y seguidores del Señor. El ambiente pudo haber sido de tensión, pues el contexto previo de este relato de sanidad es uno de confrontación con los fariseos, pues pedían "alguna señal del cielo" para tentarlo y desprestigiarlo públicamente (Mr 8.11-13; 14-21).

La respuesta del Señor fue sobria y sabia. Su prioridad era el invidente y su necesidad, no las intenciones ni las actitudes de los fariseos que representaban las instituciones que propiciaban las injusticias sociales, religiosas, políticas y espirituales que afectaban adversamente al invidente. Jesús enfocó sus palabras y acciones alrededor del hombre ciego, pues su misión era liberadora.

La narración describe el proceso: Jesús tomó la mano del hombre ciego y lo llevó fuera de la aldea; escupió en sus ojos, puso sus manos sobre el hombre invidente; finalmente le pregunta si veía algo. La respuesta del ciego fue dubitativa y ambivalente: veía algo, pero no era normal ni adecuado, ¡pues veía a los hombres como si fueran árboles!

Ante esa situación complicada, el Señor vuelve a poner sus manos sobre los ojos del invidente; en esta ocasión, sin embargo, en vez de preguntar qué veía, le ordenó a mirar y su visión fue reestablecida. Ahora podía ver de lejos todo lo que estaba a su alrededor. Al final de la narración, el Señor envía al hombre liberado de su ceguera a la ciudad, pero le indicó que no dijera en la aldea lo que había sucedido.

Varios aspectos de la narración deben ser destacados, pues además de la sanidad la narración transmite varias enseñanzas de importancia. El Señor toma de la mano al invidente, lo saca del grupo y lo lleva fuera del pueblo. Cambió el ambiente del espectáculo al de sosiego e intimidad. Las dinámicas alrededor del ciego y Jesús en el pueblo eran de tentación y sospecha, por esa razón el Señor procuró encontrar un mejor ambiente para el diálogo y para la demostración de respeto e integridad. Para que la sanidad se llevara a efecto, se necesitaba un entorno adecuado de paz y de fe.

El acto de escupir los ojos del ciego debe entenderse a la luz de la cultura. En la antigüedad, algunas comunidades entendían que la saliva tenía propiedades curativas. Inclusive, en los tiempos del Nuevo Testamento la saliva se utilizaba en los procesos de curaciones y en el apoyo a personas enfermas (Mr 7.33; 8.23; Jn 9.6). Y Jesús de Nazaret era parte de esa cultura y transmitía sus mensajes en términos que las personas pudieran entender.

En la narración de esta sanidad se revela un componente que no se manifiesta en otros relatos de milagros. La sanidad no fue instantánea sino se llevó a efecto de manera gradual. La primera respuesta del invidente al toque de Jesús era que veía los hombres como árboles. Para Jesús, ese tipo de respuesta no es suficiente ni adecuada, pues los seres humanos no son árboles ni cosas, son personas que hay que amar, respetar y dignificar. No aceptaba el Señor la subvaloración de la naturaleza humana que era producto de la acción creadora de Dios. ¡Los seres humanos son la corona de la creación!

Aunque el proceso de sanidad había comenzado, Jesús entiende que debe volver a tocar los ojos del hombre para continuar las dinámicas de restauración y liberación. En la segunda intervención del Señor, el hombre de Betsaida descubrió que podía ver bien, ¡hasta a lo lejos! La sanidad se había completado y el milagro se había llevado a efecto.

Respecto a este singular milagro, Jesús no se precipitó a enviar al hombre sanado a la ciudad con la visión deficiente; esperó a que el proceso culminara. Y una vez terminó la manifestación del poder divino, entonces lo envió a su casa, le pidió que evitara ir al pueblo y le indicó que no dijera nada a nadie de lo que había experimentado. Luego del milagro el Señor invita al hombre sanado de la ceguera que prosiguiera con su vida de forma normal.

En el Evangelio de Marcos se nota con frecuencia y de forma reiterada que Jesús le pedía a sus discípulos y seguidores que evitaran referirse a él como Hijo de Dios, Mesías (Mr 1.44; 3.11-12; 5.43; 7.36; 8.30; 9.9); además, solicitaba a sus seguidores que no dijeran los milagros que había hecho o lo anunciaran como Mesías. Jesús enseñaba en privado a sus discípulos y seguidores lo que habría de vivir y sufrir como parte de la voluntad de Dios para su vida (Mr 8.31; 9.31; 10.32-34).

La petición de que no dijera nada a nadie era muy difícil de cumplir. Su familia, su comunidad y las personas que lo llevaron ante Jesús conocían muy bien de su condición. Solo al verlo llegar se iban a percatar que algo había sucedido. Solo de mirarlo iban a relacionar su transformación y sanidad con la presencia de Jesús en el pueblo, y con su decisión de llevarlo a las afueras de la comunidad para hacer el milagro. Era extremadamente complicado esconder en la comunidad la manifestación del poder de Dios, que tenía la capacidad de superar la condición de la ceguera.

La lectura cuidadosa del relato puede revelar que este ciego no nació de esa forma, pues reconocía cómo eran los árboles y las personas. Y revela también que para Jesús la prioridad ministerial son las personas y sus necesidades, reclamos y angustias.

La manifestación de la misericordia que precede y propicia el milagro divino no depende de los ambientes de incredulidad de las comunidades que circundan a las personas en cautiverio, sino de las necesidades inmediatas y la confianza de quien requiere y reclama la intervención de Dios. En Betsaida el ambiente de la comunidad era de incredulidad y suspicacia; sin embargo, el Señor superó esas dinámicas carentes de fe, para responder con amor y misericordia al hombre ciego que reclamaba e imploraba su sanidad.

Sanidad de un ciego de nacimiento

A su paso, Jesús vio a un hombre que era ciego de nacimiento.
Y sus discípulos le preguntaron:
—Rabí, para que este hombre haya nacido ciego,
¿quién pecó, él o sus padres?
—Ni él pecó, ni sus padres —respondió Jesús—
sino que esto sucedió para que la obra de Dios
se hiciera evidente en su vida.
Mientras sea de día, tenemos que llevar a cabo la obra del que me envió.
Viene la noche cuando nadie puede trabajar.
Mientras esté yo en el mundo, luz soy del mundo.
Dicho esto, escupió en el suelo, hizo barro con la saliva
y se lo untó en los ojos al ciego, diciéndole:
—Ve y lávate en el estanque de Siloé (que significa: Enviado).
El ciego fue y se lavó, y al volver ya veía.
Sus vecinos y los que lo habían visto pedir limosna decían:
«¿No es este el que se sienta a mendigar?»
Unos aseguraban: «Sí, es él».
Otros decían: «No es él, sino que se le parece».
Pero él insistía: «Soy yo».
—¿Cómo entonces se te han abierto los ojos? —le preguntaron.
—Ese hombre que se llama Jesús hizo un poco de barro,
me lo untó en los ojos y me dijo: «Ve y lávate en Siloé».
Así que fui, me lavé, y entonces pude ver.
—¿Y dónde está ese hombre? —le preguntaron.
—No lo sé —respondió.
Juan 9.1-12

Un milagro extraordinario

La narración de la sanidad del ciego de nacimiento se encuentra en el Evangelio de Juan, que incluye un componente teológico de importancia en el recuento de las actividades de Jesús. Por ejemplo, en este Evangelio no se habla de milagros en general, sino que alude a una serie de "señales", que ciertamente transmiten un mensaje teológico adicional, además del prodigio que presentan de alguna actividad portentosa de Jesús. En efecto, la sanidad es un milagro y, a la vez, es un mensaje. Y la unión de la sanidad con el mensaje se describe como "señal milagrosa".

En Juan se presentan siete señales milagrosas identificadas, relacionadas con la tarea misionera y educativa de Jesús. Esos milagros son:

* Conversión del agua en vino: Jn 2.1-12.
* Sanidad del hijo de un oficial del rey: Jn 4.43-54.
* Sanidad del paralítico de Betesda: Jn 5.1-18.
* Jesús da de comer a una multitud: Jn 6.1-15.
* Jesús camina sobre el mar: Jn 6.15-21.
* Sanidad de un ciego de nacimiento: Jn 9.1-34.
* Resurrección de Lázaro: Jn 11.1-44.

Además, en Juan se hacen referencias a otras actividades milagrosas de Jesús como "señales", expresión que trasmite la idea de que, junto a esos actos portentosos del Señor, se transmitían mensajes y se comunicaban enseñanzas a la comunidad de los creyentes. El uso de la palabra "señal", con la implicación de mensaje implícito del Señor, se encuentra en los siguientes textos del Evangelio de Juan.

* Los judíos piden "señales" o pruebas: Jn 2.18; 6.30.
* Muchas personas creían en Jesús solo al ver las "señales": Jn 2.23; 3.2; 6.2; 7.31; 12.8.
* Jesús reprocha a la gente que no cree si no ve "señales": Jn 4.48.
* La gente no entiende las "señales", que es una manera de indicar que no comprendían el significado asociado a los milagros: Jn 6.26.
* Los fariseos y los líderes de los sacerdotes reconocen que Jesús hacía "señales": Jn 11.47.
* La gente no cree a pesar de las "señales" que hacía el Señor en medio de la comunidad: Jn 12.37.
* Jesús hizo muchas "señales" que no están incluidas en los Evangelios canónicos: Jn 20.30.

Para el evangelista Juan las actividades milagrosas de Jesús tenían claras implicaciones teológicas y misioneras; además, afirmaban algún mensaje implícito para la comunidad. Las siete señales de Jesús que incluye en su Evangelio ponen claramente de manifiesto que los aspectos teológicos constituyen elementos de gran importancia en la manifestación del poder milagroso del Señor. No incluyó cinco señales no veinticinco, solo siete que era el número que comunicaba la perfección o lo que está completo.

Las siete señales milagrosas de Jesús en el Evangelio de Juan, en efecto, representan el universo de los milagros, las sanidades y los prodigios que hizo el Señor en su ministerio. Llevó a efecto siete señales milagrosas, que incluyen sanidades y prodigios sobre la naturaleza, en respuesta a las necesidades de la gente más necesitada de las comunidades que visitaba.

Contexto de la sanidad

La sanidad de este hombre ciego tiene elementos singulares. En primer lugar, el contexto general de la narración es la fiesta de los Tabernáculos, que se relaciona con la liberación de los israelitas de la cautividad de Egipto (Lv 23.33-43; Dt 16.13). El entorno físico era los alrededores del Templo de Jerusalén (Jn 7—8). Durante esas fiestas los judíos preparan enramadas para recordar la vida de sus antepasados durante el proceso de liberación. Era una muy importante celebración de la libertad del pueblo judío, de la vida sin cadenas, de la existencia sin cautiverios, de la subsistencia sin faraones ni imperios romanos. ¡La sanidad se produce en medio de las celebraciones de la liberación del pueblo!

El contexto general de esa sección del Evangelio es marcadamente teológico. Y aunque la celebración era de liberación del pueblo, la dinámica interna de los líderes judíos en relación con la presencia y las actividades del Señor era de claro antagonismo y de hostilidad pública. Inclusive, fue en ese mismo ambiente de tensión, de acuerdo con el Evangelio de Juan, que comenzaron los preparativos para apresar al Señor (Jn 7.30-31) que culminaron en su arresto y ejecución pública.

Antes de la sanidad del invidente, Jesús presentó, según Juan, uno de sus discursos más intensos y significativos: ¡se autoproclamó como "la luz del mundo" (Jn 8.12-20)! Y añadió que quien decide seguirle no caminará nunca más en la oscuridad ni en las tinieblas, pues tendrá "la luz de la vida" (Jn 8.12).

De particular importancia en la narración, es la relación que presenta el Evangelio de Juan entre la luz y el mensaje de Jesús: se asocia directa y reiteradamente la revelación divina y la salvación con la simbología de la luz (Jn 8.12; 9.1; 12.46). En la narración de la sanidad del hombre ciego de nacimiento se unen las imágenes de la luz, las necesidades humanas y la misericordia divina. Y la unión de esas importantes imágenes teológicas fueron el marco de referencia ideal para que la sanidad se llevara a efecto.

El milagro de sanidad

La sanidad del ciego de nacimiento tiene componentes que no deben ignorarse ni subestimarse. En primer lugar, la narración indica que el ciego había nacido con esa condición. No se trataba de una persona que se había quedado ciega producto de alguna enfermedad o por algún accidente. ¡Era ciego de nacimiento! Y esa afirmación categórica representa el primer gran escollo para la sanidad.

La referencia a que el hombre había nacido ciego ubica el milagro en una categoría especial. Para comenzar, se podía pensar que, como había nacido con esa condición, nadie lo podía sanar. Además, como se pensaba que las enfermedades eran producto del pecado, para los discípulos era muy importante descubrir quien había pecado, el invidente desde antes de nacer o sus padres. La complejidad de la situación era doble: práctica y teológica.

Ante la complejidad de la situación del ciego, y frente a la posibilidad real de que el milagro no se llevara a efecto, comienzan las reflexiones teológicas sobre el origen de la condición. Había rabinos que pensaban que los niños, aún antes de nacer, tenían la posibilidad de pecar. De esa manera explicaban el nacimiento de bebés con enfermedades y malformaciones. Otros pensaban que esas condiciones e impedimentos de nacimiento eran producto de los pecados de los padres, que afectaban a los hijos.

La respuesta del Señor fue clara y firme: no pecó el invidente ni sus padres, pues se trataba de una buena oportunidad para que se manifestara la gloria de Dios. El tema de los pecados de los padres que se manifestaban en los hijos ya estaba bíblicamente resuelto por el profeta Ezequiel (Ez 18.1-20), pues la persona que peca es responsable por sus acciones, que no pasan a las nuevas generaciones. Sin embargo, los discípulos manifestaron la teología popular sobre las enfermedades y los pecados. ¡No entendieron el mensaje ni la teología de Ezequiel!

Para Jesús, sin embargo, esa situación compleja era una buena oportunidad para demostrar la gloria de Dios. Como respuesta pertinente a la oscuridad que vivía el invidente, el Señor se presenta en esta narración como "la luz del mundo" (Jn 9.5). Y en ese contexto de afirmación teológica, el evangelista incorpora una muy buena explicación de la actividad del Señor, pues debe actuar mientras el día dura, cuando hay luz, en la noche y en medio de la oscuridad no se puede trabajar. Se trata de un breve paréntesis educativo y teológico que explica la necesidad y urgencia de las actividades sanadoras del Señor.

Luego de su autopresentación como la "luz del mundo" (Jn 9.3-4), comenzó el proceso de sanidad. El Señor escupió en la tierra, hizo lodo con la saliva, untó el lodo en los ojos del invidente, para finalmente enviarlo a lavarse al estanque de Siloé. Y el resultado del proceso fue que el invidente obedeció ¡y regresó viendo!

Una vez más el Señor utilizó la saliva como parte del proceso de sanidad, por sus propiedades sanadoras, de acuerdo con las creencias de la época. Además, ordena que se lave en el estanque de Siloé. De singular importancia es que el pasaje explica el significado del nombre del lugar, "enviado". Era una manera de relacionar el lugar con el milagro: el invidente obedeció al ser enviado por el Señor y fue sanado. De esa forma se afirma que la obediencia a Dios tiene virtudes sanadoras.

El milagro se complica por varias razones. En primer lugar, la gente no creía que el ciego había recibido la vista. Lo conocían como un ciego más que vivía de la limosna pública. ¡No podían creer que era la misma persona! Además, el Señor llevó a efecto el milagro un sábado que, para las autoridades religiosas que estudiaban, explicaban y aplicaban la Ley de Moisés, no se debía trabajar.

Los fariseos utilizaron el tecnicismo de las regulaciones asociadas al sábado para desprestigiar y rechazar la acción sanadora del Señor. ¡Lo declararon pecador! Y esa declaración religiosa era una manera pública de desacreditarlo ante el pueblo y frente a las autoridades judías y romanas. El sector religioso, que debió haber entendido el poder de Dios y el valor de la misericordia sobre las regulaciones sabáticas, se convirtió en el obstáculo principal para que se apreciara las actividades sanadoras de Jesús.

Esta sanidad tiene varias implicaciones teológicas de importancia. El Señor es la luz, que equivale a decir que tiene la potestad de iluminar la vida y el camino de las personas que, como el ciego de nacimiento, viven en penumbras y oscuridades, en cautiverios y mendicidades. Además, ese Señor que es luz, es también Señor del sábado, pues el día de reposo se creó para servir de apoyo y bendición a la humanidad, no para convertirse en fuerza que reprime y ley que cautiva a las personas.

La respuesta final del hombre que había nacido ciego fue de gratitud, humildad y reconocimiento de la naturaleza mesiánica de Jesús. Como fue expulsado de la sinagoga por las autoridades religiosas (Jn 9.34), que no aceptaron la veracidad de la manifestación del milagro y la señal de Dios, Jesús lo llamó y lo invitó a creer en el Hijo de Dios. Su palabra final fue sentida y decidida: "creo, Señor, y lo adoró" (Jn 9.38). El invidente sanado no solo se percató y disfrutó finalmente de la luz del día, sino que aceptó y se regocijó con el mensaje de "la luz del mundo".

La culminación de la narración de esta sanidad es la siguiente: los líderes religiosos que dialogaban con Jesús en torno al milagro estaban espiritualmente ciegos y necesitaban sanidad y liberación (Jn 9.35-41). Los fariseos que fueron testigos del milagro de sanidad del ciego de nacimiento, y que organizaron la investigación para comprender lo que había sucedido (Jn 9.13-34), fueron públicamente amonestados.

Jesús los reprendió con autoridad y fuerza, por incrédulos y por estar cautivos en sus interpretaciones de la Ley que limitaban las posibilidades de las intervenciones divinas en la vida de la gente en necesidad. De esa forma el Señor rechazó públicamente las interpretaciones teológicas que propician los cautiverios de personas y comunidades. La sanidad del ciego es una forma de afirmar que para Dios las personas y sus dolores son más importantes que las interpretaciones de la Ley de Moisés, que no toman en consideración la manifestación del amor y la misericordia de Dios.

02
Sanidades de personas con impedimentos físicos

Jesús recorría toda Galilea, enseñando en las sinagogas,
anunciando las buenas nuevas del reino,
y sanando toda enfermedad y dolencia entre la gente.
Su fama se extendió por toda Siria,
y le llevaban todos los que padecían de diversas enfermedades,
los que sufrían de dolores graves, los endemoniados,
los epilépticos y los paralíticos, y él los sanaba.
Lo seguían grandes multitudes
de Galilea, Decápolis, Jerusalén, Judea
y de la región al otro lado del Jordán.
Mateo 4.23–25

Sanaba a los que padecían diversas enfermedades

La narración bíblica que afirma que Jesús recorría la región de la Galilea enseñando en las sinagogas y anunciando las buenas noticias de la irrupción del Reino de Dios en la historia (Mt 4.23-25), tiene el objetivo de presentar la bienvenida que le dio la comunidad en general al Señor al comienzo mismo de su ministerio. Se indica que la fama del joven rabino de Nazaret no solo se diseminó por toda la Galilea, sino que llegó también a la Decápolis, Judea, Jerusalén, Transjordania y hasta Siria. Y su popularidad se relacionaba específicamente no solo con sus enseñanzas, sino con sus actos milagrosos, particularmente con su capacidad para hacer sanidades.

Junto a sus mensajes en torno al Reino de Dios o de los cielos, Jesús interaccionó con personas con necesidades múltiples de salud. En una sociedad sin una infraestructura adecuada de higiene y salubridad, las enfermedades abundan, y parte del ministerio del Señor fue atender a esas personas y comunidades heridas por las enfermedades y segregadas por la sociedad.

Entre las enfermedades específicas que identifica la porción bíblica de Mateo (Mt 4.23-25) están las siguientes: tormentos y dolores graves, endemoniados, epilépticos (que también se identifican en algunas traducciones como lunáticos) y paralíticos. La fama del Señor se extendió por toda la región porque no solo era un rabino que presentaba un buen programa educativo y transformador, sino que respondía de forma milagrosa con sanidades a las calamidades físicas y emocionales del pueblo, que mantenían personas heridas, cautivas y marginadas. Sus virtudes no estaban confinadas a sus palabras sabias, pertinentes y desafiantes, sino que ponía de manifiesto su teología en acciones misericordiosas que bendecían al pueblo. El Reino, para el Señor, dejó de ser un tema escatológico y utópico para manifestarse de manera concreta en las liberaciones, los milagros y las sanidades.

La ubicación de esta importante afirmación sobre el ministerio de milagros de Jesús se ubica en un lugar de gran importancia en el Evangelio de Mateo. En primer lugar, está inmediatamente antes del Sermón del monte (Mt 5.1—7.29), que representa el discurso más importante y emblemático del Señor. En este sermón, que incluye "las Bienaventuranzas", Jesús de Nazaret presenta la plataforma de su movimiento, la base de sus enseñanzas, los pilares de su teología y el corazón de su programa liberador. Esta cercanía literaria puede ser un índice de continuidad teológica. El Reino de Dios, en efecto, incluye manifestaciones milagrosas, específicamente sanidades y liberaciones.

Esa singular importancia literaria, temática y teológica también se descubre al notar que Mateo incorpora la declaración del poder sanador del Señor al comienzo mismo de su ministerio. La fama del Señor llegó a toda la Palestina antigua y sus alrededores, luego de la predicación de Juan el Bautista, posterior al relato del bautismo de Jesús y después de la tentación en el desierto. De esta manera, el Evangelio afirma el poder sanador del Señor al iniciar sus tareas docentes y llamar a los primeros discípulos (Mt 4.18-22). Es decir, para el evangelista había continuidad entre la predicación, la enseñanza y los milagros. Ciertamente el anuncio del Reino incluía las sanidades de los enfermos.

Entre las primeras personas que el Señor atendió en ministerio por la Galilea, están las que tenían dificultad de movilización, o personas paralíticas o con limitaciones de movimiento. Este singular sector de la comunidad de enfermos en la antigüedad no solo tenía la adversidad física inmediata, sino que eran personas que requerían el apoyo continuo e inmediato de alguien que les asistiera para la existencia y la movilización diaria.

A los desafíos continuos de las personas con dificultad de movilización, debemos añadir la crisis relacionada con la dependencia física y emocional que se necesitaba para llevar a efecto cualquier labor o actividad. La dificultad que tenían los paralíticos en la antigüedad era doble: de un lado estaba la inmovilización y del otro, la dependencia. Este sector de la comunidad, que vivía una calamidad intensa y continua, recibió de Jesús de Nazaret respeto, prioridad, misericordia, dignidad y una mano amiga.

Ministerio a las multitudes

La primera gran afirmación teológica de Mateo, respecto al novel ministerio del joven rabino nazareno, es que llevaba a efecto un ministerio intenso: recorría toda Galilea, enseñaba en las sinagogas, predicaba el evangelio del Reino y sanaba toda dolencia y enfermedad del pueblo. ¡Era una labor extensa e intensa!

De esta forma la narración bíblica indica que el Señor llevaba a efecto un ministerio itinerante, tenía buenas relaciones con los rabinos de la región —pues le permitían enseñar en las sinagogas— predicaba que el Reino de los cielos se había manifestado en la tierra, y que sanaba a todas las personas enfermas que llegaban ante él. Para el evangelista era muy importante indicar, inmediatamente antes del mensaje de "las Bienaventuranzas" (Mt 5.1-12), que el pueblo había recibido muy bien a Jesús, entre otras razones, por la sanidad de los enfermos y la liberación de cautivos.

La fama del Señor, como respuesta a su palabra profética y su misericordia, llegó a Siria —al norte— a Judea y Jerusalén —al sur— y a la Decápolis y Transjordania —al este de la Galilea. De acuerdo con el análisis de Mateo, la gente comenzó a reconocer y apreciar el ministerio de Jesús al comienzo mismo de su ministerio. Ese aprecio inicial se transformó en admiración y deseos de aprender y crecer, pues las multitudes comenzaron a seguirle en su programa de visitas a las diferentes ciudades de la región.

Según la narración de Mateo, el propósito de las personas que decidieron seguir a Jesús no solo era el aprecio y disfrute de sus enseñanzas proféticas y transformadoras, sino que aprovechaban la ocasión *y le llevaban todos los que padecían de diversas enfermedades, los que sufrían de dolores graves, los endemoniados, los epilépticos y los paralíticos* (Mt 4.24). Y el evangelista afirma de manera categórica que el Señor sanó a esas personas.

La sanidad de los enfermos y la liberación de los endemoniados o lunáticos constituyen componentes importantes del mensaje del Reino de Jesús de Nazaret. Como una de las características del ministerio del Señor era la pertinencia, esos actos milagrosos no eran actividades aisladas en su programa docente ni constituían un paréntesis de mercadeo en su itinerario profético. Ante un pueblo herido por enfermedades cautivantes llega un Jesús profético con sanidades liberadoras.

Sanidad del criado del centurión

Al entrar Jesús en Capernaúm,
se le acercó un centurión pidiendo ayuda.
—Señor, mi siervo está postrado en casa con parálisis,
y sufre terriblemente.
—Iré a sanarlo —respondió Jesús.
—Señor, no merezco que entres bajo mi techo.
Pero basta con que digas una sola palabra,
y mi siervo quedará sano.
Porque yo mismo soy un hombre sujeto a órdenes superiores,
y además tengo soldados bajo mi autoridad.
Le digo a uno: «Ve», y va, y al otro: «Ven», y viene.
Le digo a mi siervo: «Haz esto», y lo hace.
Al oír esto, Jesús se asombró y dijo a quienes lo seguían:
—Les aseguro que no he encontrado en Israel a nadie que tenga tanta fe.
Les digo que muchos vendrán del oriente y del occidente,
y participarán en el banquete con Abraham, Isaac
y Jacob en el reino de los cielos.
Pero a los súbditos del reino se les echará afuera,
a la oscuridad, donde habrá llanto y rechinar de dientes.
Luego Jesús le dijo al centurión:
—¡Ve! Todo se hará tal como creíste.
Y en esa misma hora aquel siervo quedó sano.
Mateo 8.5-13

Sanidad en Capernaúm

La corroboración plena de que para Mateo el mensaje del Reino incluye el mundo de lo milagroso, se pone de manifiesto al descubrir que, luego del Sermón del monte (Mt 5.1—7.29), al descender y viajar a Capernaúm, se incluyen cuatro relatos de sanidades: un leproso (Mt 8.1-4), el siervo de un centurión (Mt 8.5-13), la suegra de Pedro (Mt 8.14-15) y la de muchos otros enfermos (Mt 8.16-17). Esos relatos le dan continuidad al tema de la relación entre el mensaje del Reino de Dios o de los cielos y el extraordinario mundo de los milagros.

Inclusive, los capítulos 8 y 9 forman una gran unidad literaria de diez milagros que describen el poder y la autoridad de Jesús sobre los seres humanos y las enfermedades, y también sobre la naturaleza. No es casualidad que estas manifestaciones de poder divino sean la continuación del Sermón del monte. Los milagros de Jesús tenían los siguientes propósitos: confirmar el mensaje del Reino anunciado; demostrar la realidad del escenario escatológico del Reino, que se vivía bajo las autoridades judías y romanas; y demostrar la misericordia y compasión divina.

Al entrar finalmente a su ciudad, se acercó al Señor un oficial del ejército romano, un centurión, que posiblemente estaba a cargo de las tropas de ocupación destacadas en Capernaúm. La presencia del ejército era una forma visual de recordarle a la comunidad que quién tenía el poder absoluto en la región era el imperio romano.

Centurión significa literalmente "jefe o líder de 100", que revela la importancia del militar en la ciudad. Además, este caso es uno de los pocos en el que una persona no judía se allega a Jesús para suplicar un acto de misericordia o para pedir algún milagro (véase también Mt 15.21-28). El marco de referencia de la sanidad pone de relieve la importancia espiritual y política del prodigio y poder del Señor.

La fama del Señor se había esparcido por la región y el centurión estaba destacado en Capernaúm. Cuando se enfermó su siervo, el oficial romano no se inhibió y decidió allegarse ante Jesús para solicitar su apoyo. La condición del enfermo se describe como que estaba *postrado en casa con parálisis*. La evaluación revela condiciones múltiples: estaba paralítico, lo cual le impedía salir de la casa, además, por esa incapacidad, se sentía atormentado y deprimido. La condición era doble: física y emocional.

Solo basta una palabra para la sanidad

En el diálogo, el Señor respondió positivamente a la petición del centurión. Se ofreció, inclusive, a ir a la casa del enfermo para sanarlo (Mt 8.7). Las respuestas del centurión generan la admiración y el respeto de Jesús. Se reconoce como indigno de recibir al Señor en su casa y afirma que él conoce muy bien el mundo militar de órdenes y obediencias. Y afirma: *basta con que digas una sola palabra, y mi siervo quedará sano* (Mt 8.8).

La respuesta de Jesús fue de admiración y respeto. ¡No había visto una manifestación de fe tan intensa entre los judíos! Para Mateo esta narración se convirtió en una magnífica oportunidad para afirmar la universalidad del mensaje del Reino. El evangelio llegará al Oriente y al Occidente, que es una expresión idiomática que alude a todo el mundo conocido, que equivale a decir, en palabras bíblicas, "lo último de la tierra". Es una alusión a la incorporación de los gentiles en la familia y el Reino de Dios (Is 25.6–9; Mal 1.11; Lc 13.22–30).

Esa afirmación teológica universalista, además, se convirtió en una crítica severa a los líderes judíos que estaban preocupados con la popularidad de Jesús, la extensión de sus afirmaciones teológicas y la naturaleza liberadora de sus enseñanzas. Los hijos del Reino serán echados fuera y los gentiles se sentarán con los patriarcas, que son signos de aprecio divino y de incorporación al Reino de Dios. Y Mateo añade una imagen gráfica y explícita del juicio divino: *Pero a los súbditos del reino se les echará afuera, a la oscuridad, donde habrá llanto y rechinar de dientes* (Mt 8.12).

Como resultado de ese encuentro, el Señor responde a la necesidad del centurión: ¡sanó a su siervo de acuerdo con su petición! La consecuencia del reclamo humilde y respetuoso del líder de la milicia romana en la ciudad, en medio de una conversación cargada de imágenes políticas, sociales, espirituales y físicas, fue la sanidad del paralítico y la liberación de su tormento. No rechazó Jesús al centurión por representar al imperio invasor, lo recibió como un ser humano con respeto y dignidad. Y el producto de ese diálogo intenso fue el milagro de sanidad y liberación de un paralítico.

La manifestación del poder milagroso de Jesús superó los límites étnicos e ideológicos; la revelación de la misericordia divina en el Señor sobrepasó los linderos políticos y sociales; la manifestación de la sanidad divina ignoró los prejuicios culturales y religiosos. De acuerdo con la narración del evangelista Mateo, la virtud sanadora del Señor superó los prejuicios y las fronteras del pueblo judío, para llegar con fuerza y autoridad a la sociedad romana, al mundo gentil y al ejército invasor.

Sanidad del hombre con la mano paralizada

Pasando de allí, entró en la sinagoga,
donde había un hombre que tenía una mano paralizada.
Como buscaban un motivo para acusar a Jesús, le preguntaron:
—¿Está permitido sanar en sábado?
Él les contestó: —Si alguno de ustedes tiene una oveja
y en sábado se le cae en un hoyo, ¿no la agarra y la saca?
¡Cuánto más vale un hombre que una oveja!
Por lo tanto, está permitido hacer el bien en sábado.
Entonces le dijo al hombre: —Extiende la mano.
Así que la extendió y le quedó restablecida, tan sana como la otra.
Pero los fariseos salieron y tramaban cómo matar a Jesús.
Mateo 12.9-14

Sanidad en una sinagoga

El contexto de la sanidad de un hombre que tenía una mano paralizada es el conflicto teológico de Jesús con los líderes religiosos de la sinagoga (Mr 3.1-6; Lc 6.6-11). Ya el Señor había comunicado su teología respecto al sábado: aceptaba la importancia del día de reposo como agente de bendición para las personas, no como imposición que cautiva ni como regulación que oprime a los creyentes. Dios había creado el sábado para bendecir a la humanidad y creación, no para limitarla, subyugarla o esclavizarla. El sábado es día de reposo y de familia, pero no impide hacer el bien en momentos de necesidades especiales. No puede estar prohibido, bajo ninguna ley religiosa o regulación civil, bendecir, ayudar o apoyar a alguna persona en momentos de necesidad.

Luego de la sanidad del siervo del centurión, el Señor continuó con su peregrinar educativo en la Galilea. De acuerdo con la estructura literaria y temática del Evangelio de Mateo, Jesús responde a algunas preguntas teológicas (Mt 9.14-17), lleva a efecto varias sanidades (Mt 9.18-34), dio autoridad a los discípulos sobre los espíritus impuros y para que hicieran milagros de sanidades en la comunidad (Mt 10.1-4), habló de los desafíos que los discípulos iban a enfrentar en la vida (Mt 10.16-25), y respondió a los reclamos de Juan el bautista (Mt 11.2-19), entre otras actividades de importancia teológica.

El cuadro general de la sanidad del hombre en la sinagoga debe entenderse a la luz de las dificultades de Jesús con los fariseos respecto al sábado (Mt 12.1-8). Mientras viajaban, pasaron por una finca y a los discípulos les dio hambre. De forma natural comenzaron a arrancar espigas y comer. Esas acciones de los seguidores del Señor generaron una serie de reacciones adversas de parte de los fariseos, que también estaban en el grupo que peregrinaba con el Señor. El corazón de la dificultad: ¿cómo debe celebrarse el día de reposo, el sábado?

Jesús es el Señor del sábado

Luego de las dificultades con los fariseos, Jesús hizo una declaración teológica contundente (Mt 127): ¡el Hijo del hombre es el Señor del sábado! Y luego de esa gran afirmación teológica y misionera, llegan a la sinagoga y encuentran a un hombre con la mano paralizada, o como algunas traducciones tradicionales indican, el hombre tenía la mano "seca".

Cuando estaban en la sinagoga, el ambiente era de tensión por las experiencias previas con los discípulos y por sus actividades los sábados. Los fariseos estaban buscando formas de tentar, sorprender y acusar al Señor. Y en medio de esas dinámicas de confrontación y adversidad, los líderes de la sinagoga hacen una pregunta a Jesús que tiene que ver con la Ley de Moisés y también con las explicaciones y aplicaciones de la Ley que tradicionalmente hacían los rabinos y los líderes judíos.

La pregunta fue sencilla: ¿está permitido sanar los sábados? Quizá los fariseos esperaban una respuesta corta y contundente: no. Sin embargo, Jesús pondera y analiza el tema con detenimiento. En el proceso siguió las tradiciones rabínicas de análisis y reflexión. Utilizó el Señor las preguntas retóricas para presentar su caso. Si una oveja está en peligro de muerte un sábado, ¿es correcto intervenir y evitar que muera o se compliquen las cosas? ¿O quizá es mejor dejar que el animal muera de forma inmisericorde? Y en ese ambiente de tensión doctrinal afirmó: ¡el ser humano es más valioso que una oveja!

Desde la perspectiva de la teología, Jesús había presentado muy bien su caso. Las personas son valiosas. Sin embargo, el Señor no solo quería utilizar la oportunidad para expandir su teología del sábado, sino que está interesado en hacer el bien. Como el hombre de la mano seca presenció la discusión teórica, el Señor utilizó su condición para traducir la teología a la práctica. Y ante la vista de toda la comunidad de discípulos de Jesús y seguidores de los fariseos le ordenó al hombre tullido: ¡extiende tu mano! Como respuesta a la palabra de autoridad del Señor, la mano seca e impotente del hombre fue milagrosamente restaurada.

Ese milagro, que debía haber sido fuente de gratitud y felicidad en la comunidad, se convirtió en la razón para que los fariseos abandonaran la sinagoga y se confabularan para destruir al Señor. Lo que debió haber sido un motivo de celebración en la sinagoga, se transformó en otro foco de tensión que aumentó la animosidad en contra del Señor. El cautiverio doctrinal transformó una magnífica oportunidad para agradecer y celebrar en una fuente mayor de conflicto y animosidad.

El grupo religioso que debió haber sido el primero en reconocer el compromiso profético de Jesús de Nazaret y que debió haber entendido bien su dedicación a los sectores más necesitados de la comunidad, reaccionaron con irracionalidad, imprudencia y agresividad. No pudieron entender los fariseos las demostraciones de misericordia que manifestaba el Señor ante los necesitados, independientemente del día de la semana. Nunca comprendieron que Jesús es el Señor del sábado. No entendieron que el ser humano es más importante que cualquier doctrina religiosa.

Sanidad de un sordomudo

Luego regresó Jesús de la región de Tiro
y se dirigió por Sidón al mar de Galilea,
internándose en la región de Decápolis.
Allí le llevaron un sordo tartamudo,
y le suplicaban que pusiera la mano sobre él.
Jesús lo apartó de la multitud para estar a solas con él,
le puso los dedos en los oídos y le tocó la lengua con saliva.
Luego, mirando al cielo, suspiró profundamente y le dijo:
«¡Efatá!» (que significa: ¡Ábrete!).
Con esto, se le abrieron los oídos al hombre,
se le destrabó la lengua y comenzó a hablar normalmente.
Jesús les mandó que no se lo dijeran a nadie,
pero cuanto más se lo prohibía, tanto más lo seguían propagando.
La gente estaba sumamente asombrada, y decía: «Todo lo hace bien.
Hasta hace oír a los sordos y hablar a los mudos».
Marcos 7.31-37

Sanidad en la Decápolis

El Evangelio de Marcos ubica la sanidad de una persona sordomuda —o posiblemente, sorda y tartamuda— en la Decápolis. En griego, la palabra *mogilalos*, significa alguien que habla con dificultad, que tiene problemas en la comunicación oral. La amplia región de la Decápolis estaba ubicada al este del lago de la Galilea, especialmente al sureste. Y posiblemente el propósito de la narración es indicar que se trataba de un vasto territorio gentil, que requería semanas o meses para visitar sus ciudades.

Con esos detalles geográficos el evangelista afirma que el ministerio de Jesús no estuvo confinado a las comunidades tradicionalmente judías: el mensaje del Reino también llegó a sectores gentiles y paganos de la región. Hay en el relato una afirmación universalista que no debe subestimarse. Las afirmaciones teológicas de Jesús y sus manifestaciones milagrosas no son solo para el pueblo judío y sus comunidades, sino que llegan a la humanidad en general. Desde la perspectiva teológica, educativa y misionera, los gentiles son parte integral del plan salvífico de Dios.

La Decápolis era un grupo de diez ciudades helenísticas, localizadas en Transjordania, excepto Escitópolis —la Bet-sán del Antiguo Testamento— que estaba en el extremo oriental de la llanura de Esdraelón, sobre una importante encrucijada al oeste del Jordán. Como su población era mayormente griega, el general Pompeyo las transformó en ciudades independientes que estaban subordinadas directamente a Siria (63 a. C.); de esa forma se impulsaba el proceso de helenización y se impedía que fueran tomadas nuevamente por grupos judíos. Esas ciudades administraban sus propios asuntos y acuñaban sus propias monedas. Tradicionalmente se identifican como: Damasco, Filadelfia (la antigua Rabá de Amón del Antiguo Testamento), Rafana, Escitópolis, Gadara, Hipo, Dión, Pella, Gerasa y Canatá.

El itinerario de las actividades de Jesús en esta ocasión es difícil de precisar, pues se trata de un territorio extenso. Tiro estaba ubicada al noroeste del lago de la Galilea y Sidón, más al norte. Ambas ciudades estaban enclavadas a las orillas del mar Mediterráneo. Las diez ciudades romanas de la Decápolis estaban en Transjordania —excepto Bet-sán— generalmente al sureste de la Galilea. La ciudad más al norte de la Decápolis era Damasco y la más al sur, Filadelfia. Y una de sus ciudades era Gadara, en la cual el Señor también manifestó su poder liberador sobre los espíritus inmundos (Mt 8.28).

Sanidad del sordomudo

De singular importancia es la forma literaria que el Evangelio de Marcos presenta la visita de Jesús. No se indica que entró a ninguna ciudad específica; la narración evangélica solo afirma que viajó por la región de la Decápolis. Como judío piadoso, Jesús evitaba contaminarse religiosamente al entrar a ciudades paganas. Sin embargo, como la fama del Señor se había extendido por toda la Galilea y llegó hasta Siria, los ciudadanos de la Decápolis también se enteraron de los milagros que el Señor llevaba a efecto como parte de su predicación del Reino y su tarea educativa y profética.

En ese singular contexto geográfico, y en medio de ese entorno de reconocimiento público de su ministerio de milagros, le traen al Señor un sordomudo para que lo sanara. Inclusive le piden que pusiera las manos sobre el enfermo, pues la fama del Señor se relacionaba con las personas que lo tocaban o que él tocaba.

El acto de poner las manos sobre alguna persona en las Sagradas Escrituras tiene varios propósitos y simbolismos:

1. Para tomar un juramento o hacer un pacto solemne (p. ej., poner las manos "debajo del muslo"; Gn 24.2,9; 47.29).
2. Para traspasar el liderato familiar (Gn 48.14,17–18).
3. Como símbolo de la muerte sacrificial sustituta sobre un animal:
    a. De parte de sacerdotes (Éx 29.10,15,19; Lv 16.21; Nm 8.12).

    b.   De parte de personas laicas (Lv 1.4; 3.2,8; 4.4,15,24; 2Cr 29.23).

4. Para consagrar a ciertas personas para el servicio a Dios o para un ministerio especial (Nm 8.10; 27.18,23; Dt 34.9; Hch 6.6; 13.3; 1Ti 4.14; 5.22; 2Ti 1.6).

5. Al participar en la lapidación de un pecador, de acuerdo con la Ley (Lv 24.14).

6. Ponerse la mano sobre la boca significa silencio o conformidad (Jue 18.19; Job 21.5; 29.9; 40.4; Mi 7.16).

7. Ponerse las manos sobre la cabeza es signo de tristeza o dolor (2Sa 13.19).

8. Para recibir bendición, salud, felicidad y la gloria de Dios (Mt 19.13,15; Mr 10.16).

9. Para recibir la sanidad física (Mt 9.18; Mr 5.23; 6.5; 7.32; 8.23; 16.18; Lc 4.40; 13.13; Hch 9.17; 28.8).

10. Y para recibir el Espíritu Santo (Hch 8.1719; 9.17; 19.6).

En ese mundo de simbolismos y gestos, la imposición de las manos de Jesús se había asociado con los milagros que llevaba a efecto. Y por esa razón, quienes llevaron al sordomudo fueron al Señor para solicitar y rogar directamente que le impusiera las manos al necesitado.

La reacción de Jesús fue de sobriedad y prudencia, y también de simbolismo. Quizá para darle confianza al hombre sordomudo, que su contacto con la realidad era a través de la vista y sus otros sentidos, lo apartó de la gente. El Señor sacó al hombre de ser el centro de atención de algún espectáculo, para estar con él y comunicarse con más intimidad, dignidad y respeto. Ese movimiento propició la confianza del sordomudo y se estableció la comunicación necesaria para que el milagro se hiciera realidad. Las comunicaciones visuales y táctiles, en este milagro, sustituyeron la oralidad.

Poner los dedos en los oídos del necesitado comunicaba autoridad y liberación. El Señor trataba de transmitir la idea de que el milagro llegaba a los oídos que estaban imposibilitados de escuchar. Luego, con su saliva, Jesús toca la lengua del sordomudo, como una afirmación de que su capacidad de comunicación vocal también sería restaurada. Levantar los ojos al cielo era una forma de indicar que estaba en diálogo con Dios. Y la referencia al "gemir" o "suspirar profundamente" revela la profundidad e intensidad de la oración de Jesús.

En efecto, la narración de Marcos ubica al necesitado en el lugar preciso ante la persona correcta. Jesús respondió a su necesidad con dignidad y autoridad, y le brindó al sordomudo el extraordinario poder de la comunicación oral y auditiva. El milagro del Señor cambió la vida de aquel hombre, pues lo movió del mundo del silencio a la vida de comunicaciones audibles.

Implicaciones multiculturales y universales

En ese contexto de piedad, simbolismo, oración y necesidad, el Señor grita: ¡Efatá! En arameo la expresión significa "ábrete". Y ante la voz de autoridad de Jesús, la condición del hombre de la Decápolis cambió de manera radical y dramática. El milagro se llevó a efecto por el poder divino representado en el grito del Señor. El poder del Señor fue mayor que la condición del sordomudo en necesidad.

La oración de Jesús fue de autoridad y confianza, y cuando se juntan las necesidades humanas y la misericordia divina se producen milagros y sanidades. De pronto, luego de la intervención de Jesús, ¡al hombre necesitado se le abrieron los oídos y se desató su lengua! De manera milagrosa el hombre superó su condición de sordomudo para incorporarse plenamente en la sociedad. Ya no necesitaba intérpretes ni apoyos externos, pues había descubierto el poder de valerse por sí mismo.

El mensaje del Reino llegó también a la Decápolis. El mensaje de la esperanza y la liberación se manifestaba en el mundo gentil con la misma fuerza y autoridad que en las comunidades judías. No hay discrimen en las manifestaciones extraordinarias de los milagros y las sanidades, pues la revelación divina, según el relato del Evangelio de Marcos, superó los linderos geográficos y étnicos para llegar con vigor a las personas necesitadas de diferentes culturas, lenguas y pueblos.

Una vez el milagro se hizo realidad, el Señor le ordenó que no dijera a nadie lo que había sucedido. Sin embargo, mientras más Jesús le decía a la gente que fuera prudente y sobria al revelar sus acciones milagrosas, más las personas que presenciaban las sanidades y recibían los milagros divinos divulgaban las intervenciones salvadoras de Dios. La gente maravillada y agradecida no podía dejar de decir lo que veía y experimentaba. Las personas sanadas no eran capaces de esconder las nuevas realidades que vivían, pues el pueblo conocía de sus problemas y sus cautiverios físicos, emocionales y espirituales.

La última afirmación de la narración tiene importancia teológica especial. El evangelista relaciona la sanidad del sordomudo en la Decápolis con las señales que se llevarían a efecto con la llegada del Mesías (Is 35.1-6). Para finalizar el relato, Marcos relaciona la profecía de Isaías con el ministerio de Jesús, pues el propósito de las acciones milagrosas del Señor es para poner de manifiesto que era el Mesías prometido por los antiguos profetas de Israel.

Sanidad de un paralítico que subieron al techo

Un día, mientras enseñaba,
estaban sentados allí algunos fariseos y maestros de la ley
que habían venido de todas las aldeas de Galilea y Judea,
y también de Jerusalén.
Y el poder del Señor estaba con él para sanar a los enfermos.
Entonces llegaron unos hombres
que llevaban en una camilla a un paralítico.
Procuraron entrar para ponerlo delante de Jesús,
pero no pudieron a causa de la multitud.
Así que subieron a la azotea
y, separando las tejas, lo bajaron en la camilla
hasta ponerlo en medio de la gente, frente a Jesús.
Al ver la fe de ellos, Jesús dijo:
—Amigo, tus pecados quedan perdonados.
Los fariseos y los maestros de la ley comenzaron a pensar:
«¿Quién es este que dice blasfemias?
¿Quién puede perdonar pecados sino solo Dios?»
Pero Jesús supo lo que estaban pensando y les dijo:
—¿Por qué razonan así?
¿Qué es más fácil decir: «Tus pecados quedan perdonados»,
o «Levántate y anda»?
Pues para que sepan que el Hijo del hombre
tiene autoridad en la tierra para perdonar pecados
—se dirigió entonces al paralítico:
A ti te digo, levántate, toma tu camilla y vete a tu casa.
Al instante se levantó a la vista de todos,
tomó la camilla en que había estado acostado,
y se fue a su casa alabando a Dios.
Todos quedaron asombrados y ellos también alababan a Dios.
Estaban llenos de temor y decían: «Hoy hemos visto maravillas».
Lucas 5.17—26

Una sanidad diferente

La narración de la sanidad de este paralítico en la Galilea tiene componentes especiales. Además de las singularidades de los esfuerzos del grupo de apoyo del necesitado, el círculo de testigos se amplía y se complica. Para Lucas es importante indicar que Jesús estaba en medio de un proceso educativo frente a un singular grupo de líderes religiosos, que había llegado a verlo de las regiones de la Galilea y Judea, incluyendo la ciudad de Jerusalén. Los fariseos y los escribas —o doctores de la Ley— deseaban ver al Señor en acción, pues debían haber escuchado de sus enseñanzas y sus milagros.

El ambiente que rodeó este milagro del Señor en la Galilea estaba cargado de tensión. En medio de esas dinámicas, podemos identificar y explorar los siguientes detalles: el Señor estaba en plena acción didáctica, enseñando los valores del Reino y sus implicaciones; y los líderes religiosos estaban con espíritu de evaluación teológica y estudio de las doctrinas, que el joven rabino de Nazaret presentaba a la comunidad.

Como si fuera poco, indica el evangelista Lucas —que como médico estaba interesado en los detalles salubristas del ministerio de Jesús— que, en esa ocasión, *el poder del Señor estaba con él para sanar a los enfermos* (Lc 5.17). El ambiente exterior era de contención y preocupación, ¡pero el Señor estaba lleno de poder para sanar a los enfermos!

Los escribas eran parte de los grupos religiosos que estudiaban e interpretaban la Ley, para su aplicación en la vida diaria de los creyentes judíos. El nombre del grupo puede asociarse con las siguientes labores y responsabilidades: educador (Neh 8), funcionario del gobierno (2Re 22.313), secretario (1Cr 24.6; 2Cr 34.13; Jer 36.22), oficial militar (Jue 5.14) y líder religioso (Esd 7.6; Neh 12.1213). Aparentemente a los escribas también se les llamaba "abogados" (Mr 12.28; Lc 7.30; 10.25; 11.45; 14.3). Sin embargo, la justicia que afirmaban en sus interpretaciones de las leyes mosaicas era muy legalista y no necesariamente propiciaba en los judíos un sentido de paz y seguridad (Mt 5.20; Ro 3.1920; 9.15, 3032; 10.16; Col 2.2022).

Los fariseos eran otro de los grupos religiosos de importancia en la época de Jesús. Los caracterizaba la estricta interpretación de la Ley de Moisés y de otras tradiciones que habían añadido con el paso del tiempo. Eran unos críticos acérrimos de Jesús y sus enseñanzas (Mt 9.11; 16.1-4; Jn 9.13), aunque sabemos que algunos de los fariseos apoyaron y ayudaron a Jesús (Lc 13.31). Y el conocimiento profundo que tenía de las dinámicas internas de este grupo religioso, puede ser una indicación de que el Señor, por lo menos en algún momento en su vida, se relacionó o, inclusive, fue parte de ese sector de la comunidad judía.

Amistades con fe

En medio de ese ambiente de misericordia divina y legalismo religioso, un grupo de amigos, atraídos por la fama de Jesús y la necesidad de un paralítico, deciden llevar al hombre necesitado ante el Señor. Ese acto de solidaridad y aventura es el contexto amplio para una sanidad en la cual la fe no es solo del necesitado sino de su infraestructura de apoyo y amistades.

El episodio es interesante y la narración transmite un sentido de intriga y urgencia. Los amigos del hombre deseaban ponerlo cerca del Señor, pero por causa de la multitud de personas que rodeaban la casa donde se llevaba a efecto el evento no pudieron lograr ese objetivo. Para superar los obstáculos físicos, suben al hombre en su camilla al techo de la casa, de alguna forma movieron o rompieron el techo, bajaron al enfermo y lo ubicaron frente al Señor. En efecto, la necesidad y el compromiso juegan papeles protagónicos en el desarrollo de este relato.

Cuando el Señor descubrió al hombre en necesidad y ve la fe de sus amigos, le perdona los pecados al paralítico. Ese fue un buen gesto teológico de gran importancia sicológica. En este sentido hay que recordar que, en esas culturas y épocas, las enfermedades eran signos de pecados públicos o privados. Las condiciones como las del hombre paralítico las identificaban con la pecaminosidad humana, que podía venir de sus antepasados. Y para comenzar el proceso de sanidad, el primer acto del Señor fue perdonar los pecados del hombre en necesidad.

La respuesta del grupo de fariseos y escribas escandalizados a las declaraciones de Jesús fueron adversas. Y como solo Dios puede perdonar pecados, lo declararon blasfemo, que en aquel ambiente religioso de legalismo era un delito mayor, inclusive podía conllevar la pena capital. A las manifestaciones públicas de la misericordia divina, los líderes religiosos reaccionaron de manera negativa. No se percataron que la necesidad más grande del ser humano es la liberación espiritual, emocional, física e integral.

La respuesta del Señor a las actitudes hostiles de los líderes religiosos fue sobria y educativa. En un estilo de diálogo rabínico le pregunta a los fariseos y los escribas que lo acusaban de blasfemo, ¿qué es más fácil, perdonar pecados o sanar enfermos? Y ante la mirada atónita de los religiosos, el asombro de la multitud, la felicidad de los amigos del necesitado y la expectación del paralítico, el Señor le ordena a levantarse, andar, tomar su camilla y regresar a su casa. Las órdenes fueron claras, directas y firmes: el paralítico fue sanado de forma milagrosa, ante la mirada incrédula de los líderes religiosos.

El final de la narración evangélica es de asombro y gratitud. El hombre necesitado se fue a su hogar glorificando a Dios; y los que estaban en la casa, y fueron testigos del milagro, quedaron asombrados. Quienes vieron lo que había sucedido, llenos de temor y respeto a Dios, exclamaron: ¡Hoy hemos visto maravillas!

La afirmación teológica final de la narración es que el ambiente de tensión que generaban los grupos de líderes religiosos no fue obstáculo para la manifestación de la misericordia, el perdón y la gracia divina. Jesús no se amilanó ante la presencia de personas hostiles, pues la necesidad de un ser humano era más importante que las actitudes de prepotencia y agresividad de los fariseos y publicanos. La sanidad se sobrepuso al legalismo y el milagro fue más importante que las actitudes religiosas cerradas que ignoran o subestiman a las personas y sus necesidades.

Sanidad del hombre con hidropesía

Un día Jesús fue a comer a casa de un notable de los fariseos.
Era sábado, así que estos estaban acechando a Jesús.
Allí, delante de él, estaba un hombre enfermo de hidropesía.
Jesús les preguntó a los expertos en la ley y a los fariseos:
—¿Está permitido o no sanar en sábado?
Pero ellos se quedaron callados.
Entonces tomó al hombre, lo sanó y lo despidió.
También les dijo:
—Si uno de ustedes tiene un hijo o un buey que se le cae en un pozo,
¿no lo saca enseguida, aunque sea sábado?
Y no pudieron contestarle nada.
Lucas 14.1-6

Sanidades los sábados

Las sanidades que Jesús llevaba a efecto, tanto en la Galilea como en Judea, prosiguieron. Junto a la fama de Jesús como predicador del Reino y hombre de milagros, que aumentaba día a día, también se incrementaban las tensiones y los conflictos con los grupos religiosos. Mientras el Señor continuaba su ministerio de enseñanza y prodigios, las confrontaciones se hacían más comunes y las personas que llegaban con necesidades especiales aumentaban.

Ese ambiente de tensión en torno a la teología, las interpretaciones de la Ley y las actividades misioneras de Jesús se revela claramente en las narraciones de los capítulos 13 y 14 de Lucas. Solo en esa sección del Evangelio se descubren varias parábolas del Reino —con implicaciones muy serias y desafiantes para las comunidades religiosas tradicionales— (p. ej., Lc 3.6-9, 18-19,20, 22-30), el mensaje del Señor en torno al juicio sobre la ciudad de Jerusalén (13.31-35), y otra sanidad de una mujer que se llevó a efecto el sábado (Lc 10-17).

Al llegar a Jerusalén, Jesús decidió comer en la casa de un líder del grupo de los fariseos. La relación del Señor con ese sector religioso del judaísmo es de cercanía y tensión. Aunque los fariseos siempre estaban próximos a las actividades de Jesús, generalmente manifestaban rechazo y resentimientos en torno a sus mensajes y acciones. Y esta ocasión, no fue una excepción. Aunque el fariseo estaba auspiciando la cena, el ambiente era de asecho, ansiedad y tensión. Ese singular grupo religioso no perdía una oportunidad para tratar de encontrar a

Jesús en algún error teológico, confusión doctrinal o rechazo de las interpretaciones tradicionales de la Ley.

En medio de las conversaciones, Jesús preguntó a los fariseos y los publicanos —o expertos en las interpretaciones de la Ley— que estaban presente en la reunión, si era lícito sanar el sábado. La pregunta del Señor, más que un tema adecuado o políticamente correcto de sobremesa para incentivar el diálogo respetuoso y cordial, era un asunto de gran importancia religiosa y hermenéutica para Jesús y también para los líderes de las comunidades religiosas judías. Para el Señor era vital, pues en su teología el ser humano era más importante que los mandamientos de Moisés; y también para los religiosos era fundamental, pues ese era un punto de abierto conflicto entre las actividades del joven predicador de Nazaret y las instituciones religiosas del judaísmo.

Una vez más se pone de manifiesto en las narraciones evangélicas la continua confrontación entre las interpretaciones rabínicas de la Ley y Jesús de Nazaret, con su amplia y contextual comprensión de la revelación divina. Para las instituciones judías, las interpretaciones de lo que se podía hacer el sábado eran como una especie de Ley oral, que posteriormente en la historia se codificaron en el Talmud.

Jesús regularmente hacía milagros los sábados, consciente de que violaba las reglas de los fariseos, como para entrar en diálogo con ellos y también desafiar sus interpretaciones bíblicas (Mt 12). No era que Jesús ignorara o menospreciara el sábado, pues entendía que constituía un buen símbolo de reposo ante Dios que se debía afirmar y obedecer. Lo que rechazaba firmemente el Señor era el legalismo hipócrita e irracional de los líderes religiosos y la falta de amor y solidaridad que manifestaban hacia las personas en necesidad (Mr 2.27–28). Además, en los días de reposo las comunidades se reunían en las sinagogas y tenían la oportunidad de encontrarse y dialogar con Jesús.

El corazón del rechazo público y privado de Jesús a esas interpretaciones limitantes y prejuiciadas de los rabinos e intérpretes de la Ley era que subestimaban al ser humano, que fue el objeto primordial de la creación de Dios (Gn 1.1—2.25). Para el Señor, las interpretaciones de la Ley que cautivaban a las personas y los pueblos no eran adecuadas ni válidas, pues su mensaje en torno al Reino y su justicia fue de esperanza, vida y liberación.

Las enseñanzas de Jesús de Nazaret tomaban muy seriamente en consideración la Ley de Moisés, pero exploraban, descubrían, interpretaban y aplicaban el espíritu de la revelación divina, que ciertamente no era de cautiverio ni explotación, sino el bienestar general y restauración del pueblo de Dios y la naturaleza. La Ley era muy importante, pero debía ser interpretada y aplicada con sentido de amor, solidaridad, misericordia y justicia.

Sanidad, enseñanza y teología

Ante la pregunta directa de Jesús, en torno a si era lícito sanar los sábados, los líderes religiosos callaron. Las razones del silencio pueden ser varias. Quizá pensaron que el Señor los trataba de poner en una situación de dificultad teológica o vergüenza pública; otra posibilidad es que sencillamente entendieron que era una especie de pregunta retórica. Independientemente de la razón del silencio, ante la pregunta del Señor reinó el silencio, que esperaba alguna afirmación adicional de Jesús.

Y ese silencio alto y sonoro fue el contexto inmediato del milagro al hombre hidrópico. En lugar de proseguir el diálogo teológico o hipotético respecto a las actividades que se pueden llevar a efecto durante los sábados, el Señor decidió sanar al enfermo, para demostrar que el poder divino no estaba cautivo ningún día de la semana. El milagro se efectúa para poner de relieve, una vez más, que el sábado fue hecho para bendecir a las personas y la naturaleza, y no podía constituirse en un obstáculo para la manifestación plena del poder, la misericordia, el amor y la sanidad.

La hidropesía es una enfermedad que hace que las personas retengan los líquidos en el cuerpo, causando hinchazón, inflamación y dolor en las extremidades. Posiblemente era causada por alguna condición interna de salud. Además, era una enfermedad muy dolorosa, que impedía el movimiento normal de la gente que la padecía.

La palabra hidrópico para identificar la condición del necesitado solo se utiliza en esta narración en todo el Nuevo Testamento —el autor del Evangelio es médico— y está asociada al agua. Las comprensiones rabínicas tradicionales afirmaban que la hidropesía era producto de algún pecado grave. Y en el contexto del milagro de Jesús frente a las autoridades religiosas, esta sanidad destaca y magnifica la misericordia de Dios y la autoridad teológica de Jesús ante la comunidad. Ante una enfermedad que las autoridades religiosas entendían que era producto de alguna maldad extraordinaria, Jesús responde con una demostración plena de la misericordia divina.

La lectura detenida de la narración revela que la sanidad no se asocia a la fe del enfermo, que ciertamente esperaba algún milagro. Jesús lo sanó y lo despidió como parte del discurso teológico. Las personas, incluyendo los fariseos e intérpretes de la Ley que estaban en la comida, aunque sea sábado, atienden y salvan sus animales que caen en algún peligro de muerte. ¡La vida del animal es más importante que la interpretación teológica! La teología debe responder a la realidad, pues las realidades no respetan las interpretaciones teóricas de la Ley de Moisés.

Ante el milagro y las interpretaciones teológicas del sábado, los líderes religiosos no pudieron responder palabra alguna a Jesús. Ese silencio, sin embargo, no generó sobriedad y paz en la comunidad religiosa, sino que afirmó sus sospechas: Jesús de Nazaret era una persona peligrosa, pues no seguía fielmente las interpretaciones rabínicas de la Ley, el pueblo lo apreciaba y lo seguía, y su movimiento iba ganando adeptos y creciendo, no solo en el norte, la Galilea, sino en el sur, Judea y Jerusalén.

Sanidad de la oreja de Malco

Todavía estaba hablando Jesús cuando se apareció una turba,
y al frente iba uno de los doce, el que se llamaba Judas.
Este se acercó a Jesús para besarlo, pero Jesús le preguntó:
—Judas, ¿con un beso traicionas al Hijo del hombre?
Los discípulos que lo rodeaban, al darse cuenta de lo que pasaba,
dijeron: —Señor, ¿atacamos con la espada?
Y uno de ellos hirió al siervo del sumo sacerdote, cortándole la oreja derecha.
—¡Déjenlos! —ordenó Jesús.
Entonces le tocó la oreja al hombre, y lo sanó.
Luego dijo a los jefes de los sacerdotes, a los capitanes del templo
y a los ancianos, que habían venido a prenderlo:
—¿Acaso soy un bandido, para que vengan contra mí con espadas y palos?
Todos los días estaba con ustedes en el templo,
y no se atrevieron a ponerme las manos encima.
Pero ya ha llegado la hora de ustedes, cuando reinan las tinieblas.
Lucas 22.47-53

Sanidad en medio de la intriga y la traición

La última de las sanidades de Jesús en los Evangelios sinópticos se encuentra entre las narraciones de la pasión (Lc 22.1—24.12). En esta ocasión, de acuerdo con el relato de Lucas, el ambiente era distinto a los anteriores. No estaba el Señor en medio de alguna enseñanza pública cuando descubre a una persona necesitada. La dinámica que rodeó este singular milagro fue de alta tensión, pues se asocia con la traición de Judas.

El milagro se produce cuando Jesús y sus discípulos están en el huerto de Getsemaní en oración y llega Judas con una turba hostil, listos para traicionarlo y arrestarlo. Se manifiesta en la lectura cuidadosa de la narración, y de sus relatos paralelos (Mt 26.47-56; Mr 14.43-50; Jn 18.2-11), dos dinámicas encontradas y en conflicto. En el Getsemaní, el grupo de Jesús estaba en oración en un ambiente de piedad; con Judas, sin embargo, llegaba un grupo armado y lleno de hostilidad. Era el encuentro de la fidelidad y la traición; el choque entre la lealtad a los valores del Reino y la venta de principios espirituales y valores morales; y la hora donde la verdad y la nobleza se encontraban cara a cara con la mentira y la alevosía.

En el Evangelio de Lucas se predice la negación de Pedro (Lc 22.31-34) y se alude a Judas como el traidor, pues Satanás había entrado en él y los principales sacerdotes y los jefes de la guardia le dieron dinero (Lc 22.3-6). Respecto a ese acto de infidelidad e ingratitud, Lucas solo añade, en el contexto de la cena de la Pascua con los discípulos, las palabras de Jesús (Lc 22.22): *A la verdad el Hijo del hombre se irá según está decretado, pero ¡ay de aquel que lo traiciona!*

El momento de la traición de Judas es intenso y se produce después de una serie muy importante de enseñanzas del Señor. El Señor había hablado de la importancia y la grandeza del servicio (Lc 22.24-34) y también había afirmado la necesidad de la oración en medio de las grandes adversidades de la vida, al no interrumpir su vida de piedad e intercesión en el monte de los Olivos y el huerto de Getsemaní (Lc 22.46). Hay dos fuerzas antagónicas en el ambiente: la oración de Jesús y la traición de Judas; el compromiso con el Reino y la infidelidad al Señor del Reino; y la obediencia en la revelación divina y la confianza en el dinero y las instituciones humanas.

El beso, el arresto y la sanidad

En medio de esa vorágine intensa de sentimientos y actitudes, de acuerdo con el Evangelio de Lucas, llega Judas con la turba infame, que se acercó a Jesús para besarlo. De singular importancia es el retrato que la narración hace de Judas: iba al frente, es decir, guiaba al grupo sin inhibición, estaba firmemente decidido, y hasta se acercó sin reparos para besarlo. Judas utilizó un gesto de respeto, amistad y fidelidad para manifestar su irresponsabilidad, deslealtad e infidelidad. ¡El beso era la forma usual que un estudiante saludaba a su rabino!

La reacción de Jesús fue de firmeza y denuncia (Lc 22.48). Pregunta, ¿con un beso entregas al Hijo del hombre? Esa expresión era una manera de decirle a Judas que utilizó un símbolo de dignidad y respeto, relacionado con la amistad y la paz, para la traición infame y para la manifestación óptima de la infidelidad. Y esos gestos y palabras pusieron de manifiesto sus verdaderas intenciones: vender al Señor a las autoridades religiosas del Templo y a los líderes militares de Roma.

La respuesta de los discípulos no se hizo esperar. No solo preguntaron si podían defenderse con sus espadas, sino que alguno de ellos sacó su arma y cortó la oreja derecha al siervo del Sumo Sacerdote de Jerusalén, que ciertamente estaba involucrado en la confabulación contra Jesús. En el Evangelio de Juan se indica que el discípulo que sacó la espada fue Simón Pedro y que el nombre del siervo herido del Templo era Malco (Jn 18.10).

En el grupo había sacerdotes principales, jefes de la guardia del Templo y hasta líderes de los ancianos —representantes del Sanedrín— que habían llegado con la turba irracional, con espadas y palos, para cerciorarse que apresaran a Jesús y que comenzara el juicio y los procesos legales, para finalmente ejecutarlo. Era un grupo muy bien organizado que sabía lo que deseaban hacer; comprendían su encomienda y estaban listos para cumplirla de manera efectiva. Las espadas las tenían los soldados romanos y los palos, los representantes del Templo.

En ese ambiente de alta tensión, y también de alta traición, Jesús ordena a los discípulos que guarden las armas. Y ante la mirada atónita de seguidores y perseguidores, el Señor extiende su mano de bondad para sanar la oreja de quien había llegado a apresarlo. Sanó de forma grata a quien vino a hacerle mal; manifestó su misericordia hacia quien había llegado para arrestarlo de forma ilegal; y envió sus mensajes y enseñanzas de amor hacia los enemigos de forma directa, clara y contundente.

Esta sanidad no es producto de la fe de ninguno de los participantes del drama. Se trata de una enseñanza fundamental en la vida del Señor, según las narraciones de Lucas. La violencia no es el camino que lleva a la manifestación plena de los valores del Reino. No es mediante las armas que se adelantan las enseñanzas de Jesús. En esta narración se rechazan las actitudes violentas para hacer avanzar las buenas causas, como la del Reino de Dios. La gracia de Dios se manifiesta con la afirmación de la paz que se fundamenta en la justicia.

Para el Señor, de acuerdo con la narración evangélica, este singular incidente hizo que el mensaje transformador de las Bienaventuranzas se manifestara de forma concreta y plena (Mt 5.1-12; Lc 6.20-26). La única persona que manifestó fe en medio de este episodio fue Jesús, pues la turba venía con odios y violencia hacia el Señor; los discípulos respondieron con sentido de autoprotección y resentimientos hacia las autoridades judías y romanas. Solo la fe de Jesús propició la sobriedad, la calma, la sanidad y la paz.

La gran enseñanza de este milagro no se manifiesta en la actitud del necesitado ni en el acto de misericordia del Señor. Posiblemente el valor de esta narración se relaciona con el rechazo a las armas, el repudio a la violencia y el poder del perdón. El Reino de Dios, en las enseñanzas de Jesús, está íntimamente relacionado con la gente pacificadora, con las personas que aman, viven y trabajan por la paz.

De singular importancia, en torno a esta sanidad, y también referente al mensaje general del Señor, es la paz que se afirma y se declara. Y ese sentido amplio de paz, prudencia, autocontrol y sosiego, es el resultado directo de la implantación de la voluntad divina y la justicia, no es producto de la imposición violenta y firme de leyes o normas legales. El milagro de la sanidad es una manera de indicar que la paz no es el producto de las luchas armadas, sino de la manifestación plena de la justicia divina.

La palabra final del Señor luego de la sanidad del herido fue de reproche. Las autoridades políticas y religiosas no se atrevieron a arrestar a Jesús mientras estuvo en el Templo enseñando toda la semana. Se escondieron en el anonimato y la oscuridad para buscarlo como si fuera un ladrón o un criminal. Además, el Señor interpretó teológicamente el incidente: se trataba de la manifestación de la oscuridad, el momento cuando reinan las tinieblas (Lc 22.53).

Sanidad del hijo del funcionario real de Caná

Después de esos dos días Jesús salió de allí rumbo a Galilea
(pues, como él mismo había dicho,
a ningún profeta se le honra en su propia tierra).
Cuando llegó a Galilea, fue bien recibido por los galileos,
pues estos habían visto personalmente todo lo que había hecho en Jerusalén
durante la fiesta de la Pascua, ya que ellos habían estado también allí.
Y volvió otra vez Jesús a Caná de Galilea,
donde había convertido el agua en vino.
Había allí un funcionario real, cuyo hijo estaba enfermo en Capernaúm.
Cuando este hombre se enteró de que Jesús
había llegado de Judea a Galilea, fue a su encuentro
y le suplicó que bajara a sanar a su hijo, pues estaba a punto de morir.
—Ustedes nunca van a creer si no ven señales y prodigios —le dijo Jesús.
—Señor —rogó el funcionario— baja antes de que se muera mi hijo.
—Vuelve a casa, que tu hijo vive —le dijo Jesús.
El hombre creyó lo que Jesús le dijo, y se fue.
Cuando se dirigía a su casa, sus siervos salieron a su encuentro
y le dieron la noticia de que su hijo estaba vivo.
Cuando les preguntó a qué hora había comenzado su hijo a sentirse mejor,
le contestaron: —Ayer a la una de la tarde se le quitó la fiebre.
Entonces el padre se dio cuenta
de que precisamente a esa hora Jesús le había dicho:
«Tu hijo vive». Así que creyó él con toda su familia.
Esta fue la segunda señal que hizo Jesús
después de que volvió de Judea a Galilea.
Juan 4.43-54

Señales milagrosas en la Galilea

La lectura de la narración de la sanidad del hijo del oficial del rey revela varios detalles de importancia en el ministerio de Jesús. En primer lugar, pone de relieve los viajes del Señor entre la Galilea y Judea, y su paso por Samaria. Posiblemente, el Señor hacia esas peregrinaciones del norte al sur y viceversa en la antigua Palestina con alguna frecuencia. En el capítulo dos del Evangelio de Juan, el Señor está en Caná de Galilea, en el norte; luego estuvo en Capernaúm (Jn 2.12), viajó a Jerusalén para celebrar las fiestas de la Pascua, purificó el

Templo (Jn 2.13-22) y se encontró con Nicodemo, que era un fariseo distinguido de la comunidad judía (Jn 3.1-15).

Posteriormente, desde Jerusalén Jesús viaja a Samaria, donde se encuentra con una singular mujer en el pozo de la comunidad. Con la mujer samaritana el Señor tiene una conversación intensa con grandes implicaciones teológicas respecto al Templo y a la verdadera adoración (Jn 4.1-42). Al salir de la comunidad de los samaritanos el Señor regresa a la Galilea, donde se lleva a efecto el episodio de la sanidad del oficial del rey en la ciudad de Caná (Jn 4.43-54).

En efecto, de acuerdo con el evangelista Juan, los peregrinares ministeriales de Jesús por toda la región eran frecuentes. Y esos viajes propiciaron que su fama creciera, no solo en los alrededores del lago de la Galilea, sino en Jerusalén y Samaria.

Desde la primera señal milagrosa que se incluye en el Evangelio de Juan, al transformar el agua en vino (Jn 2.1-12), hasta la segunda señal, que fue la sanidad del hijo del oficial del rey (Jn 4.43-54), el Señor hizo varias declaraciones teológicas de importancia capital. Y esas afirmaciones ubican en el Evangelio de Juan las narraciones de milagros de Jesús. Esas sanidades, además de liberar y bendecir a alguna persona, también comunicaban un mensaje transformador que estaba en consonancia con el énfasis teológico que Juan le daba al ministerio de Jesús.

En los alrededores del Templo, y en medio del comercio que se llevaba a efecto en la casa de Dios, declaró con firmeza, que no permitiría que el Templo se convirtiera en una plaza del mercado (Jn 2.16), pues citando al salmo, decía, que lo consumía el celo por la casa del Señor (Sal 69.9; Jn 2.17). Además, en el diálogo con Nicodemo (Jn 3.1-15), se incluye una de las declaraciones más importantes, reconocidas y apreciadas de Jesús: *Porque tanto amó Dios al mundo, que dio a su Hijo unigénito, para que todo el que cree en él no se pierda, sino que tenga vida eterna* (Jn 3.16). Y esas importantes afirmaciones teológicas continúan en Samaria, donde el Señor habló de los verdaderos adoradores, que debían adorar a Dios en espíritu y verdad (Jn 4.23).

La sanidad del hijo del oficial del rey

Ese fue el marco teológico de la segunda señal milagrosa que se llevó a efecto en Caná de Galilea. Después de haber viajado de la Galilea a Jerusalén y luego a Samaria, el Señor se dirigió al norte y regresó a la ciudad de Caná. En esa comunidad lo conocían por el milagro anterior de la transformación del agua en vino en medio de la celebración de una boda (Jn 2.1-12).

La referencia a la honra y el reconocimiento de los profetas en su tierra, en este contexto del Evangelio de Juan, es un poco extraña. La idea se incluye claramente en los sinópticos (Mt 13.57; Mr 6.4; Lc 4.24), pero en alusión a la Galilea, específicamente a Nazaret. En Juan, sin embargo, la declaración parece referirse a Judea y Jerusalén. En este contexto, la narración indica claramente que los galileos lo recibieron, pues ya habían visto lo que el Señor había hecho en Jerusalén, pues muchas personas creyeron en Jesús por las señales que hacía (Jn 2.23-25).

Al regresar a Caná la gente de Capernaúm se enteró de su presencia en la Galilea. Un oficial del gobierno de Herodes, que tenía un hijo gravemente enfermo, al enterarse de la llegada del Señor a la región, decidió llegar a Caná y rogarle al Señor que lo visitara, pues su hijo estaba con fiebre a punto de morir y necesitaba el milagro de la sanidad, requería una intervención inmediata de la misericordia de Dios.

La primera reacción del Señor fue firme, pues le reprochó que, en Jerusalén, donde estaban las autoridades que lo dirigían, si no veían las señales y los prodigios no creían (Jn 4.48). Para Jesús el mensaje del Reino era su encomienda principal, su función educativa y profética básica. Pero el funcionario suplicó aún más, ¡pues el hijo podía morir mientras hablaban! La preocupación del padre era intensa ¡y se lo hizo saber al Señor!

Jesús, sin embargo, en vez de viajar a Capernaúm, le dio al padre la palabra de la esperanza y la declaración de seguridad: vete, tu hijo vive. Y el padre, sorprendido con esa afirmación del Señor, creyó a la palabra de Jesús y regresó a su ciudad. El fundamento de su decisión de regresar a su hogar fue la palabra del Señor.

Cuando regresaba a su hogar, le recibieron los sirvientes que le informaron que el hijo estaba vivo, que la fiebre había cedido y que había comenzado a mejorar a la hora que el Señor había declarado la vida (Jn 4.52). La bienvenida que recibió el padre fue la noticia que anhelaba: su hijo estaba vivo.

Este relato de sanidad revela que Jesús responde al clamor sentido de un padre. Ante la manifestación de autoridad del Señor, el oficial del rey creyó a la palabra de Jesús y recibió su milagro. Y esa credulidad y fe del padre, no solo sanó al hijo, sino que se manifestó también en toda su familia que también creyó en el Señor. La fe del padre no solo produce sanidades, sino que propicia milagros de credulidad y gratitud en toda una familia. Toda la familia del oficial de Herodes fue bendecida por la manifestación de la señal milagrosa del Señor.

Esta narración presenta el corazón del mensaje del Evangelio de Juan: Creer en el Señor Jesús; creer en su palabra que estaba llena de poder y autoridad; creer en sus acciones redentoras y milagrosas; y creer en el Mesías. La fe del padre se afirma por creer en Jesús y su palabra, aún sin haber visto las promesas que hacía. Esa acción de creer sin ver fue lo que propició el milagro, fue lo que transformó su petición en la señal milagrosa de la sanidad de su hijo. El padre creyó a la palabra de Jesús y posteriormente vio su petición hecha realidad.

La referencia a que creyó "el padre y toda su casa" (Jn 4.53), es una afirmación teológica de importancia que se repite en el Nuevo Testamento. El mensaje del evangelio del Reino tiene repercusiones individuales y afecta positivamente a toda la familia. Ese es el caso de Cornelio (Hch 10.44-48), Lidia (Hch 16.15), el carcelero de Filipo (Hch 16.31-34), Crespo (Hch 18.8) y Estéfanas (1Co 1.16). La bendición individual tiene implicaciones colectivas, la sanidad física de un hijo tiene repercusiones inmediatas en toda la familia.

Sanidad de un paralítico

Algún tiempo después, se celebraba una fiesta de los judíos,
y subió Jesús a Jerusalén.
Había allí, junto a la puerta de las Ovejas,
un estanque rodeado de cinco pórticos,
cuyo nombre en arameo es Betzatá.
En esos pórticos se hallaban tendidos
muchos enfermos, ciegos, cojos y paralíticos.
Entre ellos se encontraba un hombre inválido
que llevaba enfermo treinta y ocho años.
Cuando Jesús lo vio allí, tirado en el suelo,
y se enteró de que ya tenía mucho tiempo de estar así,
le preguntó: —¿Quieres quedar sano?
—Señor —respondió— no tengo a nadie que me meta en el estanque
mientras se agita el agua,
y cuando trato de hacerlo, otro se mete antes.
—Levántate, recoge tu camilla y anda —le contestó Jesús.
Al instante aquel hombre quedó sano,
así que tomó su camilla y echó a andar.
Pero ese día era sábado.
Por eso los judíos le dijeron al que había sido sanado:
—Hoy es sábado; no te está permitido cargar tu camilla.
—El que me sanó me dijo:
«Recoge tu camilla y anda» —les respondió.
—¿Quién es ese hombre que te dijo:
«Recógela y anda»? —le interpelaron.
El que había sido sanado no tenía idea de quién era,
porque Jesús se había escabullido
entre la mucha gente que había en el lugar.
Después de esto Jesús lo encontró en el templo
y le dijo: —Mira, ya has quedado sano.
No vuelvas a pecar, no sea que te ocurra algo peor.
El hombre se fue e informó a los judíos
que Jesús era quien lo había sanado.
Juan 5.1-15

Sanidad de un paralítico en Betesda o Betzatá

La evaluación detallada del relato de la sanidad del paralítico del pozo de Betesda revela varios detalles que no debemos obviar. En primer lugar, se trata de la tercera señal milagrosa en el Evangelio de Juan (Jn 2.11; 4.54) y se incluye inmediatamente después de la sanidad del hijo del funcionario de Herodes en Caná. Además, es significativo descubrir que los mensajes del Señor, antes de estas sanidades (Jn 4.25-30) e inmediatamente después (Jn 5.19-29), destacan la autoridad del Señor y apuntan hacia su reconocimiento mesiánico. Y finalmente, en la narración hay algunas variantes en los manuscritos griegos que debemos tomar en consideración.

Una vez el Señor completó la sanidad del hijo del funcionario del rey en Caná (Jn 4.54), Jesús viajó nuevamente a Jerusalén para celebrar una de las fiestas judías. Las tres fiestas de peregrinación, cuando los varones judíos debían llegar al Templo (Lv 23), son las siguientes: de la Pascua, de Pentecostés y de los Tabernáculos. Si la fiesta a la cual se refiere esta narración es la de la Pascua, entonces el Señor tuvo un ministerio público de cuatro años. Tradicionalmente se ha pensado que Jesús ejerció su tarea docente y profética durante tres años, por la identificación de las tres fiestas de la Pascua en el Evangelio de Juan (Jn 2.13,23; 6.4; 12.1).

Al llegar a Jerusalén, el Señor se detuvo en el pozo de Betesda. Se trata del área que está ubicada al noreste del Templo de Jerusalén, en donde había un estanque doble con cinco pórticos o galeras que tenían columnas. El lugar era un centro importante de reunión de la comunidad judía en la ciudad. El nombre Betesda en arameo significa "Casa de la gracia o la misericordia"; en hebreo el lugar se conocía como Betzatá. Y el pozo estaba ubicado muy cerca de la Puerta de las ovejas, en la parte noreste del muro de Jerusalén, que se menciona en la dedicación y reconstrucción de los muros de la ciudad en la época de Nehemías (Neh 3.1,32; 12.39). En la actualidad, el pozo se encuentra en medio de las instalaciones de la Iglesia de Santa Ana.

De acuerdo con la narración, en el pozo de Betesda se reunían regularmente un grupo de enfermos, pues se asociaba el lugar con las sanidades. Entre la multitud de necesitados y enfermos, el Evangelio de Juan menciona específicamente a los ciegos, cojos y paralíticos. De singular importancia es la identificación de las necesidades, pues revela que quienes asistían al pozo eran personas que no podían valerse por sí mismas y necesitaban algún apoyo de familiares, amigos o vecinos. ¡Estaban a la merced de la misericordia de alguien! La sanidad para estas personas, no solo era la restauración de sus capacidades de movilización, sino la devolución del poder de valerse por sí mismos.

Algunos manuscritos griegos explican la razón para que los enfermos fueran al lugar. Se pensaba popularmente que un ángel visitaba el pozo con alguna regularidad para mover las aguas (Jn 5.3-4); la primera persona que llegara al agua luego de la intervención angelical, de acuerdo con esas creencias, quedaba sana. Los versículos 3 y 4 del relato se incluyen en las traducciones de la Biblia que se fundamentan en los manuscritos griegos conocidos como *Textus Receptus*; las versiones del Nuevo Testamento que se basan en los textos críticos contemporáneos incluyen estos versículos en una nota marginal.

Un diálogo sanador

Jesús llegó a Betesda y notó que entre los enfermos había un paralítico que llevaba treinta y ocho años visitando el lugar sin ser sanado. El texto bíblico no dice de forma directa la razón por la cual el Señor distinguió a ese paralítico del grupo, pero el diálogo que sostuvieron es revelador. Para el evangelista Juan, quizá era una manera de relacionar la actividad sanadora de Jesús con la profecía mesiánica de Isaías (Is 35.6).

De acuerdo con el relato, Jesús fue directamente al impedido y le preguntó si quería ser sanado. Una pregunta que posiblemente tenía la intención de comenzar una conversación, pues si el paralítico estaba en Betesda es porque quería librarse de su condición y sanarse.

La respuesta del necesitado fue reveladora y dolorosa: ¡no tengo quien me lleve a las aguas cuando se agitan! Es decir, desde la perspectiva del inválido, su problema real no solo era su incapacidad de movimiento, sino la falta de apoyo que tenía de sus amigos, vecinos y comunidad. No reaccionaban a tiempo, pensaba el necesitado, pues como él no podía valerse por sí mismo y dependía de alguien que le apoyara, no llegaba al pozo al momento oportuno. ¡No estaba sano por la falta de colaboradores efectivos! ¡No se sanaba por la falta de ayuda en el momento oportuno! ¡La falta de solidaridad estaba íntimamente relacionada a su condición de cautiverio!

La respuesta de Jesús fue firme y decidida. Le ordenó que se levantara, tomara su camilla y comenzara a caminar. Y el paralítico obedeció, y se levantó, tomó su camilla y comenzó a caminar. Se trata de un milagro instantáneo y una sanidad inmediata. Ante la palabra de autoridad del Señor y la respuesta obediente del enfermo, de acuerdo con la narración, la sanidad se hizo realidad. La unión de las voluntades divina y humana, junto a la humildad y sencillez del necesitado, producen el ambiente favorable para que la sanidad y el milagro se hicieran realidad.

Para Jesús, lo que propicia la sanidad no son las aguas en movimiento ni la visita de los ángeles ni la solidaridad de la gente, sino la manifestación plena de la gracia, voluntad y misericordia de Dios, junto a la respuesta obediente, responsable y sincera de las personas. Las creencias populares alrededor del pozo de Betesda, en vez de ayudar al necesitado, eran un foco de tensión que hería su autoestima y fomentaba la depresión. El paralítico esperó treinta y ocho años de forma infructuosa por la sanidad que se fundamenta en las aguas, en las actividades de los ángeles y la ayuda de sus amigos. La narración de Juan afirma de manera categórica y contundente que el milagro es producto de la palabra de Jesús. No hay actividades mágicas en el proceso, sino la revelación extraordinaria de la gracia divina.

Es importante notar algunos aspectos adicionales de la narración. La camilla que tenía el impedido (Jn 5.8-9) era, posiblemente, una especie de almohada que llevaba a todas partes, que le servía para reposar de día y dormir de noche. La camilla era el símbolo visible de su cautiverio físico y su necesidad espiritual y emocional.

Una vez más el Señor hace una sanidad el sábado. Respecto a este tema, es importante señalar que ciertamente Jesús sanaba cualquier día de la semana, cuando le trían alguna persona en necesidad. La reiteración de las sanidades los días de reposo del Señor se identifican y comentan en los Evangelios canónicos, pues eran causa de conflicto hermenéutico con las autoridades rabínicas de la época. Y esta sanidad en el Evangelio de Juan no fue diferente.

Por esa razón, de acuerdo con el Evangelio de Juan, las autoridades religiosas del Templo procuraban matar a Jesús (Jn 5.16). La falta de una comprensión amplia de la Ley de Moisés generaba interpretaciones que podían llegar hasta la organización de complots y confabulaciones asesinas. Los líderes religiosos no se percataban que las interpretaciones reduccionistas de la experiencia religiosa pueden propiciar tensiones, resentimientos, odios, violencia y hasta muertes.

Respecto a esta sanidad debemos explorar dos temas adicionales. Los líderes judíos, en primer lugar, no celebraron la sanidad de un impedido, sino que respondieron adversamente al milagro, porque la sanidad se llevó a efecto un sábado. Además, la actitud del hombre liberado es extraña. Primeramente, no sabía quién lo había sanado, pues Jesús provenía no de Jerusalén sino de la Galilea; además, cuando se enteró quién era, lo delató ante las autoridades religiosas (Jn 5.15).

03
Sanidades de leprosos

Naamán, jefe del ejército del rey de Siria,
era un hombre de mucho prestigio y gozaba del favor de su rey
porque, por medio de él, el SEÑOR le había dado victorias a su país.
Era un soldado valiente, pero estaba enfermo de lepra.
En cierta ocasión los sirios, que habían salido a merodear,
capturaron a una muchacha israelita
y la hicieron criada de la esposa de Naamán.
Un día la muchacha le dijo a su ama:
«Ojalá el amo fuera a ver al profeta que hay en Samaria,
porque él lo sanaría de su lepra».
Naamán fue a contarle al rey lo que la muchacha israelita había dicho.
El rey de Siria le respondió: —Bien, puedes ir;
yo le mandaré una carta al rey de Israel.
Y así Naamán se fue, llevando treinta mil monedas de plata,
seis mil monedas de oro y diez mudas de ropa.
La carta que le llevó al rey de Israel decía:
«Cuando te llegue esta carta, verás que el portador es Naamán,
uno de mis oficiales. Te lo envío para que lo sanes de su lepra».
Al leer la carta, el rey de Israel se rasgó las vestiduras y exclamó:
«¿Y acaso soy Dios, capaz de dar vida o muerte,
para que ese tipo me pida sanar a un leproso?
¡Fíjense bien que me está buscando pleito!».
Cuando Eliseo, hombre de Dios, se enteró de que el rey de Israel
se había rasgado las vestiduras, le envió este mensaje:
«¿Por qué está Su Majestad tan molesto?
¡Mándeme usted a ese hombre,
para que sepa que hay profeta en Israel!».
Así que Naamán, con sus caballos y sus carros,
fue a la casa de Eliseo y se detuvo ante la puerta.

Entonces Eliseo envió un mensajero a que le dijera:
«Ve y zambúllete siete veces en el río Jordán;
así tu piel sanará, y quedarás limpio».
Naamán se enfureció y se fue, quejándose:
«¡Yo creí que el profeta saldría a recibirme personalmente
para invocar el nombre del SEÑOR su Dios,
y que con un movimiento de la mano me sanaría de la lepra!
¿Acaso los ríos de Damasco, el Abaná y el Farfar,
no son mejores que toda el agua de Israel?
¿Acaso no podría zambullirme en ellos y quedar limpio?».
Furioso, dio media vuelta y se marchó.
Entonces sus criados se le acercaron para aconsejarle:
«Señor, si el profeta le hubiera mandado hacer algo complicado,
¿usted no le habría hecho caso?
¡Con más razón si lo único que le dice a usted es que se zambulla,
y así quedará limpio!».
Así que Naamán bajó al Jordán y se sumergió siete veces,
según se lo había ordenado el hombre de Dios.
¡Y su piel se volvió como la de un niño, y quedó limpio!
2 Reyes 5.1–14

La lepra en la antigüedad

Los términos hebreos *tsaraat* o *tsará*, que transmiten las ideas de "azotar" o "flagelar", se aplican en la Biblia a una enfermedad compleja y contagiosa identificada como "lepra". La idea que transmite es de una condición de salud que se manifiesta en las personas como un azote divino. La lepra en las Escrituras era una enfermedad infecciosa que podía producir llagas y escamas en la piel. Y esa condición de salud, para la cual no se conocía cura en los tiempos bíblicos, no solo era dolorosa y repugnante, sino que desde la perspectiva religiosa hacía impura a la persona que la padecía.

En el Antiguo Testamento se incluye la narración de la sanidad de Naamán, uno de los generales del rey de Siria. Se afirma que el profeta Eliseo le indicó que debía lavarse en el río Jordán unas siete veces. Luego de una reacción preliminar de rechazo, el general obedeció al profeta y quedó limpio de su condición. Su sanidad está íntimamente ligada a la actitud de escuchar y obedecer al profeta, de acuerdo con los relatos bíblicos.

Esa experiencia es fundamental en la presentación de las sanidades de leprosos de Jesús, pues el Señor siguió la tradición profética de Eliseo y llevó a efecto milagros que sobrepasaban los límites humanos de comprensión. Por el poder divino el general sirio fue sanado; por ese mismo poder, según las narraciones en los Evangelios canónicos, Jesús llevaba a efecto los milagros que limpiaban a los leprosos de sus condiciones físicas y calamidades emocionales.

En la actualidad, la lepra se conoce como la enfermedad de Hansen, que es de origen bacteriano y afecta de forma crónica la piel, los nervios de las manos y los pies y, en casos específicos, la nariz. Aunque la enfermedad puede afectar a cualquier persona, parece que la niñez es el sector poblacional más vulnerables y susceptible para contraerla. Las investigaciones contemporáneas no están claras en torno a cómo se contagian las personas. El contacto cercano prolongado puede ser un factor significativo en la transmisión del germen, que puede ingresar al organismo a través de la nariz o por las heridas en la piel.

En las narraciones bíblicas, no todo lo que se identifica como lepra se relaciona necesariamente con la enfermedad de Hansen. La lepra bíblica se puede relacionar, en ocasiones, con condiciones y enfermedades conocidas como psoriasis, vitíligo o, en ocasiones, acné, que se caracterizan por erupciones en la piel, escamas, pus y supuraciones. Se trata de una serie de enfermedades dermatológicas que pueden tener su origen en las condiciones extremas del clima del Oriente Medio, la falta de higiene, la carencia de agua y las dietas insalubres e impropias.

Las personas que tenían lepra en el mundo de la Biblia, desde la perspectiva religiosa, estaban ritualmente impuras. Por esa realidad médica y visual, las personas leprosas eran alejadas de la sociedad en general, tanto por razones médicas como por consideraciones religiosas. Esos casos de lepra presentan llagas, úlceras y manchas blancas en el cuerpo, que en la sociedad israelita antigua eran condiciones muy temidas, tanto por la gravedad de sus manifestaciones físicas como por la falta de tratamientos adecuados para superar la condición. Además, había implicaciones sociales de rechazo e impureza religiosa que no deben ignorarse.

En la sociedad israelita, la lepra era vista como parte del juicio divino. Lo grotesco de la enfermedad y el sentido de impotencia para responder de manera efectiva a sus síntomas, asociaban la condición a la manifestación de un castigo terrible a alguna persona de parte de Dios. Inclusive, según el testimonio bíblico, las personas leprosas no solo eran enfermas sino malditas y azotadas por Dios (Dt 28.15-35).

Diagnóstico y tratamiento

La Ley de Moisés le dedica un capítulo extenso al tratamiento de las personas con lepra. Esta referencia bíblica puede ser un indicador de la cantidad de casos con problemas crónicos en la piel que se presentaban en la comunidad, posiblemente relacionados con la vida en el desierto, caracterizada por condiciones climatológicas extremas, carencia de agua y muy poca higiene.

En la legislación mosaica se alude a la lepra en las personas, los vestidos y las casas, que se relacionan con el pecado (Lv 13.2-25). La referencia a la lepra en los vestidos y las casas, puede ser una alusión a los hongos asociados a las realidades de la vida al aire libre, al sudor extremo y a las complicaciones sanitarias.

Por las implicaciones religiosas de la enfermedad, recaía en el sacerdote todo lo relacionado al diagnóstico y tratamiento de la lepra, y también lo referente a la posible recuperación física, restauración social y renovación religiosa de las personas enfermas. Todos los individuos con condiciones en la piel que podían relacionarse con la lepra debían presentarse ante las autoridades religiosas pertinentes para su evaluación precisa. En el libro de Levíticos hay como cincuenta y nueve instrucciones referentes a la enfermedad, además de cincuenta y siete recomendaciones asociadas a la purificación (Lv 13—14).

Cuando una persona tenía en la piel alguna hinchazón, costra, llaga, mancha o supuración era llevada al sacerdote que, al evaluar cuidadosamente la condición y confirmar el diagnóstico de lepra, la declaraba oficialmente impura (Lv 13.2-3). Por el contrario, si el diagnóstico no era definitivo, por ejemplo, si la mancha no estaba hundida en la piel ni el pelo se había vuelto blanco, el sacerdote procedía a separar y aislar a la persona por siete días de la comunidad. Si al cabo de este tiempo no había un diagnóstico definitivo el aislamiento podía repetirse y continuar por el tiempo necesario. La aparición de alguna úlcera (o de "carne viva" visible en el cuerpo) era una indicación clara de que la persona tenía lepra.

La confirmación sacerdotal de que una persona tenía lepra tenía implicaciones médicas, sociales, familiares, individuales y espirituales. Para comenzar, la persona enferma debía dejar su hogar y vivir fuera del campamento o de la ciudad, en un tipo de aislamiento social, para prevenir los contagios. Los caballeros debían llevar la barba tapada y avisar cuando alguna persona sana se les acercaba; con el tiempo, las ropas se desgastaban y vestían en harapos. La falta de tratamiento adecuado hacía que las llagas o supuraciones se complicaran y aumentaran. Y como estaban impuros no podían participar de las actividades religiosas en las sinagogas ni en el Templo de Jerusalén, añadiendo a la angustia física una dimensión espiritual desesperante.

La impureza religiosa asociada a la lepra era un componente importante de la enfermedad. La lepra constituía un peligro para la salud de la comunidad y para la salud espiritual de la persona enferma. Cuando los israelitas estaban en contacto con alguien leproso, o alguna persona ritualmente impura, se debía someter a una serie de ritos de purificación, pues se debía proteger y preservar la salud física y espiritual de la comunidad.

Cuando algún leproso prevalecía sobre la enfermedad, y se superaban las condiciones físicas y visibles de la condición, debía presentarse ante el sacerdote para certificar su sanidad. Posteriormente, la persona sanada y liberada debía proceder con la ceremonia de purificación final. Y el proceso, incluía sacrificios de aves, unciones con la sangre de las aves y la presentación de ofrendas.

La intervención de los sacerdotes en los procesos de certificación de la condición de lepra se fundamenta en la naturaleza y esencia teológica del antiguo pueblo de Israel. De acuerdo con las narraciones del Éxodo (Éx 19.5-6), Dios constituyó al pueblo en una nación santa y en un reino de sacerdotes. Esa singular afirmación teológica hizo de los israelitas un pueblo que entendía su vida y existencia desde una perspectiva religiosa, espiritual y sacerdotal. Y esa era la razón fundamental para afirmar la importancia de la pureza religiosa, ritual, cultual y espiritual del pueblo de Israel.

Jesús de Nazaret y la lepra

Desde la perspectiva teológica y mesiánica, los enfermos en general y los leprosos en particular, son recipientes de la misericordia y las manifestaciones divinas transformadoras. El libro del profeta Isaías describe al Siervo Sufriente del Señor como una persona que está en solidaridad con los enfermos, pues carga los pecados del pueblo (Is 52.13—53.12).

El Evangelio de Mateo afirma que Jesús, en su ministerio educativo y profético, sana las enfermedades, que son producto del pecado humano, a través de su sacrificio redentor, sanador y liberador. Y es por esta singular razón teológica que la sanidad de las personas leprosas es uno de los signos que afirma la clara llegada a la historia del Reino de Dios o de los cielos (Mt 8.17; 10.8; 11.5).

De singular importancia teológica es la identificación y evaluación de las palabras que se utilizan en los Evangelios canónicos para describir las sanidades de leprosos y otros enfermos en el ministerio de Jesús. Para las sanidades en general, se utiliza el verbo griego *iáomai*, que significa "sanar". Sin embargo, para describir las liberaciones de los leprosos se usa el singular verbo *katharizo*, que transmite las ideas de "limpiar" y "purificar". De esta forma se destaca no solo el componente de la sanidad física, sino el elemento de la limpieza ritual y purificación cultual. La persona sanada de lepra no solo recibía la salud física y emocional, sino que se le permitía reincorporarse nuevamente a la familia, la sociedad, la sinagoga y el Templo.

La lectura cuidadosa de las narraciones de sanidades de los leprosos en la Biblia revela que el Señor reevalúa críticamente la ley levítica que explícitamente prohíbe todo contacto físico con personas infectadas con esa enfermedad. De esta forma el Señor implanta un nuevo estilo de vida ministerial y de acercamiento a la vida desde una perspectiva religiosa transformadora. Jesús rompe con las interpretaciones teológicas tradicionales de la Ley que excluyen a personas en necesidad de las actividades religiosas.

Para el Señor, era muy necesaria la superación del distanciamiento familiar e interpersonal, la exclusión social y comunitaria, y el rechazo religioso y espiritual. Jesús proponía un nuevo camino de esperanza y restauración para llevar a esas personas —que estaban heridas y angustiadas por la lepra y las sociedades excluyentes— por los senderos de la sobriedad, la paz, el bienestar y la salud. Y este estilo pedagógico de afirmación de personas necesitadas y excluidas, en efecto, caracterizó su ministerio.

La mano de Jesús que toca a un leproso es la manifestación de la óptima misericordia divina y la magna expresión de apoyo en momentos de dolor profundo. Ese extraordinario gesto de amor del Señor, que supera las comprensiones legales y religiosas de la época, transciende las leyes judías asociadas a la pureza religiosa y pone claramente de manifiesto la piedad de Jesús y su compromiso divino con la gente en necesidad, independientemente de su condición de salud, pureza ritual o experiencia espiritual.

Cuando el Señor declaraba limpio a algún leproso, asumía la autoridad de los sacerdotes, que eran los únicos que podían certificar la pureza de alguna persona (Lv 13—14). Esa actitud de Jesús generó conflictos con las autoridades religiosas del Templo.

Sanidad de diez leprosos

Un día, siguiendo su viaje a Jerusalén,
Jesús pasaba por Samaria y Galilea.
Cuando estaba por entrar en un pueblo,
salieron a su encuentro diez hombres enfermos de lepra.
Como se habían quedado a cierta distancia,
gritaron: —¡Jesús, Maestro, ten compasión de nosotros!
Al verlos, les dijo: —Vayan a presentarse a los sacerdotes.
Resultó que, mientras iban de camino, quedaron limpios.
Uno de ellos, al verse ya sano,
regresó alabando a Dios a grandes voces.
Cayó rostro en tierra a los pies de Jesús
y le dio las gracias, no obstante que era samaritano.
—¿Acaso no quedaron limpios los diez? —preguntó Jesús.
¿Dónde están los otros nueve?
¿No hubo ninguno que regresara a dar gloria a Dios,
excepto este extranjero?
Levántate y vete —le dijo al hombre;
tu fe te ha sanado.
Lucas 17.11-19

Diez leprosos y un sanador

El contexto temático de la sanidad de los diez leprosos es ciertamente educativo y teológico. El relato se ubica en el Evangelio de Lucas luego de las tres parábolas de algo perdido (p. ej., una oveja, una moneda y dos hijos; Lc 15) y la del mayordomo infiel (Lc 16.1-15). El evangelista, además, previo a esta narración de esta sanidad, incorpora varios temas de importancia teológica (p. ej., la Ley y el Reino, Lc 16.16-17; el divorcio, Lc 16.18); el rico y Lázaro, Lc 16.19-31; las ocasiones de caer, Lc 17.1-4; y los deberes del siervo, Lc 17.7-10). Y esos temas preparan el camino para la sanidad de los leprosos.

La narración de la sanidad de los diez leprosos no se incluye en ningún otro evangelio. El relato pone de manifiesto el poder de Jesús sobre una enfermedad que afectaba no solo los componentes físicos del cuerpo, sino que transmitía a la comunidad la idea de quien la padecía era objeto del juicio divino. Además, se ubica geográficamente en la región de Samaria, que no solo pone de relieve el tema del antagonismo social, político, histórico y religioso de esa comunidad en relación con los judíos, sino que ubica al Señor en un ambiente de tensión e impureza religiosa.

En ese entorno educativo y desafiante se allegan con humildad y respeto al Señor diez leprosos, que subrayan el tema de la impureza religiosa en el ministerio de Jesús y sus respuestas a los acercamientos judíos tradicionales de discrimen, exclusión y rechazo. La narración evangélica contrapone las comprensiones tradicionales rabínicas de la lepra y sus implicaciones religiosas y espirituales, con los acercamientos liberadores de Jesús y sus gestos noveles de misericordia divina.

El análisis y la evaluación del texto bíblico debe tomar en consideración que la lepra, en esa época neotestamentaria, no era vista solo como una enfermedad inmisericorde y terminal, sino como signo indiscutible del desagrado y juicio divino sobre quien la padecía. Se suponía, según las interpretaciones rabínicas de la época, que esos leprosos evitaran contacto alguno con personas sanas; además, la comunidad sana debía evitar estar cerca de individuos infectados.

En esta ocasión, la narración bíblica no habla de un leproso, sino de diez, que ciertamente pone de manifiesto la importancia del relato. La cantidad de enfermos puede ser un indicador de que se trata de un milagro especial y completo. Además, el número tan alto de leprosos que llegaron a la vez ante el Señor es quizá un signo de algún brote extraordinario de la enfermedad, que añadía a la peligrosa condición un componente de salud desafiante, con implicaciones sociales y comunitarias muy serias y preocupantes.

Respecto a los leprosos de la narración, debemos notar lo siguiente. No se identifican por nombres ni se trata de solo una persona enferma. Constituyen un grupo de diez personas con un elemento en común: todos tenían la marca inmisericorde del juicio divino y el desprecio humano. Ya el número de enfermos transmite la idea de que el grupo representa una comunidad más amplia y dolida. Estaban juntos que era una forma de autoprotección y afirmación mutua. Y aunque estaban excluidos de la comunidad samaritana antigua, tenían una infraestructura interna e interpersonal de apoyo físico, emocional y espiritual.

La naturaleza de la necesidad era de tal magnitud que no dejaron descansar al Señor luego de su viaje. Al entrar a la aldea, los leprosos confrontaron al Señor con sus realidades: falta de salud física, carencia de apoyo comunitario y rechazo religioso. Era una situación de desesperanza óptima; una vivencia angustiante sin posibilidades de cambio, sin alternativas inmediatas ni futuro personal, familiar y espiritual. La realidad era de muerte, lenta y paulatina, pero segura.

Los leprosos, al percatarse de la presencia de Jesús en su comunidad, se le acercaron en grupo, pero mantuvieron el requerido distanciamiento social. El

Señor era símbolo de esperanza, sanidad y vida. Aunque la condición de los enfermos era de desesperanza agónica y dolor intenso, siguieron los protocolos religiosos y sociales de la época, mantuvieron la separación física y el distanciamiento interpersonal.

A la distancia le gritaron a Jesús: ¡Maestro, ten compasión de nosotros! Claman al Señor como maestro para que les tenga misericordia. El dolor era tan hondo y la herida tan profunda que no tenían fuerzas para pedir la sanidad de la lepra que les afectaba. Solo anhelaban recibir la piedad del Señor, pues la acción divina era fuente de esperanza humana. Clamaban por la manifestación de la compasión de Dios.

La referencia al Señor como maestro puede ser un buen indicador que habían escuchado de las enseñanzas de Jesús en la Galilea. Cuando llegó a Samaria en esta ocasión, de acuerdo con las narraciones de Lucas, ya el Señor había presentado de forma abierta la importancia del Reino de Dios a través de una serie de parábolas que afirmaban el tema como uno prioritario en su ministerio. De singular importancia es notar la relación íntima de la irrupción del Reino en medio de las vivencias humanas y las acciones milagrosas del Señor en la sociedad, especialmente sus sanidades. No es posible separar el ministerio de enseñanza del Señor de sus acciones milagrosas.

La respuesta de Jesús al clamor de los leprosos siguió los protocolos religiosos rabínicos que se fundamentaban en la Ley mosaica: ¡Los envió ante los sacerdotes! El Señor afirmó de esta forma las recomendaciones levíticas, que incorporaba a los sacerdotes en los procesos de evaluación física y diagnóstico de las personas con lepra (Lv 14.1-32). Pero detrás de la orden del Señor se incorporó, según la narración del evangelista Lucas, el potencial de la sanidad. La obediencia a la palabra de Jesús, que a su vez se fundamentaba en las enseñanzas de Moisés, produjo la sanidad. Mientras iban de camino al sacerdote quedaron limpios y sanos. De esa forma, el evangelista reitera que la obediencia a la palabra de Dios genera sanidades; afirma, que las respuestas sinceras a las órdenes de Jesús son el preámbulo de las bendiciones y liberaciones divinas.

El poder de la obediencia y la gratitud

La dinámica de sanidad asociada a esta narración de Lucas ubica a Jesús en el centro de la tradición rabínica. No tocó a los leprosos, los envió a los sacerdotes. El Señor no los declara sanos ni da una palabra de sanidad al grupo. Respetó la Ley mosaica y afirmó las ceremonias tradicionales judías.

La obediencia del grupo a la palabra del Señor fue el factor determinante de la limpieza de los diez leprosos. En medio de un mundo de cautiverio físico y de rechazo social, la gente que obedece la palabra del Señor recibe bendición y sanidad. Mientras iban de camino en su obediencia, la misericordia divina los encontró y los sanó. La limpieza física y espiritual en esta sanidad se asocia directamente a la capacidad y el deseo de obedecer la orden del Señor. ¡La obediencia al Señor produce frutos extraordinarios!

Hacer la voluntad de Dios en la vida atrae la gracia y propicia la bendición. Las personas que tienen la capacidad de escuchar y responder positivamente a los mandatos del Señor, como este grupo de leprosos, descubren la misericordia divina y disfrutan la compasión de Dios. Cuando la gente recibe y aplica la voluntad del Señor a sus vidas tienen la bendición de descubrir las implicaciones de la obediencia y la virtud de disfrutar la salud y el bienestar que proviene de Dios. La salud y el bienestar encuentran a las personas que deciden seguir el camino de la obediencia y los senderos del deber.

Como respuesta a la sanidad de la lepra uno de los enfermos liberados regresó ante el Señor para manifestar su gratitud. De los otros nueve, no hay constancia de sus acciones. El relato evangélico destaca que solo uno regresó para manifestar su aprecio, para reconocer el poder divino, para agradecer la palabra del Señor que fue el vehículo de orientación que los llevó a la sanidad.

De acuerdo con el testimonio evangélico, el que había sido sanado de lepra llegó feliz ante Jesús, glorificando a Dios en voz alta. No podía contener su gozo y aprecio, su felicidad y agradecimiento, su contentamiento y gratitud. Y para poner claramente de manifiesto su sentimiento, el leproso sanado se postró en tierra en señal de reconocimiento de autoridad y humillación. Este singular acto pone en evidencia clara el objetivo básico de Lucas al presentar este relato: Jesús no solo era maestro, predicador, profeta y sanador, sino el Mesías de Dios que llegó a la historia para cumplir las antiguas profecías bíblicas y llevar a efecto la voluntad divina.

Un posible objetivo del relato de la sanidad de los diez leprosos se puede relacionar con la capacidad divina de responder a los clamores más hondos del ser humano y con el compromiso del Señor de manifestar su gracia y misericordia, independientemente de los trasfondos étnicos, sociales, económicos y religiosos.

¡El que regresó para agradecer al Señor su sanidad era samaritano! ¡Se supone que no se hablaran! ¡Se supone que no hubiera interacción entre los judíos y los samaritanos! ¡Se supone que imperara el distanciamiento y la desconfianza! Sin embargo, de forma reiterada, el Señor supera los prejuicios contra la comunidad samaritana para incorporarla al Reino de Dios (Jn 4). ¡Los prejuicios humanos cautivan y la misericordia divina libera!

La gratitud es un valor social y espiritual que tiene la capacidad de superar las dinámicas de resentimientos, memorias heridas, pasados enfermizos y comportamientos tóxicos. La gratitud es una experiencia emocional y espiritual que propicia la sanidad integral, fomenta la paz interior y aumenta el sentido de esperanza.

De los diez leprosos sanados, nueve siguieron sus caminos por la vida sin demostrar públicamente su agradecimiento al Señor. Sin embargo, uno, uno solo, regresó para agradecer y dar una lección magistral del poder de la gratitud en la vida. Aunque quizá el que había regresado para agradecer representaba los sentimientos del grupo, la verdad es que la narración no alude a las acciones de los otros nueve sanados.

Ante las gratitudes del que había estado con lepra, Jesús confirma su sanidad con una palabra de autoridad: Levántate y vete, tu fe te ha sanado. El fundamento de la sanidad, aun sin que la narración bíblica lo indique de forma explícita, fue la fe de aquel hombre. ¡No solo tenía fe, sino que fue agradecido! La fe es el fundamento del milagro, es la base para la misericordia, es el elemento fundamental que mueve la acción divina, es el preámbulo de la gratitud.

Sanidad del leproso galileo

Un hombre que tenía lepra se le acercó,
y de rodillas le suplicó: —Si quieres, puedes limpiarme.
Movido a compasión, Jesús extendió la mano y tocó al hombre,
diciéndole: —Sí quiero. ¡Queda limpio!
Al instante se le quitó la lepra y quedó sano.
Jesús lo despidió enseguida con una fuerte advertencia:
—Mira, no se lo digas a nadie; solo ve, preséntate al sacerdote
y lleva por tu purificación lo que ordenó Moisés,
para que les sirva de testimonio.
Pero él salió y comenzó a hablar sin reserva, divulgando lo sucedido.
Como resultado, Jesús ya no podía entrar en ningún pueblo abiertamente,
sino que se quedaba afuera, en lugares solitarios.
Aun así, gente de todas partes seguía acudiendo a él.
Marcos 1.40-45

Los comienzos del ministerio de Jesús

Según el Evangelio de Marcos, luego de su bautismo, Jesús regresó a la Galilea para comenzar su ministerio de manera oficial. Para este evangelista, la prioridad teológica en el ministerio de Jesús era destacar sus acciones y enseñanzas. Comienza con los relatos de Juan el Bautista, para enfatizar que en Jesús se cumplían las antiguas profecías mesiánicas, y prosigue rápidamente con el inicio de su ministerio.

La sanidad del leproso de la Galilea es un buen ejemplo de la importancia de los milagros en los evangelios en general y en particular en Marcos. Luego de la presentación y bautismo de Jesús por Juan el Bautista, el evangelista incluye los siguientes temas de gran importancia educativa y teológica: llamado de cuatro pescadores a ser "pescadores de personas" (Mr 1.16-20), la sanidad de muchas personas (Mr 1.32-34), incluyendo a la suegra de Pedro (Mr 1.29-31) y la liberación de un hombre con un espíritu impuro (Mr 1.21-28). Y en ese contexto amplio de sanidades y liberaciones, Marcos afirma el ministerio educativo del Señor en la Galilea (Mr 1.35-39). Los componentes educativos y de milagros de Jesús, en efecto, estaban íntimamente ligados.

La sanidad del leproso galileo está enmarcada en medio de una serie de afirmaciones teológicas de Marcos. Para el evangelista, el Señor era un maestro que utilizaba sus discursos y acciones para presentar sus enseñanzas y destacar los temas asociados al cumplimiento de la palabra de Dios. Y estas narraciones iniciales revelan la importancia que el Señor le daba a la gente en necesidad como son los enfermos y los cautivos espirituales y emocionales.

Mientras ejercía su ministerio de predicación, enseñanzas, sanidades y liberaciones en la Galilea, se le acercó un leproso para implorar su misericordia y sanidad. El contexto sicológico del relato no debe obviarse. El leproso demostró un sentido alto de sencillez y respeto. Llegó ante el Señor con mucha humildad y se arrodilló para solicitar su sanidad, que se describe en el relato como "limpieza" (Mr 1.40), pues los leprosos eran considerados religiosamente impuros. Además, revela confianza en el poder y la autoridad de Jesús, al decirle "si quieres puedes limpiarme".

Desde la perspectiva teológica, la narración revela detalles de importancia. El leproso manifiesta un buen sentido de sumisión ante la voluntad divina. De un lado, reconoce la crisis de su condición; del otro, afirma el poder divino que tiene la capacidad de liberarlo de su condición de enfermo, cautivo e impuro. El leproso cuando llega ante el Señor reconoce que su única esperanza estaba en la manifestación de la misericordia divina a través de las acciones liberadoras de Jesús.

La respuesta de Jesús

De acuerdo con la narración bíblica, que también se incluye en Mateo 8.1-4 y Lucas 5.12-16, luego que el leproso presentó su caso, que estaba fundamentado en la gracia divina, el Señor tuvo misericordia del enfermo. Esa manifestación de compasión, que se incluye solo en el Evangelio de Marcos, pone de relieve una muy importante característica de las acciones de Jesús: ante el dolor y la necesidad humana, el Señor responde con misericordia divina y amor. Y esa acción de Jesús es el fundamento primordial para manifestar consuelo a las personas descorazonadas, alivio a quienes están inmersos en el dolor, sanidad a los enfermos del cuerpo y liberación a los cautivos espirituales y emocionales.

La compasión de Jesús se demostró de forma clara y directa. ¡El Señor extendió su mano y tocó al leproso! En el mundo neotestamentario ese gesto era impensable. La gente sana no tocaba ni siquiera se acercaba a los leprosos, por temor a la contaminación y a la enfermedad. Con las personas leprosas no se podía tener contactos físicos, pues las leyes de pureza religiosa demandaban un distanciamiento físico que demostraba los prejuicios hacia personas con enfermedades contagiosas y peligrosas.

Esas actitudes, fundamentadas en la religión y en el desconocimiento médico, se convertían en agravantes sicológicos en las personas afectadas. Los leprosos vivían físicamente enfermos, socialmente rechazados por la comunidad, familiarmente distantes de sus seres queridos, y religiosamente incapacitados para ir al Templo o las sinagogas a disfrutar una experiencia espiritual que contribuyera positivamente a su bienestar personal y espiritual.

Ante le petición humilde del leproso, el Señor respondió positivamente y con firmeza: extendió su mano, lo tocó y le dijo: quiero, sé limpio (Mr 1.41). La acción del Señor se fundamenta en la misericordia divina y en la humildad del enfermo. Como respuesta a una necesidad, y saturado de la compasión de Dios, Jesús actúa de forma firme y decidida; manifestó su deseo de bienestar hacia las personas en necesidad; puso de relieve su compromiso decidido con la gente que sufre en medio de las realidades de la vida.

La palabra del Señor fue suficiente para que la sanidad se llevara a efecto. Tan pronto terminó de hablar, la lepra desapareció del cuerpo del enfermo y quedó sano. Ante la voz de autoridad de Jesús, la lepra abandonó el cuerpo del hombre, que significaba que recibió salud física y emocional. Esa acción del Señor, que estaba fundamentada en la compasión y la misericordia, representaba para el hombre enfermo la recuperación de su familia, el retorno a la sociedad y la reincorporación a las prácticas religiosas. La intervención de Jesús no solo trajo la sanidad física al leproso, sino que le devolvió el poder para retornar a la sociedad y vivir en medio de su comunidad.

Una vez el hombre fue sanado, Jesús le ordenó que fuera al sacerdote para ofrecer las ofrendas de purificación requeridas por la Ley de Moisés (Lv 14.1-32). De esa forma el Señor afirmaba la tradición mosaica y actuaba en conformidad con las expectativas rabínicas de la época.

La actitud del leproso

Según Marcos, la sanidad del leproso de la Galilea fue una de las primeras acciones milagrosas del Señor al comenzar su ministerio. Además, esta sanidad no siguió los protocolos judíos tradicionales de cómo relacionarse con las personas leprosas. El Señor no solo permitió que el leproso se le acercara para dialogar, sino que lo tocó, rompiendo de esa forma drástica las recomendaciones mosaicas y rabínicas del trato con este singular tipo de enfermos.

Quizá esas acciones, que no estaban en continuidad con las expectativas religiosas del trato con leprosos, fue la razón para que el Señor le dijera al hombre que no comentara públicamente lo que había sucedido. También es posible que, como el Señor estaba en los inicios de su tarea misionera, no le convenía una propaganda prematura en la comunidad de religiosos que atentaba contra la autoridad rabínica tradicional.

Desde los inicios de su ministerio, Jesús superó los límites de las comprensiones rabínicas de la Ley, al añadirle el componente de la necesidad humana y la virtud de la misericordia divina. Y ese estilo pedagógico amplio del Señor era una fuente de tensión continua con las autoridades religiosas en las sinagogas ubicadas alrededor del lago de la Galilea y entre el liderato judío en el Templo de Jerusalén.

Luego de la sanidad, Jesús le ordenó estrictamente, y le advirtió con firmeza al hombre liberado, que no dijera nada a nadie de lo que había pasado. Sin embargo, ¡el hombre hizo todo lo contrario a lo que el Señor le ordenó hacer! En vez de ir al sacerdote, el hombre comenzó a publicar y difundir en todos los lugares que podía lo que Jesús había hecho para sanarlo. El gozo de su sanidad y la gratitud al Señor por lo que había sucedido, superó su capacidad de escuchar y obedecer las instrucciones del Señor.

La desobediencia del hombre sanado, en vez de contribuir positivamente al desarrollo del ministerio de Jesús, complicó grandemente las dinámicas de sus viajes y visitas a las diversas ciudades galileas. Por la fama de sanar leprosos, que ciertamente era algo que no podía ignorarse, quedó incapacitado de entrar libremente a la ciudad; en su defecto, se quedaba en lugares desérticos. Sin embargo, aunque la desobediencia del hombre hizo más difícil la tarea misionera del Señor, la gente no cesaba de buscarlo y venían de todas partes para estar con Jesús.

04
Sanidades de mujeres

Todos ustedes son hijos de Dios mediante la fe en Cristo Jesús,
porque todos los que han sido bautizados en Cristo
se han revestido de Cristo.
Ya no hay judío ni griego, esclavo ni libre, hombre ni mujer,
sino que todos ustedes son uno solo en Cristo Jesús.
Y si ustedes pertenecen a Cristo,
son la descendencia de Abraham y herederos según la promesa.
Gálatas 3.26-29

Las mujeres en la época de Jesús

Jesús de Nazaret anunció la llegada del Reino de Dios como tema central de su programa educativo, profético y ministerial. Para el Señor ese singular anuncio desafiaba las comprensiones religiosas tradicionales de la sociedad judía, incluyendo las formas de interpretar y aplicar la Ley de Moisés. Ese mensaje del Reino de los cielos, que era novel y desafiante, le ganó el aprecio de las personas en necesidad y generó rechazos en el liderato religioso judío. Además, su estilo de comunicación imaginativa no solo propició la llegada de su mensaje a las regiones de Judea, Samaria y Galilea, que lo reconocían como rabino sabio y sanador de enfermos, sino que traspasó las fronteras de las comunidades judías en el norte, hasta llegar a Siria. En efecto, el Señor era reconocido como un profeta, que no estaba cautivo en las interpretaciones tradicionales de las enseñanzas rabínicas de su época.

En su programa docente y profético respondió a las necesidades de los sectores más necesitados y vulnerables de la comunidad. Deseaba llevar esperanza y liberación a la gente en cautiverio, a las personas que habían perdido la esperanza en las instituciones tradicionales. Y entre esos sectores heridos, marginados y subestimados en el mundo neotestamentario se encuentran las mujeres. Para Jesús de Nazaret ese sector social de la comunidad judía recibió un tratamiento especial, preferencial, digno y grato.

El estudio sobrio de la vida y las actividades de Jesús pone en clara evidencia el trato respetuoso que siempre dio a las mujeres. En una sociedad que no necesariamente valoraba el potencial intelectual femenino, el Señor les manifestó respeto, dignidad y misericordia. Y su afirmación a ese sector marginado de la sociedad le movió a incorporar mujeres abiertamente en su grupo íntimo de discípulos, seguidores y colegas. En efecto, entre el grupo que apoyaba y sostenía a Jesús en su ministerio, se encuentran mujeres distinguidas, como María, la madre de Jesús (Jn 2.1-5); Marta y María, hermanas de Lázaro (Lc 10.38-42); María Magdalena (Jn 20.12-18); y la mujer samaritana (Jn 4.1-27), entre otras.

En el Oriente Medio, en la cuenca del mar Mediterráneo y en la antigua Palestina las mujeres eran ciudadanas de segunda categoría. No tenían roles protagónicos en los diversos ámbitos de la sociedad, pues sus funciones básicas estaban esencialmente cautivas en los ámbitos de la familia, el matrimonio y la maternidad. Y la sociedad judía era parte de ese mundo amplio de discrimen, marginación y subestimación femenina.

Las mujeres en la época de Jesús no participaban de la vida pública del pueblo, ni siquiera podían salir de sus casas sin consentimiento del esposo o del padre. Cuando salían, debían hacerlo con el rostro cubierto y no podían detenerse a hablar con ningún hombre, que no fuera un familiar muy cercano. Era una vida ligada al hogar y a las estructuras patriarcales.

Hasta los doce años las niñas estaban bajo la estricta autoridad y supervisión paternal, pues el padre era quien se encargaba de arreglar un matrimonio con alguna persona de la comunidad que le convenía a la familia. Y cuando contraía matrimonio, pasaba a ser parte de otra familia y quedaba bajo el poder del esposo, a quien debía obedecer sin reservas. Si faltaba el padre, el hermano mayor asumía el liderato y tomaba control de las mujeres en la familia. Y si su cónyuge faltaba, otro hermano del esposo tomaba su lugar.

En el contexto del hogar, las mujeres debían servir y asegurar el bienestar de la familia. La obediencia al esposo era incuestionable y su trabajo como ama de casa era continuo, extenso, intenso e interminable. Entre las funciones principales de las mujeres en el hogar estaban las siguientes: limpiar, cocinar, cuidar a los hijos y las hijas; también debían apoyar al esposo en lo que se necesitaba.

En la sociedad en general, las mujeres no gozaban de los mismos derechos que los hombres: no heredaban de la misma forma y podían ser repudiadas por el esposo por alguna razón trivial. Su testimonio en las cortes no era aceptado y no podían ostentar ningún cargo público. En el mundo fuera del hogar, las mujeres no tenían espacio.

Inclusive, en el mundo de la religión, las mujeres también eran discriminadas y subestimadas. En la sinagoga debían ocupar un lugar diferente al de los hombres y no participaban de forma directa en las celebraciones cúlticas. Su contribución a la experiencia religiosa comunitaria era de simples espectadoras.

Las mujeres no tenían la obligación de recitar el Shemá judío (Dt 6.4-9) cuatro veces al día ni se les enseñaba la Torá como a los hombres; tampoco les era requerido peregrinar a Jerusalén para la celebración de las fiestas anuales de peregrinación (Éx 23.14-19; 34.18-26; Dt 16.1-17) ni eran admitidas en las escuelas rabínicas. Y como si fuera poco, estaban mensualmente bajo el escrutinio rabínico por tener el potencial de la impureza física y litúrgica.

Jesús y las mujeres

Jesús de Nazaret estaba consciente de esas dinámicas alrededor de las mujeres y decidió tomar una ruta alterna en el trato con ese importante sector social del pueblo. En vez de seguir el mundo del discrimen y la subvaloración que rodeaba la vida de las mujeres, el Señor decidió respetarlas, dignificarlas y valorizarlas. Rechazó abiertamente tratarlas como ciudadanas de segunda categoría y, en su defecto, les dio espacio en sus programas docentes para convertirse en protagonistas de sus enseñanzas, en parte de su infraestructura de apoyo, en líderes del grupo y en voceras del anuncio de la resurrección.

En su programa educativo, el Señor afirmó el valor de la mujer en el mismo nivel del hombre, pues tenían la oportunidad de escuchar con sobriedad su mensaje y reaccionar con inteligencia a sus enseñanzas. ¡Las mujeres podían aprender y enseñar!

En el mundo de la vida conyugal, Jesús defendió públicamente a las mujeres, pues rechazó con firmeza las enseñanzas tradicionales en torno a la poligamia y el divorcio. Y en el contexto de la organización interna de sus discípulos, de acuerdo con las narraciones del Evangelio de Lucas, al lado de los apóstoles varones se incluye un grupo importante de mujeres que lo acompañaban y lo apoyaban económicamente (Lc 8.1-3). Esas mujeres hasta se identifican por nombres, que no era lo tradicionalmente aceptado en la antigüedad.

Esa actitud abierta y liberada de Jesús hacia las mujeres se convirtió en un modelo educativo de importancia, que heredaron los discípulos y las iglesias a través del tiempo, la geografía e historia. Los gestos de afirmación del Señor hacia las mujeres, permitió a ese herido sector social desarrollar una autoestima sana; les ayudó a valorar la familia desde la perspectiva de la colaboración y el respeto; fomentó los esfuerzos personales para la realización personal; y las llamó a ser portadoras del mensaje de la esperanza y vida del Cristo resucitado.

En ese contexto de aprecio y valoración de las mujeres, en los Evangelios canónicos hay una serie muy importante de sanidades que no debemos ignorar. Se trata de narraciones que ubican a las mujeres en papeles protagónicos y claves. En esos relatos, las mujeres viajan, hablan, reclaman y discuten con el Señor. Las mujeres son las protagonistas distinguidas de esas narraciones de sanidades.

Ese papel distintivo de las mujeres en el ministerio del Señor se pone en clara evidencia en esas narraciones. Para enfatizar la prioridad que Jesús de Nazaret dio a ese singular y marginado sector social, es importante analizar las narraciones que los Evangelios canónicos presentan de las sanidades y las liberaciones de las mujeres. Las mujeres fueron sanadas y liberadas por el Señor, de la misma manera que Jesús bendijo a los hombres de la comunidad. No hay discriminación ni subvaloración, solo hay manifestaciones plenas de la gracia y misericordia de Dios.

Jesús sana a la suegra de Pedro

Tan pronto como salieron de la sinagoga,
Jesús fue con Jacobo y Juan a casa de Simón y Andrés.
La suegra de Simón estaba en cama con fiebre,
y enseguida se lo dijeron a Jesús.
Él se le acercó, la tomó de la mano y la ayudó a levantarse.
Entonces se le quitó la fiebre y se puso a servirles.
Al atardecer, cuando ya se ponía el sol,
la gente le llevó a Jesús todos los enfermos y endemoniados,
de manera que la población entera se estaba congregando a la puerta.
Jesús sanó a muchos que padecían de diversas enfermedades.
También expulsó a muchos demonios,
pero no los dejaba hablar porque sabían quién era él.
Marcos 1.29-34

La sanidad en los diversos evangelios

El Evangelio de Marcos ubica el relato de la sanidad de la suegra de Pedro al comienzo mismo de su ministerio. Luego de comenzar su tarea docente itinerante —y de haber llamado en las riberas del lago de la Galilea a Simón y a su hermano, Andrés, y a Jacobo y a su hermano, Juan, hijos de Zebedeo (Mr 1.16-20)— el evangelista incluye este singular relato de sanidad. El milagro se lleva a efecto en la ciudad de Capernaúm, después de la liberación de un hombre que tenía un espíritu impuro (Mr 1.21-28).

Las referencias en Mateo a esta sanidad se incorporan al comienzo de su ministerio, pero luego del Sermón del monte (Mt 5.1—7.28). Esa era una forma literaria de relacionar el milagro de sanidad de la suegra de Pedro con el mensaje transformador de Jesús en torno al Reino de los cielos. En Mateo, esta sanidad no es el primer milagro que se describe, pues el evangelista alude a otras sanidades previas (Mt 8.1-4; 7-13). Y en Lucas, esta especial manifestación de misericordia divina es el primer milagro de sanidad que se presenta, luego del relato de la liberación del hombre que tenía un espíritu impuro (Lc 4.31-37).

Los tres Evangelios canónicos destacan la idea de que la sanidad de la suegra de Pedro fue uno de los primeros milagros del Señor. El contexto general de la narración es que Jesús estaba enseñando en la sinagoga de Capernaúm (Mr 1.29), pues llevaba a efecto su tarea docente pública como rabino de la comunidad. Y luego de finalizar las actividades religiosas, se dirigió a la casa de Pedro, que era el lugar de reunión y descanso del grupo íntimo del Señor.

Del ámbito público y religioso de la sinagoga, el Señor y sus primeros discípulos se movieron al ambiente familiar e íntimo de la casa de Pedro. Esa transición de espacios públicos y privados le permitió al evangelista destacar la importancia de las enseñanzas de Jesús en esos dos foros básicos: el contexto público y general, y la esfera privada e íntima, colectiva y el individual, popular e interna. En efecto, el Señor no perdió una oportunidad para presentar sus enseñanzas y poner en evidencia el poder divino que le acompañaba.

Sanidad de la suegra de Pedro

La narración de la sanidad de la suegra de Pedro es una manera clara de afirmar que el Reino de Dios había llegado a la historia en la figura de Jesús de Nazaret. El relato es sencillo y revela la naturalidad y misericordia con que el Señor atendía a los enfermos y respondía a sus necesidades. Y de acuerdo con Marcos se incorpora temprano en la presentación de las actividades del Señor, al comenzar su ministerio, para unir el tema de los milagros y las sanidades con la manifestación e irrupción del Reino de los cielos en medio de las realidades humanas.

La llegada de Jesús a la casa de la suegra de Pedro fue una magnífica oportunidad para que pudiera demostrar su capacidad de hacer milagros y sanidades, y también de manifestar misericordia y amor. Tan pronto llegaron al hogar de Pedro, le indicaron al Señor que la suegra de su discípulo estaba muy enferma, pues tenía fiebre y no se podía levantar de su cama.

Como era sábado (Mr 1.21), la acción de Jesús tenía el potencial de ofender a las autoridades religiosas. Desde muy temprano en el ministerio del Señor había grupos judíos y romanos que estaban interesados en descubrir en sus enseñanzas alguna falta teológica o política. Escuchaban atentamente sus discursos religiosos, para acusarlo de hereje y evaluaban sus acciones públicas para declararlo sedicioso y poder asesinarlo.

De acuerdo con la narración evangélica, la suegra de Pedro estaba con fiebre, muy débil en su cama. Su condición revela la incapacidad que tenía la mujer de cumplir con sus responsabilidades en el hogar; indica que la enfermedad no era superficial y pasajera; y revela que la fiebre la había sacado de su ritmo de vida familiar. Esas características eran ideales para que Jesús pusiera de manifiesto el amor y la misericordia de Dios. Había una mujer en necesidad y el Señor debía responder a esa penuria con compasión y dignidad.

Jesús, en efecto, atendió el caso con autoridad y sabiduría. De acuerdo con el evangelista Lucas, el Señor literalmente se inclinó sobre ella y reprendió la fiebre (Lc 4.39). El Señor se le acercó, que constituyó una oportunidad única para que la mujer viera su rostro, escuchara su voz, sintiera su presencia, notara su calor. ¡Era un instante para conocerse mejor y desarrollar una relación de confianza y respeto! ¡Se rompieron las barreras del distanciamiento social!

Muy importante para el Señor era que la suegra de Pedro supiera quién la iba a bendecir, quién la iba a sanar de su enfermedad y quién la iba a levantar de su lecho de dolor. Al acercarse a la mujer enferma, Jesús manifestaba su amor que no temía tocarla para bendecirla. Para el Señor era más importante sanar a la mujer que cumplir con las regulaciones rabínicas de no acercarse ni tocar a las mujeres.

Ese movimiento del Señor para acercarse a la suegra de Pedro es una manera de propiciar un ambiente de confianza, paz, sosiego, calma y seguridad. La fiebre produce debilidad; la debilidad fomenta la depresión; la depresión genera frustración; y la frustración propicia la ansiedad. En medio de ese ambiente complejo de insanidad, desorientación y angustia, el Evangelio de Marcos indica que Jesús se le acercó, la tomó de la mano y la levantó. Cuando el Señor la levanta, la fiebre se va inmediatamente. Y como producto de su sanidad, la mujer comenzó a servirles y hacer sus labores regulares cotidianas. Esta fue una sanidad inmediata, pues solo bastó el toque del Señor para que la fiebre abandonara el cuerpo de aquella mujer.

Una vez liberada, la suegra de Pedro comenzó a servir al grupo, que era una manera de indicar que estaba libre y sana para proseguir su vida con naturalidad. La sanidad restaura las personas para que retomen sus vidas, para que regresen a la normalidad de sus actividades y para que se reincorporen a la existencia con sentido de seguridad y dignidad. Ya la suegra de Pedro no debía temer a las enfermedades o las fiebres, pues el Señor le había devuelto la capacidad de vivir liberada de las fiebres paralizantes, que tenían el poder de confinarla a la cama.

El Señor sanó a muchos enfermos en Capernaúm

Lo que había sucedido en el hogar de la suegra de Pedro se supo en toda la ciudad de Capernaúm. La noticia de la sanidad de la mujer se difundió rápidamente por toda la comunidad. Pero como era sábado, la gente esperó hasta que se pusiera el sol para traer ante Jesús los enfermos de la comunidad.

La mayoría de los ciudadanos de la ciudad eran judíos y guardaban el sábado con diligencia y responsabilidad. Aunque se enteraron del poder del Señor luego de la sanidad de la suegra de Pedro, decidieron esperar a la puesta del sol para retomar sus actividades regulares, que en esta ocasión incluía llegar donde estaba el agente de las sanidades. No quisieron romper con las costumbres judías y esperaron a que finalizara el sábado para llegar ante Jesús y solicitar la misericordia divina.

Esconder o subestimar la sanidad de un familiar de Pedro era extremadamente difícil en la ciudad. El discípulo del Señor era un pescador distinguido en el pueblo, pues formaba parte de la cadena de distribución de alimentos de la comunidad. La noticia de lo que sucedió en la casa de Pedro se propagó con premura en Capernaúm, pues al llegar la noche, y finalizar el sábado, la gente de la ciudad llegó a la puerta de la casa y le trajeron sus enfermos.

Según el relato de Marcos, al Señor le llevaron personas con diversos tipos de enfermedades y muchos endemoniados. Y ante las necesidades de esa comunidad, Jesús sanó a los enfermos y liberó a los endemoniados. Tantas personas se allegaron a las puertas de la casa de Pedro, que al evangelista Marcos le pareció que toda la ciudad se reunió para suplicar la intervención sanadora y liberadora del Señor.

Según el relato bíblico, Jesús no le permitía hablar a los demonios, posiblemente para que no se generara confusión en el pueblo sobre su autoridad e identidad. Los demonios no debían decir que Jesús era el Mesías, pues ya los líderes religiosos afirmaban que el Señor actuaba con el poder del maligno, no con la virtud divina.

Sanidad de la mujer encorvada

Un sábado Jesús estaba enseñando en una de las sinagogas,
y estaba allí una mujer que por causa de un demonio
llevaba dieciocho años enferma.
Andaba encorvada y de ningún modo podía enderezarse.
Cuando Jesús la vio, la llamó y le dijo:
—Mujer, quedas libre de tu enfermedad.
Al mismo tiempo, puso las manos sobre ella,
y al instante la mujer se enderezó y empezó a alabar a Dios.
Indignado porque Jesús había sanado en sábado,
el jefe de la sinagoga intervino, dirigiéndose a la gente:
—Hay seis días en que se puede trabajar,
así que vengan esos días para ser sanados, y no el sábado.
—¡Hipócritas! —le contestó el Señor.
¿Acaso no desata cada uno de ustedes su buey o su burro en sábado,
y lo saca del establo para llevarlo a tomar agua?
Sin embargo, a esta mujer, que es hija de Abraham,
y a quien Satanás tenía atada durante dieciocho largos años,
¿no se le debía quitar esta cadena en sábado?
Cuando razonó así, quedaron humillados todos sus adversarios,
pero la gente estaba encantada de tantas maravillas que él hacía.
Lucas 13.10-17

Contexto temático y teológico del milagro

La narración de la mujer encorvada, que se incluye únicamente en el Evangelio de Lucas, tiene varios componentes que debemos analizar con detenimiento. Se ubica en medio de una serie de discursos de Jesús con gran importancia teológica, entre los cuales se incluyen varias parábolas. Además, la respuesta del oficial de la sinagoga es digna de analizar con criticidad y la relación de las enfermedades con el demonio no debe ignorarse.

El relato de esta sanidad y liberación se incorpora como parte del viaje final que hace Jesús a la ciudad de Jerusalén, antes de las narraciones de su pasión, muerte y resurrección. Esa peregrinación final era de gran importancia teológica y significación histórica, pues el Señor explora varios temas fundamentales, entre los cuales se encuentran los siguientes: la misión de los setenta seguidores del Maestro (Lc 10.1-20), la importancia de la oración (Lc 11.1-13), la acusación a los fariseos e intérpretes de la Ley (Lc 11.37-54), la necesidad de la reconciliación (Lc 12.57-59) y la prioridad del arrepentimiento en la vida (Lc 13.1-5). Esos temas van preparando el camino para el relato de la sanidad de la mujer, que se convirtió en un asunto controversial ante las autoridades judías de la sinagoga (Lc 13.14). ¡Jesús llevó a efecto este milagro un sábado!

Antes del milagro de la mujer encorvada, Lucas también incluye varias parábolas de gran calidad literaria, teológica y educativa: El buen samaritano (Lc 10.25-37), El siervo infiel (Lc 12.41-48) y La higuera estéril (Lc 13.6-9). Esas parábolas incorporan elementos proféticos que sobrepasaban los límites de las interpretaciones rabínicas tradicionales de la Ley mosaica; además, superaban las aplicaciones de las enseñanzas religiosas de la época. Con esas parábolas, Lucas afirma que el acercamiento de Jesús a la vida, la muerte y la enfermedad era novel, desafiante y profético. El Señor no se ceñía necesariamente a las maneras judías tradicionales de ver y comprender la existencia humana.

Previo a esta singular sanidad, Lucas también afirma que el Señor hizo varias visitas de importancia, en las cuales presentó algunas enseñanzas que debían ser recordadas en esta etapa avanzada de su ministerio. Por ejemplo, visitó a Marta y María para destacar la importancia de distinguir en la vida entre lo bueno y lo mejor (Lc 10.38-42). En un ambiente íntimo y familiar, Jesús reitera la necesidad de tener las prioridades claras para vivir con propósito y con sentido de dirección. Además, relaciona el trabajo diario con la actitud sabia de utilizar el tiempo de forma adecuada y óptima. De acuerdo con la enseñanza del Señor, solo una cosa es necesaria en la vida: oír con humildad la palabra de Dios (Lc 10.39), que es una forma literaria de afirmar la necesidad de escuchar, obedecer y vivir a la altura de las exigencias divinas.

Una mujer encorvada por causa del demonio

Aunque la tensión en torno a Jesús y sus enseñanzas estaba en continuo aumento, el Señor encontraba las formas de participar regularmente en las actividades de la sinagoga, especialmente en las ceremonias sabáticas. Inclusive, asumía liderato como un rabino reconocido y apreciado por la comunidad. Y esa interacción continua con el pueblo y sus líderes religiosos, permitía que su fama de maestro, profeta y sanador se diseminara y aumentara.

De acuerdo con la narración en Lucas, entre los participantes de las ceremonias sabatinas en la sinagoga ese día se encontraba una mujer con un muy serio problema en su espina dorsal. Su condición física estaba tan deteriorada que le impedía mantenerse erguida, solo podía moverse con mucha dificultad de manera encorvada. La deformidad en su espalda era de tal magnitud que no podía enderezarse. Y según la comunidad, la causa de su deformación física era que estaba herida por "un espíritu de enfermedad", que por dieciocho años la atormentaba. En esa época se asociaban todas las enfermedades con influencias diabólicas, poderes demoníacos y espíritus malignos.

Cuando el Señor vio a la mujer, se percató de su condición y, sin que nadie lo solicitara, la llamó y le dijo con autoridad: "mujer, quedas libre de tu enfermedad" (Lc 13.12). Jesús notó los desafíos físicos, emocionales y espirituales que tenía aquella mujer. Es de señalar que, aún en medio de sus dificultades físicas, ella se preocupaba por participar de las actividades semanales en la sinagoga. Se trataba posiblemente de una mujer piadosa, que tenía una condición física que le impedía actuar con normalidad y moverse con naturalidad en su comunidad. Y por la falta de diagnósticos médicos sobrios y certeros, la gente añadía al dolor físico un componente teológico y espiritual: tenía un espíritu de enfermedad, que era una manera de decir que su condición era producida por la acción ingrata y maligna de algún poder demoníaco.

Jesús respondió a la necesidad de la mujer sin que nadie lo pidiera. Solo de verla, el Señor fue movido a misericordia, pues imaginaba los continuos desafíos físicos y las angustias mentales constantes que debía tener. Para sanarla, la llamó y puso sobre ella sus manos, en señal de bendición y autoridad divina. ¡La tocó, que era un gesto de amistad y misericordia! De acuerdo con la narración, la mujer se enderezó de inmediato y comenzó a alabar a Dios.

Bastó solo el toque del Señor para que la mujer recobrara su salud y su espalda tomara la forma adecuada. Y como respuesta a la sanidad, la mujer alabó y glorificó a Dios. La gratitud de una persona sanada y liberada en los evangelios por el poder divino es un tema de importancia teológica y educativa.

Las intervenciones de Jesús y las respuestas de los líderes religiosos

Mientras Jesús atendió a la mujer necesitada con misericordia, y luego que la mujer liberada manifestó su gratitud con glorificaciones públicas a Dios, el principal líder de la sinagoga reaccionó indignado, desaforado y sin misericordia. En vez de agradecerle al Señor su gesto de amor y de acompañar a la mujer en sus alabanzas a Dios, el líder judío respondió con hostilidad y agresividad. Rechazó la sanidad fundamentado en una interpretación rabínica de la Ley, que era muy difícil de sostener y apreciar en momentos de crisis.

¡El líder religioso no quería que el Señor sanara a nadie los sábados! ¡No quería romper las tradiciones rabínicas en torno a los trabajos permitidos durante los días de reposo! ¡No deseaba que el sábado se interrumpiera por las manifestaciones extraordinarias del amor de Dios! Su comprensión de la Ley en torno al sábado seguía las directrices rabínicas reduccionistas y ortodoxas.

Al analizar la narración con detenimiento, nos percatamos que el coraje del principal de la sinagoga le impidió ver la mano de Dios actuando a través de Jesús para liberar a la mujer. Las consideraciones teológicas, doctrinales y hermenéuticas fueron más importantes que la manifestación de la gracia divina y el disfrute pleno del poder de Dios. Para el líder judío, guardar el sábado, de la manera que él entendía era la adecuada y permitida por la Ley, era más importante que la sanidad y liberación de una mujer. Un protocolo religioso era más importante que la transformación de una persona en necesidad.

¡Los protocolos eran más importantes que las personas! ¡Las interpretaciones humanas eran más significativas que la revelación divina! Seguir las normas rabínicas, constituían la prioridad del religioso, inclusive sobre la superación de las calamidades físicas, emocionales y espirituales que la mujer encorvada vivió diariamente por casi dos décadas.

En su enojo, el líder de la sinagoga confrontó a Jesús y al grupo que estaba alrededor del Señor y la mujer sanada. Presentó la interpretación tradicional de la Ley con relación al sábado: las personas pueden ser sanadas durante seis días, pero no el sábado. Para el rabino, las sanidades eran una especie de labor oficial o un trabajo que debía hacerse en los días regulados y aceptados.

El acto de amor del Señor, para las autoridades oficiales de la sinagoga, no fue evaluado a la luz de una manifestación de la misericordia divina, sino como un trabajo más que debía llevarse a efecto dentro de los límites, las regulaciones y los parámetros establecidos por la Ley mosaica, que era, a su vez, interpretada por los rabinos de la época de Jesús.

La respuesta de Jesús fue clara, firme, decidida, contundente y desafiante. Llamó hipócrita en público al líder judío y lo confrontó con la realidad de las acciones rabínicas. Era costumbre entre los judíos dar de beber a los animales los sábados; también se permitía desatarlos sin problemas ni remordimientos. Además, las tradiciones rabínicas aceptaban el intervenir y llevar a efecto algún trabajo los sábados en situaciones de gravedad, en momentos de vida o muerte.

Para culminar su discurso, el Señor describe a la mujer como una hija de Abraham que había estado atada por Satanás por dieciocho años. La referencia a que era hija de Abraham puede ser un indicador que se trataba no solo de una mujer judía, sino de una buena creyente, una mujer de fe. Afirma, además, que ella necesitaba una manifestación de la compasión divina, luego de vivir muchos años encorvada y herida por esa difícil y complicada condición física. Fueron palabras de apoyo personal y de enseñanza general, pues su cautiverio y dolor eran lo suficientemente angustiantes como para requerir la intervención de Jesús el sábado o cualquier día de la semana.

Las palabras de Jesús, ante lo irracional de las comprensiones rabínicas en referencia al sábado y el trabajo, produjeron dos reacciones inmediatas en la comunidad: sus adversarios religiosos de la sinagoga se avergonzaron por sus creencias y acciones; y el resto del pueblo se alegró por las cosas especiales que el Señor hacía, especialmente por las personas más necesitadas y angustiadas de la comunidad.

El pueblo reconoció que las acciones del Señor eran "cosas gloriosas"; entendió que las maravillas que Jesús hacía podían provenir únicamente de Dios (Éx 34.10).

Sanidad de la mujer con flujo de sangre

Había entre la gente una mujer que hacía doce años padecía de hemorragias.
Había sufrido mucho a manos de varios médicos,
y se había gastado todo lo que tenía sin que le hubiera servido de nada,
pues en vez de mejorar, iba de mal en peor.
Cuando oyó hablar de Jesús,
se le acercó por detrás entre la gente y le tocó el manto.
Pensaba: «Si logro tocar siquiera su ropa, quedaré sana».
Al instante cesó su hemorragia,
y se dio cuenta de que su cuerpo había quedado libre de esa aflicción.
Al momento también Jesús se dio cuenta de que de él había salido poder,
así que se volvió hacia la gente y preguntó: —¿Quién me ha tocado la ropa?
—Ves que te apretuja la gente —le contestaron sus discípulos,
y aun así preguntas: «¿Quién me ha tocado?»
Pero Jesús seguía mirando a su alrededor para ver quién lo había hecho.
La mujer, sabiendo lo que le había sucedido,
se acercó temblando de miedo
y, arrojándose a sus pies, le confesó toda la verdad.
—¡Hija, tu fe te ha sanado! —le dijo Jesús.
Vete en paz y queda sana de tu aflicción.
Marcos 5.25-34

Una sanidad inesperada

El capítulo cinco del Evangelio de Marcos solo contiene narraciones de milagros. En primer lugar, se presenta la liberación extraordinaria de un endemoniado de la región de Gadara (Mr 5.1-20). La gratitud del hombre fue de tal magnitud que anunció en su comunidad y también en la Decápolis las grandes cosas que Jesús había hecho por él. La primera afirmación teológica del capítulo es la virtud liberadora del Señor. Y la narración final destaca el poder de la resurrección, pues Jesús resucitó a la hija de un principal de la sinagoga llamado Jairo (Mr 5.21-23,35-43).

En medio de las dos manifestaciones especiales del poder divino, una liberación espiritual y una resurrección, se incorpora el relato del milagro que recibe una mujer hemorrágica. La sanidad que se produce de forma inesperada, pues la mujer llegó a Jesús sigilosamente, sin que la comunidad se percatara que estaba en la multitud que seguía al Señor. El milagro posiblemente se llevó a efecto en Capernaúm, que se había convertido en la ciudad de Jesús, desde donde salía para ejercer su ministerio itinerante en Judea, Samaria y Galilea.

De acuerdo con la narración, mientras Jesús iba de camino para responder al clamor de un padre que tenía una hija en agonía de muerte, una intrépida mujer interceptó a Jesús en el camino. El grupo que seguía al Señor no eran solo sus discípulos, pues se describe como una "gran multitud" (Mr 5.24). Por la cantidad de personas que rodeaban y seguían a Jesús, las personas se apretaban, que es una descripción física y visual del evangelista para ilustrar la magnitud y las complejidades del grupo de personas que lo acompañaban.

La angustia de la mujer era intensa, pues padecía de una condición hemorrágica por más de doce años. La enfermedad, que posiblemente se relacionaba con alguna irregularidad en los ciclos mensuales femeninos, se complicó con los años. Ese tipo de condición podía producir en las pacientes dolores intensos y debilitamiento, además de cambios de ánimo, depresión y ansiedad.

De acuerdo con la narración, la mujer había gastado todo su dinero en muchos médicos tratando de superar su crisis de salud, pero en vez de mejorarse, empeoraba. De singular importancia teológica en el relato es que su condición física la hacía ritualmente impura, de acuerdo con las tradiciones religiosas (Lv 15.25-27). Según las creencias de la época, la mujer estaba herida física, emocional y espiritualmente.

Cuando había perdido toda esperanza de sanidad y recuperación escuchó hablar de Jesús y de sus enseñanzas, y recuperó la esperanza. También le hablaron de su compromiso con la gente dolida y en necesidad, y de su capacidad de llevar a efecto milagros y sanidades. En medio de ese doble ambiente de agonía física y emocional, y también de esperanza en lo que Dios podía hacer a través de Jesús, no perdió el tiempo y buscó al Señor en medio de sus actividades diarias. Se abrió camino entre la multitud y tocó solo el borde de la vestidura del Señor. Y de repente, al tocar el borde de su manto de oración —en hebreo, el *talit*— cesó la hemorragia y quedó instantáneamente sanada y liberada de su condición.

Una mujer sobria y prudente

Una vez sintió su sanidad, y como se suponía que por su impureza ritual no tocara a ninguna persona, la mujer trató de salir del grupo de manera disimulada, sobria, pausada y callada. Aunque sintió el poder divino en su cuerpo, sabía que había desobedecido las regulaciones religiosas y decidió alejarse calladamente de la escena, la multitud y del Señor, sin hacer ningún alarde de lo que le había sucedido.

Sin embargo, Jesús de Nazaret no permitió que la mujer pasara desapercibida ni que el milagro se subestimara. El Señor detuvo la caravana y preguntó: ¿quién me ha tocado? Para sus colaboradores más cercanos, la pregunta no tenía mucho sentido, pues la multitud caminaba muy de cerca y se tropezaban unos con los otros de forma frecuente. Los discípulos no entendieron que hay una gran diferencia entre los contactos producto de la proximidad física y el toque de fe de una persona que llega al Señor con esperanza de salud, con anhelos de gracia, con expectativas de misericordia.

Ante la pregunta pública, firme y decidida del Señor, la mujer respondió con humildad, llegó ante Jesús con temor y temblor, y se postró delante de él y le dijo todo lo que había hecho.

En el análisis del relato no se pueden ignorar ni subestimar las reflexiones íntimas de la mujer, que la motivaron allegarse ante el Señor y tocar su vestido. De camino a donde estaba Jesús, se decía a ella misma, "si logro tocar siquiera su ropa, quedaré sana" (Mr 5.28). ¡Quizá este es el sentimiento de humildad necesario para recibir el milagro del Señor! Hay personas que piensan que ese gesto de la mujer es similar al del centurión (Mt 8.8), que reconoce el poder divino y la debilidad humana. Inclusive, podía haber personas en la antigüedad que pensaran que la ropa de las personas santas tenía ciertos poderes para sanar.

Quizá la mejor comprensión de la actitud de la mujer es que reconocía que era una persona separada y excluida de la comunidad, que no podía llegar ante un rabino para presentar su caso, ni siquiera se le permitía salir de su casa, para evitar que tocara a alguien y lo hiciera impuro. Por su condición de salud y de pureza, no podía presentarse al Señor ¡ni mucho menos hablar con él o tocarlo! La única forma de allegarse a Jesús era de forma secreta y callada. Y ese acercamiento humilde fue suficiente para que su sanidad se llevara a efecto.

Cuando la mujer se identifica públicamente, con humildad y temores, el Señor la trata con respeto y dignidad. Al referirse a ella la llama "hija", con una palabra griega de aprecio e intimidad que se utiliza solo en este pasaje del Nuevo Testamento. Y añade, "tu fe te ha sanado. Vete en paz y queda sana de tu aflicción" (Mr 5.34).

Una vez más la fe juega un papel de importancia en la sanidad y liberación de alguna persona enferma y cautiva. Nuevamente la fe y la confesión pública de la mujer constituyeron el marco de referencia teológico para que la sanidad se llevara a efecto. Aunque era una mujer separada y rechazada por la comunidad en general, inclusive por la religiosa, Jesús la atendió con el respeto que requiere un ser humano creado por Dios. El Señor no la regañó por haberlo tocado, solo le dice que se vaya en paz, pues estaba completamente sana de su dolorosa enfermedad.

Para el evangelista, este relato une los valores de la fe y la paz. En el toque de la mujer se pone de relieve que la fe es la actitud humana que propicia la paz divina, La fe le abre las puertas al disfrute de la vida con salud, bienestar, sobriedad, calma y paz. Para el Evangelio de Marcos, la fe humana activa la paz divina.

05
Exorcismos y liberaciones de demonios

Jesús regresó a Galilea en el poder del Espíritu,
y se extendió su fama por toda aquella región.
Enseñaba en las sinagogas, y todos lo admiraban.
Fue a Nazaret, donde se había criado,
y un sábado entró en la sinagoga, como era su costumbre.
Se levantó para hacer la lectura,
y le entregaron el libro del profeta Isaías.
Al desenrollarlo, encontró el lugar donde está escrito:
«El Espíritu del Señor está sobre mí,
por cuanto me ha ungido para anunciar buenas nuevas a los pobres.
Me ha enviado a proclamar libertad a los cautivos
y dar vista a los ciegos,
a poner en libertad a los oprimidos,
a pregonar el año del favor del Señor».
Lucas 4.14-19

Libertad como marco teológico

El tema amplio de los exorcismos y las liberaciones de demonios y espíritus malignos en el ministerio de Jesús de Nazaret deben analizarse en el contexto amplio de la teología que afirma el rechazo a los cautiverios y las opresiones en las Sagradas Escrituras. Desde los comienzos mismos de las narraciones bíblicas, el Dios bíblico actúa para eliminar las fuerzas que intentan cautivar, oprimir, enajenar o impedir que las personas y los pueblos puedan hacer la voluntad divina y disfrutar vidas plenas y agradables ante Dios. Y esta gran afirmación teológica es cierta para individuos, comunidades y pueblos.

Las narraciones que describen la liberación de Egipto ponen en clara evidencia las intervenciones del Dios que rechaza, de forma firme y clara, las estructuras que cautivan y oprimen a las personas y los pueblos. El Señor de Moisés y del éxodo intervino en medio de la historia, de acuerdo con el libro de Éxodo, para demostrar su poder contra el faraón. El famoso líder egipcio representaba lo óptimo del poder opresor y de la manifestación plena de los cautiverios, que impiden el disfrute pleno de la gracia, el amor y la misericordia divina. Esas extraordinarias narraciones referentes a Moisés y el éxodo, presentan un amplio marco teológico de referencia que indica que el Dios bíblico rechaza abiertamente los cautiverios; además, esos relatos afirman que el Señor tiene la capacidad y el compromiso de romper las cadenas que atan, cautivan, oprimen y disminuyen a las personas. Se desprende de la lectura de esas importantes narraciones escriturales, que desde sus comienzos la teología bíblica rechaza explícitamente los cautiverios.

Jesús de Nazaret, de acuerdo con el Evangelio de Lucas, siguió esa tradición teológica del libro del Éxodo. Cuando se levantó a leer el texto bíblico en la sinagoga, selecciona una porción significativa del libro del profeta Isaías. En medio de las actividades cúlticas en la ciudad donde se había criado, Nazaret, presenta el mensaje profético que, entre otros temas de importancia, alude a la libertad de los presos y de los cautivos, que era parte de la proclamación del año agradable del Señor.

Para el Evangelio de Lucas, la lectura de la profecía de Isaías tenía gran valor teológico, pues se ubica en el comienzo mismo de su ministerio. Desde sus inicios, la liberación de los cautivos era un tema principal, la tarea docente y profética de Jesús de Nazaret. Y de esta manera se relaciona el mensaje del Reino con la liberación de las personas espiritualmente cautivas, endemoniados, lunáticos y enfermos mentales.

Una casa dividida contra sí misma

*En otra ocasión Jesús expulsaba de un hombre
a un demonio que lo había dejado mudo.
Cuando salió el demonio, el mudo habló,
y la gente se quedó asombrada.
Pero algunos dijeron: «Este expulsa a los demonios por medio de Beelzebú,
príncipe de los demonios».
Otros, para ponerlo a prueba, le pedían una señal del cielo.
Como él conocía sus pensamientos, les dijo:
«Todo reino dividido contra sí mismo quedará asolado,
y una casa dividida contra sí misma se derrumbará.
Por tanto, si Satanás está dividido contra sí mismo,
¿cómo puede mantenerse en pie su reino?
Lo pregunto porque ustedes dicen
que yo expulso a los demonios por medio de Beelzebú.
Ahora bien, si yo expulso a los demonios por medio de Beelzebú,
¿los seguidores de ustedes por medio de quién los expulsan?
Por eso ellos mismos los juzgarán a ustedes.
Pero si expulso a los demonios con el poder de Dios,
eso significa que ha llegado a ustedes el reino de Dios.
Cuando un hombre fuerte y bien armado cuida su hacienda,
sus bienes están seguros.
Pero si lo ataca otro más fuerte que él y lo vence,
le quita las armas en que confiaba y reparte el botín.
El que no está de mi parte, está contra mí;
y el que conmigo no recoge, esparce.
«Cuando un espíritu maligno sale de una persona,
va por lugares áridos buscando un descanso.
Y al no encontrarlo, dice: «Volveré a mi casa, de donde salí».
Cuando llega, la encuentra barrida y arreglada.
Luego va y trae otros siete espíritus más malvados que él,
y entran a vivir allí. Así que el estado final de aquella persona
resulta peor que el inicial».
Mientras Jesús decía estas cosas, una mujer de entre la multitud exclamó:
—¡Dichosa la mujer que te dio a luz y te amamantó!
Dichosos más bien —contestó Jesús—
los que oyen la palabra de Dios y la obedecen.
Lucas 11.14-28*

Narraciones de Jesús como exorcista

Las narraciones que relacionan a Jesús de Nazaret con los exorcismos o las liberaciones espirituales se presentan en los Evangelios de tres maneras básicas. En primer lugar, se pueden identificar cinco relatos básicos, con sus textos paralelos, que describen al Señor en medio de sus actividades de liberación espiritual y emocional. Esos relatos son el fundamento teológico y textual de nuestras comprensiones e interpretaciones del ministerio liberador y exorcista de Jesús.

En torno a ese ministerio liberador del Señor, es importante comprender, además, que la presentación del mensaje del Reino de Dios incluía claramente la sanidad de personas física, emocional y espiritualmente enfermas, y la liberación de individuos endemoniados o lunáticos. La llegada del Reino era fuente de esperanza para hombres y mujeres en necesidad de salud física y espiritual.

También los Evangelios canónicos tienen una serie de resúmenes de las labores misioneras de Jesús, en las cuales se incluyen de forma reiterada la liberación de endemoniados y lunáticos, o la liberación de personas que estaban poseídas por espíritus impuros o malignos (p. ej., Mt 4.24-25; 8.16-17; Mr 1.32-34; Lc 4.40-41). El Evangelio de Juan no incluye narraciones de liberaciones espirituales, pero alude claramente a ese singular ministerio de Jesús (Jn 7.20; 8.48-52; 10.20-21).

Un relato sobre la liberación de un endemoniado ciego y mudo es importante para evaluar el ministerio del Señor (Mt 12.22-37; Mr 3.20-30; Lc 11.14-23; 12.10). El contexto teológico amplio de la narración es la enseñanza sobre la blasfemia contra el Espíritu Santo. Al Jesús liberar al endemoniado, y la gente estar impresionada y preguntar si el Señor era el Hijo de David, los fariseos lo acusaron de que podía sacar demonios por el poder de Beelzebú, el príncipe de los demonios.

De singular importancia en la narración es notar que sus adversarios reconocen que el Señor tenía autoridad sobre los demonios. Sin embargo, lo que seriamente cuestionan es el fundamento de esas liberaciones e inquieren de dónde provenía esa autoridad. Aceptaban la capacidad que tenía Jesús de reprender a los poderes espirituales; lo que no reconocían es que proviniera de parte de Dios.

El Señor respondió a esa acusación impropia con firmeza y prontitud. Afirma claramente que una casa dividida contra sí misma no puede prevalecer en la vida. Añadió, que él no sacaba los demonios con el poder de Beelzebú, sino con la autoridad de Dios. Su poder se relacionaba directamente con la misericordia divina. Y aprovechó la oportunidad para relacionar esa actitud irresponsable de los fariseos con la blasfemia contra el Espíritu Santo, que era una acción humana que no tenía el perdón divino.

Beelzebú era el nombre que en la antigüedad se daba al diablo como jefe de los demonios y como líder del mal. Ese singular nombre se deriva de la expresión hebrea *Baal-zebud* (2Re 1.2-3), que significa "señor de las moscas". De esa manera despectiva los antiguos israelitas se referirían al dios cananeo Baal. Para sus adoradores, Baal era señor y fuente de autoridad; para los profetas hebreos, solo era "señor" de insectos despreciables.

Las actividades misioneras del Señor

Los Evangelios afirman el ministerio de liberación de Jesús en los recuentos de sus actividades misioneras (Mt 8.16-17; Mr 1.32-34; 3.10-12; Lc 4.40-41). Se trata de sumarios amplios de las diversas actividades del Señor, que tienen claramente una finalidad teológica. Al leer cuidadosamente estos textos es significativo notar que se tratan de resúmenes misioneros que generalmente presentan las actividades de sanidad y liberación espiritual de Jesús. De esa manera literaria los Evangelios canónicos destacan los siguientes componentes en el ministerio de Jesús: la naturaleza especial de sus acciones; afirman el origen divino de sus milagros; y presentan su teología amplia, que une su mensaje referente al Reino de Dios con las manifestaciones milagrosas de la misericordia divina.

Esas afirmaciones de los evangelistas destacan claramente el poder del Señor sobre las enfermedades y los cautiverios espirituales. Son narraciones eminentemente teológicas, que se ubican en medio de relatos de discursos de gran importancia educativa y misionera. Se incorporan junto a descripciones de milagros específicos que se desean destacar. Se utilizan para relacionar la predicación y llegada del Reino de Dios con la salud física y espiritual.

Con estas referencias generales a las actividades de Jesús, los evangelistas afirman claramente el deseo del Señor de apoyar y bendecir a las personas más necesitadas y cautivas de la sociedad. Esos resúmenes de las actividades del Señor son formas literarias de destacar su teología que estaba orientada hacia las liberaciones, transformaciones y restauraciones de individuos y comunidades en necesidad.

Las diferentes formas en que los evangelistas relacionan el ministerio de Jesús con la liberación de endemoniados son una indicación clara de que esa actividad del Señor tiene un fundamento histórico muy fuerte. Desde muy temprano en su ministerio, los discípulos, las comunidades y hasta los adversarios de Jesús entendían que las liberaciones espirituales formaban parte integral de sus acciones misioneras, sus enseñanzas noveles y sus actividades proféticas.

Si evaluamos las narraciones de liberaciones espirituales a la luz de las palabras de Jesús y las reacciones de discípulos, seguidores y adversarios, descubrimos que esos actos milagrosos están asociados a la llegada del Reino de Dios en su vida y ministerio. Una vez más los evangelistas afirman el poder del Señor contra las fuerzas del mal, que intentan cautivar a personas y pueblos, tanto de forma física como espiritual.

El mundo y la cultura neotestamentaria

Las comprensiones de las realidades físicas, emocionales y espirituales en el mundo neotestamentario están íntimamente ligadas a la cultura. El mundo en que Jesús vivió estaba inmerso en una serie de creencias, supersticiones y tradiciones, que intentaban explicar los fenómenos naturales con comprensiones sobrenaturales. No era una sociedad de análisis sicológicos, estudios racionales, evaluaciones científicas o explicaciones médicas. Era más bien un mundo saturado de creencias populares y magias.

En la sociedad neotestamentaria se pensaba que el mundo tenía, al menos, tres niveles de existencia. En el mundo básico habitaban las personas, que con sus interacciones diarias se relacionaban con lo físico y lo espiritual. Luego venía el mundo superior, donde habitaba Dios y su corte celestial, con todo su poder, majestad y autoridad. Finalmente, se pensaba que había un tipo de mundo intermedio, en el cual habitaba una serie de espíritus y poderes demoníacos que podían afectar adversamente la vida de las personas.

Ese mundo intermedio, lleno de poderes espirituales, malignos y demoníacos, era responsable de muchas de las calamidades que herían y afectaban adversamente a la humanidad. Entre esas adversidades están las enfermedades físicas y las posesiones demoníacas. Y para responder a esas acciones cautivantes, hirientes y malvadas de los espíritus, las personas recurrían a las divinidades.

Las sanidades y liberaciones que llevaba a efecto Jesús en su ministerio se deben entender como parte de ese mundo de creencias y convicciones espirituales. Jesús de Nazaret, como enviado de Dios y agente de la esperanza, tenía autoridad y poder sobre ese mundo espiritual, adverso y malvado. Y la gente, seguidores y no seguidores del Señor, aceptaban esa realidad cultural. La diferencia estaba en la identificación de la fuente del poder de Jesús: ¿sanaba y liberaba por el poder de Beelzebú o como una manifestación plena de la misericordia divina? Para los evangelistas no había duda alguna: ¡el Señor sanaba a las personas enfermas y liberaba a la gente cautiva fundamentado en el amor, la misericordia y el poder de Dios!

En la sociedad que ministró Jesús había muchas personas sometidas a diversos tipos de abusos. Y esas dinámicas de opresión continuas se manifestaban con fuerza en el siglo primero en, por lo menos, tres contextos básicos: en las dinámicas públicas de la sociedad —por la férrea opresión política romana— en el ámbito religioso —por las estrictas regulaciones rabínicas, que no necesariamente servían como agentes de liberación y bienestar social— y en las relaciones familiares —pues en sociedades patriarcales, las mujeres y los niños son los sectores más heridos y marginados.

Ese mundo de alta tensión externa era el marco de referencia de los cautiverios y las enfermedades físicas, emocionales, espirituales y sicosomáticas. No es casual que quienes siempre se oponen a las acciones milagrosas del Señor, sean los representantes de las autoridades religiosas y políticas del pueblo. Esos singulares sectores sociales formaban parte de la estructura política regional que generaba las dinámicas de dolor y opresión de las enfermedades físicas y los cautiverios espirituales.

Jesús de Nazaret, como parte de su mensaje transformador del Reino de Dios, decidió sanar a los enfermos y liberar a los cautivos como una demostración clara del amor de Dios y de la manifestación plena de la misericordia divina. Su mensaje liberador respondió a las oraciones y clamores de las personas más necesitadas y heridas por ese mundo de cautiverios y opresiones. Y estas manifestaciones liberadoras físicas y espirituales del Señor eran parte integral de su ministerio educativo y profético.

Liberación de un hombre que tenía un espíritu impuro

Entraron en Capernaúm, y tan pronto como llegó el sábado,
Jesús fue a la sinagoga y se puso a enseñar.
La gente se asombraba de su enseñanza,
porque la impartía como quien tiene autoridad
y no como los maestros de la ley.
De repente, en la sinagoga,
un hombre que estaba poseído por un espíritu maligno gritó:
—¿Por qué te entrometes, Jesús de Nazaret?
¿Has venido a destruirnos? Yo sé quién eres tú: ¡el Santo de Dios!
—¡Cállate! —lo reprendió Jesús. ¡Sal de ese hombre!
Entonces el espíritu maligno sacudió al hombre violentamente
y salió de él dando un alarido.
Todos se quedaron tan asustados que se preguntaban unos a otros:
«¿Qué es esto? ¡Una enseñanza nueva, pues lo hace con autoridad!
Les da órdenes incluso a los espíritus malignos, y le obedecen».
Como resultado,
su fama se extendió rápidamente por toda la región de Galilea.
Marcos 1.21-28

Importancia de las liberaciones de Jesús

Al estudiar los Evangelios canónicos de manera sistemática, descubrimos que para el Evangelio de Marcos el primer milagro que Jesús lleva a efecto es la liberación de un endemoniado; además, se indica que lo hizo un sábado. Para el evangelista, luego del bautismo (Mr 1.9-11), la tentación (Mr 1.12-13) y el llamado a Pedro, Andrés, Jacobo y Juan (Mr 1.16-20), se incorpora la narración de las acciones de Jesús. Y como resultado del anuncio del Reino de Dios en la Galilea, su primera acción milagrosa fue la liberación de un endemoniado que estaba en la sinagoga de Capernaúm (Mr 1.21-28). Para el evangelista Juan, la primera señal milagrosa del Señor fue la transformación del agua en vino (Jn 2).

Este detalle narrativo pone en evidencia clara el componente de las liberaciones de demonios como parte de la predicación, las enseñanzas y el anuncio del Reino de Dios; en efecto, esas actividades eran parte integral del ministerio de Jesús. Estos tipos de actos prodigiosos no constituyen la excepción en su tarea docente ni pueden relegarse a una esquina teológica de sus labores misioneras. De acuerdo con los relatos de los Evangelios, para Jesús las sanidades y las liberaciones de demonios estaban unidas al tema del Reino de los cielos.

Esta liberación inicial, inclusive, se incluye antes de la sanidad de la suegra de Pedro, que también se llevó a efecto en Capernaúm (Mr 1.29-31; Mt 8.14-15; Lc 4.38-39). Marcos incorpora esta singular liberación justo antes del primer viaje misionero de Jesús por la Galilea (Mr 1.35-39). Estos detalles literarios ponen de relieve la importancia que dio el evangelista Marcos a esta liberación, y a las liberaciones de demonios en general.

Una vez encarcelaron a Juan el Bautista comenzó el ministerio de predicación y enseñanza de Jesús. Cuando las fuerzas del imperio romano y la autoridad de Herodes se vieron afectadas y desafiadas por los mensajes proféticos de Juan el Bautista, comenzó una persecución férrea, que culminó en el encarcelamiento y asesinato del profeta Juan. Jesús de Nazaret entendió esas dinámicas, posiblemente, como una especie de señal divina para iniciar su programa profético, docente e itinerante.

El corazón del mensaje de Jesús era la llegada inminente del Reino de Dios. Afirmaba el Señor que el Reino había irrumpido en la historia y estaba en medio de la comunidad, tanto en su predicación del evangelio como en las señales que acompañaban esas enseñanzas. De esa forma, el Reino ya no solo era un tema ideal, profético, utópico y escatológico; pasó a convertirse en vivencia cotidiana en los discursos y las acciones de Jesús de Nazaret. Y como centro de sus actividades misioneras, el Señor seleccionó la importante ciudad de Capernaúm, que estaba ubicada en las riveras del lago de la Galilea.

Liberación de un hombre en la sinagoga

De acuerdo con la narración, como de costumbre, Jesús llegó el sábado a enseñar en la sinagoga, donde era reconocido y apreciado. Lo admiraban por sus doctrinas, pues la comunidad de los creyentes distinguía entre las enseñanzas de Jesús y las posturas teológicas de los líderes rabínicos de su tiempo, particularmente los escribas y los fariseos. El pueblo reconocía que hablaba con autoridad.

Un sábado, según el relato evangélico, mientras Jesús enseñaba, lo interrumpió un hombre con un espíritu impuro que gritó al Señor. En medio de esa interrupción violenta, el hombre cautivo reclamó a Jesús porqué había llegado a destruirlos. Inclusive, inquirió de forma desafiante, ¿por qué te entrometes con nosotros? Y reconoció su nombre, Jesús de Nazaret.

El hombre cautivo se muestra violento, angustiado y atemorizado. En medio de la tensión identifica a Jesús como el Santo de Dios, que alude a la especial relación de Dios con el Señor. De singular importancia es notar que, aunque estaba atormentado por un espíritu inmundo, reconoció la santidad de Jesús y afirmó su naturaleza especial.

Jesús respondió a la interrupción y la falta de respeto del cautivo con palabras de autoridad y sabiduría. Manda a callar al espíritu impuro y le ordena a salir del hombre endemoniado. El Señor actuó con dignidad, valor y poder. Y el espíritu inmundo sacudió al hombre con violencia y dio un alarido, pero finalmente salió y lo dejó libre. No pudo resistir la voz de mando de Jesús; no pudo negarse al mandato divino; ni pudo mantener el cautiverio del hombre ante la presencia liberadora del Señor.

La narración incluye varias enseñanzas de importancia teológica de Jesús. En primer lugar, Jesús tiene el poder y la autoridad para reprender y sacar a los espíritus impuros y liberar a las personas en cautiverio espiritual. Además, el Señor le ordena salir a los poderes del mal, con voz de mando y dominio. De la misma forma que enseñaba con autoridad, liberaba demonios y sanaba a los enfermos con esa misma autoridad. Finalmente, hizo callar al espíritu impuro, con una singular expresión griega que transmite la idea de "amordazar"; es decir, el Señor "amordazó", o le impidió hablar, a los espíritus para evitar confusiones en los oyentes.

La reacción de las personas que estaban en la sinagoga fue de asombro. No podían entender bien lo que sucedía ni comprendían adecuadamente las implicaciones teológicas y doctrinales de la liberación del hombre cautivo. La admiración se relacionaba con el poder de Jesús que manifestó claramente la misericordia divina. ¡La comunidad reconoció que los espíritus inmundos respondían a la autoridad y el mandato de Jesús!

Y como secuela del milagro de Jesús y el asombro de la comunidad, su fama se extendió por todas las comunidades galileas. Como el Señor hacia bienes a las personas en necesidad, las comunidades comenzaron a identificar su ministerio con el poder de Dios que manifestaba la misericordia divina.

Liberación del endemoniado gadareno

Cruzaron el lago hasta llegar a la región de los gerasenos.
Tan pronto como desembarcó Jesús,
un hombre poseído por un espíritu maligno
le salió al encuentro de entre los sepulcros.
Este hombre vivía en los sepulcros,
y ya nadie podía sujetarlo, ni siquiera con cadenas.
Muchas veces lo habían atado con cadenas y grilletes,
pero él los destrozaba, y nadie tenía fuerza para dominarlo.
Noche y día andaba por los sepulcros y por las colinas,
gritando y golpeándose con piedras.
Cuando vio a Jesús desde lejos, corrió y se postró delante de él.
—¿Por qué te entrometes, Jesús, Hijo del Dios Altísimo? —gritó con fuerza.
¡Te ruego por Dios que no me atormentes!
Es que Jesús le había dicho: «¡Sal de este hombre, espíritu maligno!»
—¿Cómo te llamas? —le preguntó Jesús.
—Me llamo Legión —respondió, porque somos muchos.
Y con insistencia le suplicaba a Jesús que no los expulsara de aquella región.
Como en una colina estaba paciendo una manada de muchos cerdos,
los demonios le rogaron a Jesús:
—Mándanos a los cerdos; déjanos entrar en ellos.
Así que él les dio permiso.
Cuando los espíritus malignos salieron del hombre,
entraron en los cerdos, que eran unos dos mil,
y la manada se precipitó al lago por el despeñadero y allí se ahogó.
Los que cuidaban los cerdos salieron huyendo
y dieron la noticia en el pueblo y por los campos,
y la gente fue a ver lo que había pasado.
Llegaron a donde estaba Jesús,
y cuando vieron al que había estado poseído por la legión de demonios,
sentado, vestido y en su sano juicio, tuvieron miedo.
Los que habían presenciado estos hechos
le contaron a la gente lo que había sucedido
con el endemoniado y con los cerdos.
Entonces la gente comenzó a suplicarle a Jesús
que se fuera de la región.
Mientras subía Jesús a la barca,
el que había estado endemoniado le rogaba que le permitiera acompañarlo.

Jesús no se lo permitió, sino que le dijo:
—Vete a tu casa, a los de tu familia,
y diles todo lo que el Señor ha hecho por ti
y cómo te ha tenido compasión.
Así que el hombre se fue
y se puso a proclamar en Decápolis
lo mucho que Jesús había hecho por él.
Y toda la gente se quedó asombrada.
Marcos 5.1-20

El endemoniado gadareno

La liberación de este hombre cautivo por un espíritu maligno o impuro se describe en el Evangelio de Marcos con cierta libertad y extensión. El episodio también se incluye en Mateo y Lucas; las variaciones no son muchas ni significativas. Quizá el cambio mayor es que en Mateo se alude a dos endemoniados, que posiblemente refleja el deseo del evangelista de enfatizar el poder de Jesús para liberar este tipo de personas cautivas por los espíritus. El doble de los endemoniados cautivos y liberados destaca aún más la autoridad del Señor y la misericordia de Dios. Otra posibilidad para las referencias a solo un endemoniado en Marcos y Lucas es que estos evangelistas presentaban solo el caso más violento de las dos personas cautivas.

En los tres Evangelios la narración de esta liberación se ubica luego que Jesús hiciera el milagro de calmar los vientos y la tempestad en medio del lago de la Galilea. De esta manera literaria, la liberación del endemoniado continua el tema del poder divino sobre las fuerzas extraordinarias de la existencia humana, ya sean físicas o espirituales. Jesús no solo detiene las complejidades físicas de las tormentas, sino que tiene la capacidad de restaurar la vida de un hombre que tenía tempestades internas, pues estaba cautivo en medio de soledades, frustraciones, violencias, agresiones e instintos suicidas.

De acuerdo con la narración, luego de navegar en la noche y de superar la tempestad, Jesús llegó con sus discípulos a la región de Gadara, que estaba ubicada en el lado este del lago de la Galilea. La ciudad era parte de la Decápolis antigua, que tenía una población griego-parlante y disfrutaba la cultura helenística. Aunque había una pequeña comunidad judía, la población en general era gentil. Y posiblemente, para apoyar a ese sector judío, Jesús llegó a Gadara. Algunos manuscritos del Nuevo Testamento identifican a los habitantes de la ciudad como *gergesenos* o *gerasenos*.

Las narraciones evangélicas presentan a una persona espiritualmente cautiva y mentalmente enferma, que había estado desorientada por años. El texto bíblico indica que en muchas ocasiones lo habían atado con cadenas con el propósito de impedir que, en su descontrol físico, emocional y espiritual, se hiciera daño a sí mismo u otra persona. Además, el relato describe la gravedad de su condición: tenía fuerzas formidables para romper las cadenas y los grilletes que utilizaban para mantenerlo detenido; además, gritaba continuamente, de día y de noche, y se hacía daño con piedras. Era un caso crítico; una persona desconectada con la realidad.

De acuerdo con los Evangelios, el endemoniado gadareno era una persona descontrolada y con instintos suicidas. Era un hombre psicópata y agresivo, que vivía entre los sepulcros y las cuevas, que nadie en la comunidad había podido controlar. La descripción del endemoniado gadareno destaca los componentes de insanidad, psicosis, violencia y agresividad.

El encuentro con Jesús

Aunque el endemoniado estaba acostumbrado a correr sin control, despavorido y con rabia para hacer daño, en esta ocasión, al ver a Jesús de lejos, se allegó rápidamente ante él, en un acto de reconocimiento de autoridad y humildad. En efecto, corrió hacia el Señor con respeto y reverencia. Ese encuentro hizo que sus resentimientos, furias y violencias se amainaran en un solo instante. Lo que no pudieron hacer las cadenas y los grilletes, lo hizo la actitud de arrodillarse y postrarse ante Jesús: ¡el endemoniado se calmó!

La actitud de Jesús ante la desesperanza y el dolor del hombre cautivo fue de poder y autoridad. Se dirigió al espíritu maligno que lo atormentaba y les dijo: ¡sal de este hombre! Su mensaje fue claro y directo: ¡deja en paz a esta persona cautiva! La comunicación del Señor transmitía paz, calma y sobriedad. El mensaje fue de transformación y cambios: del cautiverio a la liberación, de la violencia a la tranquilidad y de la furia al sosiego.

Las palabras del hombre atormentado y cautivo hacia Jesús fueron de súplica, reconocimiento de autoridad y también de desesperanza. Las fuerzas que lo atormentaban le hicieron preguntar: ¿qué tienes conmigo?, ¿por qué te entrometes en mí vida? ¡Las fuerzas espirituales y demoníacas que tenían al hombre atado, según la narración evangélica, reconocieron la autoridad y el poder de Jesús como Hijo de Dios! ¡Imploraban ante el Señor la misericordia divina!

Tradicionalmente, el Señor no permitía que los espíritus demoníacos e impuros hablaran, pues no deseaba que esas voces malsanas y engañosas trajeran confusión a los individuos y la comunidad. En esta ocasión, sin embargo, Jesús preguntó el nombre. En el Evangelio de Mateo no se alude a este diálogo.

Se llamaba Legión, respondió al Señor, porque eran muchos. La palabra en griego se refería a una sección del ejército romano que podía tener hasta 6.000 soldados. El nombre "legión" aludía a una multitud, que era una forma de describir la naturaleza de los poderes que continuamente herían, controlaban y cautivaban al hombre endemoniado.

El nombre y la referencia implícita a la multitud de soldados romanos pueden ser indicadores de la naturaleza del cautiverio, la complejidad de sus acciones y la extensión de su desorientación. Además, la asociación de los demonios con la legión de soldados puede ser una afirmación política solapada de Marcos contra la ocupación romana. ¡Los ejércitos romanos de ocupación estaban endemoniados! ¡Esas fuerzas militares no provenían de parte de Dios y había que echarlas a los cerdos, como señal de desprecio y humillación!

Cerca del lugar donde se desarrollaba este incidente, de acuerdo con el evangelista Marcos (Mr 5.12), había un gran hato de cerdos. Todos los demonios, que no querían salir de la región, le rogaron a Jesús que los enviara a los cerdos, que representan lo impuro y los rechazados en la sociedad judía. De acuerdo con la narración, el Señor les dio permiso: rápidamente entraron en como dos mil cerdos que se precipitaron al mar de la Galilea por un despeñadero y murieron ahogados. El fin de la legión de espíritus inmundos fue la muerte. Y la muerte llegó entre los cerdos, que era signo de impureza y rechazo en la comunidad judía.

Las personas que cuidaban los cerdos quedaron impresionadas con lo que Jesús había hecho; fueron a la ciudad y los campos diciendo lo que había sucedido. En primer lugar, quedaron impresionados con el poder de Jesús y su capacidad de liberar a personas cautivas y endemoniadas; además, necesitaban explicar que la muerte de los animales no había sido producto del descuido o la ineptitud de ellos, pues eran responsables de esos animales. La economía local se había afectado con esta liberación del Señor.

Al escuchar lo que había sucedido, personas de la comunidad llegaron al lugar de los hechos y se percataron de que el hombre, que era conocido en el pueblo por su cautiverio espiritual y su comportamiento psicótico, estaba sentado, calmado, vestido y con buen juicio. ¡Estaba tranquilo, sobrio, liberado! ¡El hombre que había vivido en cautiverio, desesperanza y dolor, como producto de una acción de Jesús, había recobrado la salud espiritual y mental!

La respuesta de la comunidad a las hazañas del Señor en Gadara fue de rechazo. ¡Le rogaban que se fuera de su comunidad, que abandonara la región! No comprendieron la naturaleza de las acciones misericordiosas de Jesús. No aceptaron el poder de Dios que se manifestaba en el Señor. No asimilaron la importancia que el Maestro le daba a la gente en necesidad y cautiverio. No aceptaron que Dios rechaza los cautiverios espirituales, emocionales, físicos y de todo orden social, económico y político.

La reacción del hombre liberado fue de gratitud. Ya cuando Jesús y sus discípulos se disponían a entrar en la barca y regresar a Capernaúm, se acercó para pedirle que le permitiera acompañarlos. La gratitud del hombre se había transformado en discipulado. Sin embargo, el Señor le ordenó que regresara a su hogar y comunidad para contar lo que había sucedido. Debía afirmar el poder y la misericordia divina en medio de las personas que lo conocían y sabían que había vivido cautivo.

La reacción del hombre liberado y agradecido fue de humildad y obediencia. De acuerdo con la narración, anunció en la Decápolis lo que Jesús había hecho para liberarlo y devolverle la salud mental y espiritual. Y la respuesta de la comunidad fue de asombro, pues conocían de su vida pasada y de sus actividades violentas y desorientadas.

La Decápolis, que era el nombre de una confederación de diez ciudades greco-romanas, nueve de ellas estaban ubicadas al este del río Jordán. Y la gratitud del hombre liberado por Jesús propició que el mensaje del evangelio del Reino llegara a esta comunidad de habla griega y cultura helenística. Para Marcos, esta liberación era una manera de destacar las implicaciones del ministerio de Jesús para el mundo no judío.

Liberación de la hija de una mujer sirofenicia

Jesús partió de allí y fue a la región de Tiro.
Entró en una casa y no quería que nadie lo supiera,
pero no pudo pasar inadvertido.
De hecho, muy pronto se enteró de su llegada
una mujer que tenía una niña poseída por un espíritu maligno,
así que fue y se arrojó a sus pies.
Esta mujer era extranjera, sirofenicia de nacimiento,
y le rogaba que expulsara al demonio que tenía su hija.
—Deja que primero se sacien los hijos —replicó Jesús,
porque no está bien quitarles el pan a los hijos y echárselo a los perros.
Sí, Señor —respondió la mujer,
pero hasta los perros comen debajo de la mesa
las migajas que dejan los hijos.
Jesús le dijo: —Por haberme respondido así, puedes irte tranquila;
el demonio ha salido de tu hija.
Cuando ella llegó a su casa, encontró a la niña acostada en la cama.
El demonio ya había salido de ella.
Marcos 7.24-30

Lo que realmente contamina a las personas

El relato de la liberación de una joven cautiva en el norte, en una comunidad gentil, en la región de Tiro y Sidón, tiene un contexto teológico singular. Luego del milagro de caminar sobre las aguas del lago de la Galilea (Mr 6.45-52) y después de sanar muchos enfermos en los alrededores del lago (Mr 6.53-56), Jesús presenta un mensaje de gran valor teológico e importancia educativa: exploró el tema de lo que verdaderamente contamina a las personas: lo que puede comerse y viene del exterior de las personas; o lo que se fragua en lo íntimo del sentimiento y el pensamiento humano (Mr 7.1-23). Qué realmente es lo que desorienta a los seres humanos: la alimentación física o los sentimientos que hieren los componentes emocionales y espirituales en la vida.

De acuerdo con las enseñanzas del Señor, lo que realmente afecta adversamente a las personas no es la comida, sino lo que fragua y sale del interior: por ejemplo, los malos pensamientos, los adulterios, las fornicaciones, los homicidios, los hurtos, las avaricias, las maldades, el engaño, la lujuria, la envidia, la calumnia, el orgullo y la insensatez (Mr 7.20-22). Y esas palabras orientadoras y desafiantes las dirigió a sus discípulos y seguidores íntimos, pero también a los líderes judíos y la multitud.

En medio de ese marco de referencia de milagros, enseñanzas y teología, Marcos presenta la narración de una mujer griega, sirofenicia, que tenía a una hija que tenía un espíritu impuro. Esa madre angustiada llega ante Jesús para suplicar misericordia. La cautividad de su hija la motivó a superar los prejuicios y las diferencias religiosas, nacionales y culturales.

Particularmente importante para Marcos es ubicar la liberación de la mujer en referencia a las sanidades de personas en necesidad y una percepción nueva de la teología y la interpretación de la Ley. Para Jesús, de acuerdo con el Evangelio de Marcos, la comprensión y aplicación de la Ley de Moisés supera los límites de las comprensiones tradicionales y reduccionistas de las autoridades rabínicas. El factor en común de esos relatos es la necesidad humana y la misericordia divina. Jesús de Nazaret en su ministerio respondía a los clamores más hondos y las necesidades más apremiantes de las personas.

Según la narración del evangelista Marcos, Jesús salió de la región de la Galilea hacia el norte, pues las últimas experiencias ministeriales alrededor del lago fueron intensas. De singular importancia había sido la visita de los grupos de fariseos y escribas que habían llegado desde Jerusalén a visitar al Señor y, posiblemente, evaluar su ministerio. La fama del Señor no solo estaba en la Galilea. Y las autoridades rabínicas deseaban conocer bien su movimiento y enseñanzas, y si seguía las tradiciones de las autoridades judías del Templo.

La primera impresión de los visitantes no fue la mejor, pues observaron que los discípulos de Jesús no seguían cuidadosamente las regulaciones rabínicas de pureza al comer sin lavarse las manos (Mr 7.1-23). Notaron que los seguidores del Señor tomaban el pan con las manos impuras, ignorando o rechazando las enseñanzas oficiales del judaísmo en torno a los procesos alimenticios y las prescripciones de higiene. ¡Los discípulos del Señor no se lavaban las manos antes de ingerir los alimentos!

Las autoridades judías fueron directamente a Jesús para confrontarlo con el asunto, que para ellos tenía importancia capital. La respuesta de Jesús fue de rechazo y represión. Les dijo hipócritas por estar pendientes de esos detalles externos e ínfimos, mientras no tomaban en consideración los componentes más importantes y amplios de las leyes mosaicas y de la revelación divina. Jesús les citó un mensaje del profeta Isaías, en el cual se afirma que el pueblo honra al Señor de labios, pero que tienen el corazón lejos de Dios (Is 29.13 gr.).

Una madre intercede por su hija

En ese contexto teológico amplio, de milagros, nuevas enseñanzas y reprensiones, en el cual Jesús presenta una crítica muy seria a las autoridades religiosas, Marcos incorpora el reclamo de liberación de una madre no judía. Posiblemente, para separarse de las multitudes y tomar algún tiempo para descansar y recuperar sus fuerzas, el Señor sale de las comunidades judías de la Galilea y se dirige al norte, al territorio de los gentiles, a Tiro y Sidón. Pero, aunque quería pasar desapercibido en una casa, no puedo esconderse y la comunidad se percató que el maestro y rabino de Nazaret había llegado.

Cuando una mujer de la región, que tenía una hija atormentada por un espíritu impuro, se dio cuenta que Jesús estaba de visita en su ciudad, se postró ante sus pies para implorar e interceder por su hija. Y aunque no se indica en el relato lo que producía en su hija la posesión demoníaca, la madre ciertamente estaba afectada por esa condición maligna.

La conversación de la mujer con Jesús tiene gran valor teológico y misionero. A la petición de la madre, Jesús responde desde la perspectiva judía tradicional: debía atender primeramente a su comunidad, pues para eso había comenzado su ministerio. En ese contexto, el Señor utiliza una imagen literaria de "los perros", que debe ser entendida desde la perspectiva cultural del Oriente Medio.

La intención de Jesús no fue negarle la petición a la mujer, sino incentivar y fomentar su fe. Los judíos llamaban a los gentiles "perros", y el Señor utiliza la expresión de forma sarcástica, para desafiar y ampliar las convicciones de aquella madre. Le indica que "primeramente" debía cumplir su encomienda con el pueblo de Israel, que implicaba que posteriormente había oportunidad para la comunidad en general gentil.

La respuesta de la mujer fue de perseverancia, determinación y fe. No se desanimó con la respuesta inicial de Jesús e insistió: "los perros comen las migajas que caen de la mesa de los hijos" (Mr 7.28). La mujer decidió continuar con su reclamo de liberación ante el Señor por la necesidad de su hija. Esta madre no se detuvo hasta ver la liberación de su hija, hasta experimentar la misericordia de Dios. El amor de una madre no se detiene ante los inconvenientes, las adversidades y los problemas en la vida.

Ante esa actitud firme de seguridad y fe de la madre, el Señor llevó a efecto la liberación a la distancia. Le dijo a la madre que ya el demonio había dejado a su hija. No se necesitó la presencia física de Jesús ante la persona endemoniada y cautiva, solo se requería su palabra de autoridad y la voluntad divina. La misericordia del Señor era más poderosa que los espíritus impuros y demonios.

El milagro de la liberación se corroboró en el hogar de la mujer. Cuando llegó a su casa encontró a la hija liberada y acostada en la cama, pues el demonio ya había salido de ella. La palabra de fe y seguridad de la mujer generó el milagro de liberación de su hija. La actitud de la mujer amplió el horizonte teológico y misionero del Señor, pues ahora el mensaje del Reino y sus implicaciones teológicas y misioneras adquirieron implicaciones salvadoras para las naciones gentiles.

Liberación de un muchacho endemoniado

Cuando llegaron a donde estaban los otros discípulos,
vieron que a su alrededor había mucha gente
y que los maestros de la ley discutían con ellos.
Tan pronto como la gente vio a Jesús,
todos se sorprendieron y corrieron a saludarlo.
—¿Qué están discutiendo con ellos? —les preguntó.
—Maestro —respondió un hombre de entre la multitud, te he traído a mi hijo,
pues está poseído por un espíritu que le ha quitado el habla.
Cada vez que se apodera de él, lo derriba.
Echa espumarajos, cruje los dientes y se queda rígido.
Les pedí a tus discípulos que expulsaran al espíritu, pero no lo lograron.
—¡Ah, generación incrédula! —respondió Jesús.
¿Hasta cuándo tendré que estar con ustedes?
¿Hasta cuándo tendré que soportarlos? Tráiganme al muchacho.
Así que se lo llevaron. Tan pronto como vio a Jesús,
el espíritu sacudió de tal modo al muchacho que este cayó al suelo
y comenzó a revolcarse echando espumarajos.
—¿Cuánto tiempo hace que le pasa esto? —le preguntó Jesús al padre.
—Desde que era niño —contestó.
Muchas veces lo ha echado al fuego y al agua para matarlo.
Si puedes hacer algo, ten compasión de nosotros y ayúdanos.
—¿Cómo que si puedo? Para el que cree, todo es posible.
—¡Sí creo! —exclamó de inmediato el padre del muchacho.
¡Ayúdame en mi poca fe!
Al ver Jesús que se agolpaba mucha gente,
reprendió al espíritu maligno.
—Espíritu sordo y mudo —dijo,
te mando que salgas y que jamás vuelvas a entrar en él.
El espíritu, dando un alarido y sacudiendo violentamente al muchacho,
salió de él. Este quedó como muerto, tanto que muchos decían: «Ya se murió».
Pero Jesús lo tomó de la mano y lo levantó,
y el muchacho se puso de pie.
Cuando Jesús entró en casa, sus discípulos le preguntaron en privado:
—¿Por qué nosotros no pudimos expulsarlo?
—Esta clase de demonios solo puede ser expulsada
a fuerza de oración —respondió Jesús.
Marcos 9.14-29

Después de la transfiguración

El relato de la liberación del joven endemoniado se incluye en el Evangelio de Marcos en un entorno de gran importancia teológica. El capítulo comienza con la transfiguración, que revela una dimensión mesiánica única, pues ubica al Señor en medio de dos figuras cimeras en las Escrituras hebreas, Moisés y Elías; además, se escuchó desde una nube que cubría el lugar, la voz divina que identificaba a Jesús como Hijo amado a quien se debía obedecer. De acuerdo con los Evangelios canónicos (Mt 17.1-13; Mr 9.1-14; Lc 9.28-36), Jesús era el enviado de Dios a quien se debía amar, escuchar y obedecer.

Esa importante afirmación teológica es el marco de referencia para la narración de la liberación de un joven, que los discípulos del Señor no pudieron llevar a efecto. La llegada del Reino de Dios en las enseñanzas y las acciones de Jesús se convirtió en la clave hermenéutica que nos permite ponderar adecuadamente el encuentro de los discípulos con un padre angustiado por el cautiverio de su hijo.

Luego de descender del monte de la transfiguración, Jesús encuentra a sus discípulos en medio de una algarabía. Mientras estaba en el monte, un padre con un hijo atormentado por un espíritu mudo, llegó ante los discípulos para que lo liberaran y sanaran. Y en medio de la impotencia misionera de los seguidores del Señor, la multitud comenzó a discutir y a reclamar algún tipo de acción liberadora. En el grupo había escribas que incentivaban las discusiones y las quejas.

Jesús llegó a la hora precisa, cuando las discusiones en torno a la inhabilidad de los discípulos para liberar al joven cautivo estaban en pleno apogeo. Luego de experimentar la gloria divina en el monte, según el recuento de Marcos, el Señor descendió para seguir su tarea educativa, profética y misionera. Después de la experiencia de transformación y renovación, Jesús continuó su ministerio. Y cuando la multitud lo vio llegar, se asombró y apresuró a recibirle.

Al ver las discusiones, Jesús preguntó por lo que sucedía. Uno de la multitud, identificado posteriormente como el padre del joven necesitado, respondió a su reclamo. Había traído a su hijo que estaba cautivo desde niño por un espíritu de mudez, que lo atormentaba, lo sacudía, lo debilitaba, y lo hacía botar espuma por la boca y crujir los dientes. Era un caso de ataques violentos y convulsiones, que impedían que el joven pudiera llevar una vida normal. Ante los discípulos, y luego ante Jesús, llegó un padre angustiado por su hijo y su familia, para implorar la misericordia divina y la liberación de su hijo.

Respuestas de Jesús

Jesús respetuosamente escuchó el reclamo del padre, que revela cierta frustración y decepción con los discípulos. El padre dolorido afirmó: ¡tus discípulos no pudieron echar fuera el espíritu, no pudieron proceder con la liberación, no tuvieron las fuerzas espirituales necesarias para terminar con el cautiverio!

Para aquel padre el dolor era doble: ver a su hijo en un estado de cautiverio continuo y descubrir que los discípulos de Jesús no pudieron hacer nada por ellos. La naturaleza de la frustración del padre puede notarse en la descripción física que hace del hijo: quedaba rígido, débil, con una salud precaria y, quizá, perdiendo peso continuamente.

La respuesta del Señor fue firme y decidida. Dijo con autoridad: ¡generación incrédula! Para Jesús, la incapacidad de liberación estaba directamente asociada a la falta de fe. Ese reproche de carencia de fe estaba dirigido a todos los presentes: a los discípulos, a los escribas y a la multitud. Y en ese ambiente de necesidad, frustración y represión, el Señor pide que traigan al joven necesitado.

El padre del joven, en medio de su angustia personal, pero también con esperanza, pone de relieve la condición física de su hijo: desde niño el espíritu maligno lo tomaba y lo arrojaba al fuego y al agua para matarlo. Era una condición compleja de mudez, autodestrucción, convulsiones, violencia física e instintos suicidas. Era una situación compleja y peligrosa, que atentaba contra la vida del joven y hería la paz familiar.

En medio de esas dinámicas de diálogo y necesidad, el hombre implora a Jesús: si puedes hacer algo, ayúdanos, ten misericordia de nosotros. El clamor fue intenso e íntimo, la petición fue sentida y necesaria, la conversación fue franca y directa.

Si puedes creer, le responde Jesús, puedes ver el milagro, pues para el que cree todo es posible. En medio de la crisis y la conversación, el Señor solo pidió fe, que implicaba tener confianza en que el milagro podía llevarse a efecto. La respuesta del padre fue doble: creo, pero ayúdame a superar la incredulidad; yo confío, por eso he venido, pero si acaso faltara algo, ayúdame.

Esas palabras de clamor y seguridad del padre, frente a la impotencia de los discípulos y la impaciencia de la multitud, motivaron al Señor a ordenar con poder y autoridad al espíritu de mudez que dejara al joven y no regresara nunca más.

La orden de Jesús fue directa y clara. El espíritu finalmente salió, pero no sin antes hacer una demostración de fuerza: clamó, sacudió al joven con violencia y lo dejó como muerto. La liberación se llevó a efecto en medio de una demostración de los poderes del mal. El joven quedó inerte y sin fuerzas, el Señor lo tomó de la mano y lo levantó.

Luego de años de cautiverio y dolor, finalmente el joven podía vivir sin las cadenas que le atormentaban y le robaban la felicidad. Los discípulos, al ver que la liberación del joven finalmente se había llevado a efecto, preguntaron por la razón de su fracaso. Jesús una vez más destaca el poder de la oración, la virtud de la consagración y, como indican algunos manuscritos griegos, el apoyo del ayuno.

06
Las resurrecciones en el ministerio de Jesús

Después de que Jesús regresó en la barca al otro lado del lago,
se reunió alrededor de él una gran multitud,
por lo que él se quedó en la orilla.
Llegó entonces uno de los jefes de la sinagoga, llamado Jairo.
Al ver a Jesús, se arrojó a sus pies, suplicándole con insistencia:
—Mi hijita se está muriendo.
Ven y pon tus manos sobre ella para que se sane y viva.
Jesús se fue con él, y lo seguía una gran multitud, la cual lo apretujaba.

Todavía estaba hablando Jesús, cuando llegaron unos hombres de la casa de Jairo,
jefe de la sinagoga, para decirle:
—Tu hija ha muerto. ¿Para qué sigues molestando al Maestro?
Sin hacer caso de la noticia, Jesús le dijo al jefe de la sinagoga:
—No tengas miedo; cree nada más.
No dejó que nadie lo acompañara,
excepto Pedro, Jacobo y Juan, el hermano de Jacobo.
Cuando llegaron a la casa del jefe de la sinagoga,
Jesús notó el alboroto, y que la gente lloraba y daba grandes alaridos.
Entró y les dijo: —¿Por qué tanto alboroto y llanto?
La niña no está muerta sino dormida.
Entonces empezaron a burlarse de él, pero él los sacó a todos,
tomó consigo al padre y a la madre de la niña
y a los discípulos que estaban con él, y entró a donde estaba la niña.
La tomó de la mano y le dijo:
—Talita cum (que significa: Niña, a ti te digo, ¡levántate!).
La niña, que tenía doce años, se levantó enseguida y comenzó a andar.

Ante este hecho todos se llenaron de asombro.
Él dio órdenes estrictas de que nadie se enterara de lo ocurrido,
y les mandó que le dieran de comer a la niña.
Marcos 5.21-24,35-43

Las resurrecciones cristianas

Los relatos de resurrecciones en el Nuevo Testamento son cuatro, tres que llevó a efecto Jesús de Nazaret en su ministerio público (Mr 5.21-43; Mt 9.18-26; Lc 8.40-56, con sus narraciones paralelas), y una que se relaciona con el apóstol Pedro (Hch 9.36-43). Son narraciones de gran valor teológico que presentan el poder divino sobre la vida y la muerte; además, afirman claramente que, en el ministerio del Señor, me manifestaba esa singular virtud de vida de parte de Dios. Desde la perspectiva teológica, el Evangelio de Juan destaca de forma firme y reiterada que Jesús era la vida y asociaba esa expresión, que ciertamente está cargada de significado, con declaraciones de importancia didáctica y profética, como que el Señor era "el camino, la verdad y la vida" y "la resurrección y la vida" (Jn 11.25; 14.6).

Una aclaración importante referente a los relatos de resurrecciones se relaciona con la terminología. Las resurrecciones se refieren directamente a la vuelta a la vida, después de haber muerto, para no morir jamás. Y esa experiencia se relaciona únicamente con el Señor Jesús, que regresó a la vida luego de ser asesinado en la cruz, para vivir nuevamente y no volver al mundo de la muerte.

Más que resurrecciones, las narraciones bíblicas —con la importante excepción de la que presenta la muerte de Jesús y la resurrección de Cristo— se podrían catalogar como "reviviscencias", que son experiencias de vuelta a la vida luego de morir, pero que con el tiempo las personas siguen los procesos naturales de la existencia humana y posteriormente fallecen, como parte del ciclo normal de vida. Las resurrecciones rompen el ciclo de vida y muerte natural, mientras que las reviviscencias hacen un paréntesis de vida en alguna persona para con el tiempo finalizar en la muerte.

Esa comprensión de términos tiene implicaciones de gran importancia teológica. De acuerdo con este entendimiento podemos ver que la única persona en la historia, de acuerdo con las narraciones bíblicas y la teología cristiana, que verdaderamente ha resucitado es Cristo Jesús, pues las demás personas que pasaron por la experiencia de volver a la vida posteriormente fallecieron. Solo el Cristo de Dios, según las afirmaciones paulinas, pudo vencer definitivamente a la muerte (Ro 6.1-14; 1Co 15.12-14). Desde la perspectiva de la fe y la teología, Cristo es la muerte de la muerte.

En nuestro estudio, nos referiremos a las experiencias de "reviviscencias" como resurrecciones, porque es la forma en que estos episodios bíblicos se conocen tradicionalmente. No obstante, debemos estar conscientes de las diferencias en la terminología y las implicaciones teológicas de las expresiones.

La resurrección de la hija de Jairo

El relato de la resurrección de la hija de Jairo se presenta en el Evangelio de Marcos, luego de tres narraciones de gran significado teológico y pedagógico. La primera, afirma la prioridad que el Señor dio a las parábolas como vehículo de comunicación de los valores del Reino (Mr 4.33-34). Jesús siempre hablaba a sus discípulos en parábolas, pero les explicaba el mensaje y sus implicaciones en privado a sus discípulos.

Además, antes de la resurrección de la niña, se afirma el poder que tenía el Señor sobre la naturaleza, los vientos y las tempestades (Mr 4.35-41). Este relato es una forma de destacar la autoridad divina que poseía el Señor sobre todas las esferas de la vida; además, es una manera de poner de manifiesto su poder sobre las fuerzas de la historia, la naturaleza y el cosmos.

Finalmente, previo a la intervención extraordinaria del Señor para responder al clamor de un padre angustiado, el evangelista presenta el poder divino sobre los espíritus impuros en la región gentil de Gadara (Mr 5.1-20). Indica el evangelista, con esta narración, que la capacidad que tenía Jesús de hacer milagros y prodigios no estaba limitada al mundo político, social y religioso judío, sino que llegaba a las comunidades gentiles. En efecto, es una narración que pone de relieve una muy importante teología universalista.

Las dinámicas alrededor de esta narración extraordinaria de la resurrección son las siguientes: un padre, muy seriamente preocupado por el bienestar y la salud de su pequeña hija enferma de gravedad, se acerca a Jesús para implorar que fuera a su casa para sanarla y salvarla. Se trataba de uno de los principales oficiales de la sinagoga, un líder de la comunidad y un personaje distinguido del pueblo, que reconoce la capacidad que tenía Jesús de sanar y bendecir a las personas. Su hija estaba enferma de muerte y necesitaba con urgencia la visita del Señor y la manifestación plena de la misericordia divina.

Luego del episodio en Gadara, Jesús regresa a "la otra orilla", que era el sector judío en el lado occidental del lago de la Galilea, posiblemente a la ciudad de Capernaúm. Cuando llegaron al lugar, se reunió un gran número de personas alrededor de Jesús, pues deben haber escuchado lo que el Señor había hecho tanto en el lago como en Gadara. En la narración de Mateo (Mt 9.18-26), no se incluye el nombre del padre, pero en Marcos se indica que era Jairo, uno de los hombres de autoridad en la sinagoga local.

Jesús accedió a visitar la casa de Jairo para ver su hija enferma, de acuerdo con la narración en el Evangelio de Marcos. Sin embargo, el relato se interrumpe abruptamente por la intervención de una mujer que tocó de pronto el borde del vestido del Señor o el terminal de su manto de oración (Mr 5.25-34). De manera imprevista, y mientras iban de camino a la casa de Jairo, una mujer hemorrágica es sanada por el poder divino, sin que el Señor se percatara de sus necesidades y clamores. De pronto, de acuerdo con el relato bíblico, una persona enferma de años se sana por la misericordia divina al allegarse a Jesús.

Las noticias tristes de la muerte de su pequeña hija llegan a Jairo cuando iban de camino a su hogar. Mientras Jesús afirmaba la fe de la mujer hemorrágica, un grupo de personas que llegaban desde el hogar de Jairo, indican al preocupado padre que la niña acababa de morir, que no interrumpiera y molestara más al Señor. Y cuando Jesús escuchó la lamentable noticia, dijo a Jairo con toda autoridad y seguridad: No temas, cree solamente.

La respuesta y actitud de Jairo debe haber sido de tristeza y confusión. En primer lugar, su gestión para procurar la sanidad de su hija había sido en vano; la amarga noticia de la muerte de su hija debe haber sido de congoja y dolor. Y en medio de esa vorágine de sentimientos intensos, el Señor lo invita a creer, confiar, esperar...

Jesús interviene con poder y prudencia

Jesús continuó su camino a la casa de Jairo, pero no permitió que la multitud lo siguiera, solo invitó a Pedro, Jacobo y Juan, que constituían el núcleo íntimo de sus seguidores y discípulos. Se desprende de la lectura del relato, que el Señor no deseaba un ambiente de espectáculo o bullicio en medio de la intervención divina que se aproximaba.

Al llegar a la casa de Jairo, Jesús se percató que había un alboroto en el lugar. Ya habían llegado las personas que tenían la responsabilidad de llorar y lamentar la muerte de la niña. Era parte de las costumbres en la antigua Palestina que, cuando alguien moría, se contrataban flautistas y plañideras profesionales, que eran mujeres que se les pagaba para llorar y producir en el hogar un ambiente de luto, lamento, dolor y pena.

En medio de esas dinámicas de ruidos, tristezas, congojas y duelo, el Señor afirma que la niña no está muerta sino dormida, que no había razón para los lamentos y el luto. La palabra de Jesús fue de esperanza y vida, para contrarrestar el ambiente de dolor y muerte que imperaba en el hogar. Sin embargo, la respuesta del grupo fue de burla y rechazo. ¡No podían creer que Jesús no comprendiera que ya la niña había muerto! ¡No entendían la naturaleza y extensión del ministerio de Jesús! ¡No entendían las palabras del Señor ni sus intenciones!

El ambiente en el hogar no era de sobriedad ni de comprensión del potencial de vida que representaba la presencia de Jesús. Las dinámicas de muerte cautivaron el ambiente de la casa de Jairo hasta que llegó el Señor de la vida. La narración evangélica está muy bien redactada, pues se nota como crece la intriga y la expectación.

Al Jesús percatarse de esas dinámicas de muerte y desesperanza, echó afuera a todos los que estaban en la casa llorando e invitó al padre y la madre de la niña, junto a los discípulos, a que le acompañaran; entonces, entró al cuarto donde yacía el cuerpo de la niña. Ante la vista de este grupo íntimo, tomó la mano de la niña y le dijo en arameo: *talita cum*, que significa "niña, a ti te digo, levántate". Y como respuesta al mandato del Señor, la niña recobró la vida, se incorporó y comenzó a caminar. En efecto, ante el mandato de Jesús, la niña regresó a la vida y se reincorporó nuevamente a las dinámicas del hogar y la sociedad.

Las referencias a las palabras del Señor en arameo son importantes. Ese detalle lingüístico puede ser un indicador de que la narración se transmitió inicialmente en ese idioma, que era el que hablaba la comunidad judía y Jesús. Este relato es antiguo y puede contener las palabras originales que declaró el Señor para llevar a efecto este singular milagro.

Cuando miramos detenidamente el relato de este milagro de resurrección, desde la perspectiva teológica, se pone claramente de manifiesto la relación íntima que existe entre la palabra y las acciones de Jesús. La palabra del Señor no solo es voz audible y desafiante, sino expresión que contiene autoridad de Dios. El poder divino se hace realidad a través de las palabras de Jesús, que ciertamente tenían y transmitían el poder, la virtud, el dominio y la misericordia de Dios (Heb 1.2).

Dos mandatos el Señor dio al grupo, luego de la resurrección de la hija de Jairo: el primero, que no dijeran nada a nadie de lo que había sucedido; y el segundo, que dieran de comer a la niña. Ante el asombro de la gente, al percatarse que la niña muerta había vuelto a la vida, Jesús trata de evitar que la noticia se supiera en la comunidad.

Era extremadamente difícil, sin embargo, evitar que las personas que presenciaron el milagro de la resurrección de la hija de uno de los principales líderes de la sinagoga no comentaran en el pueblo lo que habían visto. ¡Fueron testigos de un milagro extraordinario! Además, la muerte de la niña debe haber sido noticia pública, por la naturaleza del liderato de Jairo en la sinagoga y la comunidad.

La referencia al acto de dar de comer a la niña era una manera sutil de decir que ya estaba lista para incorporarse a las dinámicas tradicionales de su hogar y de su comunidad. El milagro de la resurrección devolvió la niña a la vida y la ubicó nuevamente en medio de la vida familiar. Ya no era una enferma de gravedad, sino una niña lista para vivir su vida en medio de su familia, pueblo y cultura.

Resurrección del hijo de la viuda de Naín

Poco después Jesús, en compañía de sus discípulos y de una gran multitud,
se dirigió a un pueblo llamado Naín.
Cuando ya se acercaba a las puertas del pueblo,
vio que sacaban de allí a un muerto, hijo único de madre viuda.
La acompañaba un grupo grande de la población.
Al verla, el Señor se compadeció de ella y le dijo: —No llores.
Entonces se acercó y tocó el féretro.
Los que lo llevaban se detuvieron, y Jesús dijo:
—Joven, ¡te ordeno que te levantes!
El muerto se incorporó y comenzó a hablar,
y Jesús se lo entregó a su madre.
Todos se llenaron de temor y alababan a Dios.
—Ha surgido entre nosotros un gran profeta —decían.
Dios ha venido en ayuda de su pueblo.
Así que esta noticia acerca de Jesús se divulgó por toda Judea
y por todas las regiones vecinas.
Lucas 7.11-17

Contexto teológico de la narración

El contexto amplio del relato de esta resurrección es eminentemente teológico y educativo. El milagro se incluye únicamente en el Evangelio de Lucas y se ubica en medio de varios relatos de gran importancia para el evangelista: luego del mensaje de las Bienaventuranzas (Lc 6.20-26) y posterior a la sanidad del siervo del centurión romano (Lc 7.1-10); inmediatamente antes de la llegada de los discípulos de Juan el Bautista que preguntaban si Jesús era el Mesías prometido (Lc 7.35). En efecto, el cuadro que enmarca esta narración es significativamente teológico y educativo.

La narración del milagro en la ciudad de Naín, de acuerdo con Lucas, tiene una importancia teológica singular, pues se relaciona con el anuncio del Reino de Dios y con la afirmación de Jesús como el Cristo o enviado de Dios. Esta identificación mesiánica se reitera con un resumen de las actividades misioneras del Señor (Lc 7.22-23), en la cual se incluyen las sanidades, el anuncio del evangelio del Reino y las resurrecciones. De esta forma Lucas asocia íntimamente las narraciones de los milagros de resurrección, con la llegada inminente del Reino a la historia, en la vida y ministerio de Jesús de Nazaret.

Los milagros de Elías y Eliseo

Al estudiar la narración del milagro en Naín, debemos tomar en consideración el ministerio de los profetas Elías y Eliseo. El objetivo es descubrir algunos paralelos o relaciones literarias y teológicas. El relato de la manifestación de la misericordia divina a una viuda necesitada y angustiada evoca varias actividades de los famosos profetas judíos.

En primer lugar, debemos estudiar las narraciones de los milagros que llevó a efecto Elías. En una ocasión, se encuentra con una viuda angustiada en la ciudad de Serepta, que había perdido a su hijo. Movido a misericordia, el profeta resucitó al joven y lo entregó a su madre. Evidentemente, el famoso profeta notó la doble causa de ansiedad: en primer lugar, la pérdida del hijo, además del desamparo social y económico que debía enfrentar.

El profeta Eliseo vivió también una experiencia con alguna similitud. Como parte de su ministerio, le profetizó a una mujer estéril de Sunam que iba a tener un hijo. Sin embargo, el hijo murió, y luego que el criado del profeta no pudiera revivirlo, Eliseo llegó personalmente a la crisis para llevar a efecto este milagro de resurrección.

En ambas narraciones proféticas se pueden identificar paralelos con el relato de la resurrección del joven de Naín. No obstante, las diferencias son mayores y descartan la posibilidad de alguna dependencia literaria, temática o teológica. Elías y Eliseo conocían a las madres de los resucitados, que no es el caso en la pequeña comunidad de Naín; además, en las narraciones de los profetas, las madres angustiadas toman la iniciativa para clamar y propiciar la resurrección, que no es el caso con la viuda. En Naín, es Jesús el que toma la iniciativa para llevar a efecto la resurrección, fundamentado en la necesidad de la viuda, el amor de Dios y la compasión divina.

Otras diferencias en los relatos son las siguientes: en las narraciones de resurrección de Elías y Eliseo, los milagros se llevan a efecto sin testigos; en el caso de Jesús, en la comunidad de Naín, hay una multitud de personas que presencian el acto. Además, Elías y Eliseo tocan los cuerpos inertes de los fallecidos; sin embargo, Jesús solo tocó el féretro y se produjo el milagro.

Respecto a la narración de la resurrección en la villa de Naín, podemos afirmar lo siguiente: el relato es antiguo, no fue creación de Lucas, pues incluye varios semitismos que luego se tradujeron al griego; además, Naín está como a 7-8 kilómetros de Nazaret y como a 40 kilómetros de Capernaúm, que hace muy probable que el Señor haya visitado esa comunidad con alguna frecuencia durante su programa educativo itinerante. De importancia capital, para afirmar la importancia teológica e histórica del suceso, son los descubrimientos arqueológicos en esa aldea, que han encontrado su antigua puerta, a la que el texto bíblico alude (Lc 7.12).

El milagro

Después de la sanidad en Capernaúm (Lc 7.1-10), el Señor continuó su ministerio educativo en las diversas comunidades alrededor del lago de la Galilea. Junto a discípulos y una gran multitud, visitó la pequeña población de Naín, cerca de Nazaret. Al llegar cerca de la puerta de la ciudad, se percata que mucha gente de la ciudad acompañaba a una madre dolida que enterraba a su hijo. El texto bíblico indica, para describir la naturaleza y extensión del dolor maternal, que la mujer también era viuda, que ubica las realidades sociales y económicas de la madre en un nivel de precariedad.

Los comentarios respecto a la mujer ponen de manifiesto la gravedad de la situación. Se trataba de una mujer viuda que enterraba a su único hijo, que equivalía a decir que había quedado en el desamparo económico y social. En el Oriente Medio en general, y en la cultura judía en particular, la vida, el bienestar y la manutención de las mujeres estaban relacionados con la figura de algún varón, que podía ser el padre, el esposo, el suegro o el hijo. En este caso, de acuerdo con el relato, la mujer no tenía esposo ni hijos que la apoyaran, que era una manera de indicar la gravedad de su condición y la urgencia de su necesidad. Y esa realidad activó la misericordia divina.

La narración de este milagro presenta dos tipos de testigos del evento. Por un lado, estaban los discípulos y seguidores de Jesús, que afirmaban y celebraban el poder divino; por el otro, se encontraba la comunidad de Naín, que participaba del evento fúnebre como parte del apoyo que le brindaban a la dolida mujer. Se encontraron de frente dos comitivas con características distintas. En el grupo del Señor se afirmaba la vida y la esperanza; con la mujer se manifestaba el dolor y el luto. Se encontraron frente a frente dos grupos diferentes: uno representaba la vida y el otro, la muerte.

El cuadro amplio del relato hacia la madre viuda delata dolor inmediato y desamparo a largo plazo. A la angustia de ver su hijo muerto debemos añadir las consecuencias familiares, fiscales y sociales de esa muerte. Y cuando Jesús se percató de la naturaleza y extensión de la crisis, de acuerdo con el texto bíblico, se compadeció de la mujer. En efecto, al notar las consecuencias inmediatas y a largo plazo de la muerte del joven, la misericordia divina movió al Señor a intervenir de forma extraordinaria.

La madre llorosa no le pidió nada a Jesús, pues estaba inmersa en su dolor intenso. Sin embargo, el Señor no necesitó petición alguna para intervenir en la crisis. Ante la angustia maternal y la desorientación comunal, hizo tres cosas de importancia: le indicó a la mujer que no llorara, se acercó y tocó el féretro, y le dijo al joven con autoridad que se levantara. La intervención del Señor llegó a la mujer, a la multitud y al joven. Consoló a la mujer, demostró compasión ante la multitud y rescató al joven de la muerte, demostrando su poder, misericordia y autoridad.

La respuesta de Jesús ante la crisis en Naín fue pertinente y poderosa. En primer lugar, consoló a la mujer. Atendió el dolor inmediato de una madre viuda que veía cómo su futuro se desvanecía rápidamente y con muy pocas posibilidades para mejorar. El Señor intervino para traer paz y seguridad a la madre con sus palabras de consuelo, compasión y misericordia.

Ante la multitud reaccionó con calma, sobriedad y prudencia. La expresión "tocar el féretro" es una manera de indicar que tocó la camilla mortuoria, pues en esa época entre la comunidad judía no se utilizaban ataúdes, solo se envolvían los cadáveres en lienzos que se ponían sobre alguna tabla o camilla. Al tocar la camilla o los lienzos, la comitiva de detuvo. Jesús estaba dispuesto a intervenir con sentido de vida y esperanza; la comunidad estaba ansiosa de ver lo que iba a suceder. Y en medio de esas dinámicas, el Señor respondió con misericordia al dolor de una madre e intervino con poder divino frente a una multitud incrédula.

Una vez la comitiva se detuvo, Jesús se dirige al joven y le dice con autoridad: ¡a ti te digo, levántate! La voz del Señor llegó con poder divino al joven difunto, que ante la autoridad divina que se manifestaba en Jesús, respondió, se incorporó y comenzó a hablar; además, el Señor lo entregó a su mamá. La palabra de Jesús cumplió su propósito, pues el joven regresó a la vida y el acto de devolverlo a la madre era símbolo de que regresaba a sus actividades cotidianas.

La respuesta al milagro por parte de los grupos fue compleja. Los discípulos y seguidores del Señor debieron haber dado gracias por ser testigos de un milagro más que se fundamentaba en la misericordia divina. La comunidad de Naín reaccionó de forma dual: tuvieron miedo y glorificaron a Dios. El temor se apoderó de ellos, pues presenciaron algo imprevisto, inusitado e indescriptible: ¡la resurrección de una persona que va camino al cementerio! Además, glorificaron a Dios, pues eran testigos de una especial intervención divina.

Los comentarios finales de la narración le añaden al milagro una dimensión teológica significativa. La comunidad que presenció la intervención de Jesús reconoció que Dios los visitaba y que Jesús era un gran profeta. De esta forma Lucas relaciona la actividad milagrosa de Jesús con su ministerio profético, con la intervención divina en medio de la sociedad. El profeta de Nazaret implantaba los valores del Reino de Dios en medio de la historia.

Como resultado de ese milagro en Naín, la fama del Señor continuó extendiéndose por toda Judea y las comunidades adyacentes. En efecto, los milagros de Jesús servían de apoyo divino que aceleraba la comunicación del evangelio en toda la región.

La resurrección de Lázaro

Conmovido una vez más, Jesús se acercó al sepulcro.
Era una cueva cuya entrada estaba tapada con una piedra.
—Quiten la piedra —ordenó Jesús.
Marta, la hermana del difunto, objetó:
—Señor, ya debe oler mal, pues lleva cuatro días allí.
—¿No te dije que si crees verás la gloria de Dios? —le contestó Jesús.
Entonces quitaron la piedra. Jesús, alzando la vista, dijo:
—Padre, te doy gracias porque me has escuchado.
Ya sabía yo que siempre me escuchas,
pero lo dije por la gente que está aquí presente,
para que crean que tú me enviaste.
Dicho esto, gritó con todas sus fuerzas: —¡Lázaro, sal fuera!
El muerto salió, con vendas en las manos y en los pies,
y el rostro cubierto con un sudario.
—Quítenle las vendas y dejen que se vaya —les dijo Jesús.
Juan 11.38-44

Milagros y teología en el Evangelio de Juan

El milagro de la resurrección de Lázaro, que se incluye únicamente en el Evangelio de Juan, es una gran declaración teológica del poder de Jesús sobre la vida y la muerte. La narración se presenta con lujo de detalles y revela el deseo del evangelista de destacar la figura y el ministerio de Jesús como la Palabra hecha carne, como el Verbo de Dios, como la encarnación de la revelación divina (Jn 1.1). Y ese presupuesto teológico, educativo y misionero de Juan se pone claramente de manifiesto en los relatos del gran "Yo soy" del Señor (Jn 6.35,41,48,51; 8.12; 9.5; 10.7,9; 10.11,14-15; 11.25; 14.6; 15.1,5) y en las "señales milagrosas" (Jn 2.1-12; 4.43-54; 5.1-18; 6.1-15; 6.16-21; 9.1-34; 11.1-44) que Jesús llevaba a efecto.

La narración que afirma la resurrección de Lázaro, que era parte del círculo de amigos íntimos de Jesús en la comunidad de Betania, se incluye en el Evangelio de Juan en medio de dos relatos de gran importancia. Luego de la presentación de varios milagros y parábolas del Señor, Juan ubica el milagro de Lázaro al culminar un episodio singular en el cual un grupo de judíos en Jerusalén piden que se revele de forma plena y que lo diga abiertamente. El ambiente era de tensión y, aunque muchas personas creyeron en él (Jn 10.42), los líderes no aceptaron sus enseñanzas y lo declararon blasfemo (Jn 10.33).

Luego del relato de Lázaro, Juan presenta el complot para matar a Jesús (Jn 11.45-57). La verdad es que muchos judíos apreciaban su mensaje y sus obras, sin embargo, el liderato religioso lo rechazaba abiertamente, pues las enseñanzas del Señor no necesariamente honraban las tradiciones de los judíos ni las interpretaciones rabínicas de la Ley de Moisés. Inclusive, las confrontaciones teológicas llegaron a tal nivel que los principales sacerdotes y fariseos convocaron a una reunión especial en el Concilio o Sanedrín. En ese importante foro, que presidía el Sumo Sacerdote, se iba a dilucidar el futuro de Jesús de Nazaret, en un ambiente abierto de rechazo y tensión.

La resurrección de Lázaro es una especie de afirmación teológica para destacar el poder divino que se manifestaba en el ministerio de Jesús. Y para subrayar esas virtudes mesiánicas, el evangelista Juan presenta un relato detallado de la resurrección, incluyendo las dinámicas asociadas a las reacciones de las hermanas y los amigos de Lázaro.

El relato de la resurrección de Lázaro se puede organizar en cuatro secciones básicas: La muerte de Lázaro (Jn 11.1-16), la afirmación teológica sobre Jesús (Jn 11.17-27), la reacción de Jesús ante la tumba de su amigo (Jn 11.28-37), y el acto mismo de la resurrección (Jn 11.38-44). Y la narración está muy bien redactada, pues la trama y la intriga va creciendo hasta llegar al milagro que supera la crisis. El relato de esta señal milagrosa es una especie de introducción teológica a la muerte de Jesús y la posterior resurrección de Cristo.

La muerte de Lázaro

El contexto general de la narración ubica la resurrección de Lázaro en la ciudad de Betania, que era una comunidad pequeña como a tres kilómetros de Jerusalén. El lugar es identificado en la Escritura como la aldea de las hermanas Marta y María, que es una manera de afirmar el protagonismo de las mujeres en el relato. Además, parece que la relación de Jesús con esa familia era grata y cordial, pues, inclusive, el texto del Evangelio de Juan indica que María fue la mujer que ungió los pies del Señor con perfume y los secó con sus cabellos (Jn 11.2; 12.1-8). Se trata, en efecto, de una familia con la cual Jesús tenía una amistad íntima.

De acuerdo con la narración, Lázaro enfermó gravemente y la preocupación de sus hermanas las motivó a comunicarse con Jesús. Sabían del ministerio sanador del Señor y pensaron que, al enterarse de la condición de salud comprometida de su amigo, lo motivaría a visitarlo en Betania lo antes posible.

Parece que Marta y María sabían dónde estaba Jesús, pues las noticias de la gravedad de Lázaro llegaron con premura. El mensaje era directo y claro:

Señor, el que amas está enfermo. La comunicación era telegráfica y urgida: tu amigo está grave y necesita tu presencia (Jn 11.3). Las hermanas de Lázaro querían informar a Jesús de la delicada condición de salud de su amigo.

La respuesta del Señor es una afirmación teológica, al estilo literario de Juan. Jesús declaró con autoridad: la enfermedad no es de muerte; es una oportunidad para que se manifieste la gloria de Dios; es el momento para que el Hijo de Dios sea glorificado. Sin embargo, no regresó a Judea rápidamente, pues en su último viaje a Jerusalén un grupo de judíos intentó apedrearlo (Jn 11.8). Esperó dos días para regresar a Betania.

En medio de las decisiones para atender las preocupaciones de las hermanas de Lázaro, el evangelista incorpora un diálogo teológico significativo. Jesús hace alusión al día y la noche. Durante el día hay luz y las personas no tropiezan; de noche, en la oscuridad, la gente no puede moverse con efectividad. Y añadió que Lázaro "dormía e iba a despertarlo", que constituye una muy importante interpretación teológica de la vida y la muerte.

La referencia a "dormir" en este contexto era la muerte, pero los discípulos no comprendieron la imagen. Jesús fue todavía más explícito: indicó claramente que Lázaro había muerto, pero se alegraba que ellos no estuvieron presentes, para que pudieran creer cuando se llevara a efecto el milagro de la intervención divina. Tomás, a quien también apodaban Dídimo, que significa "gemelo", quería regresar para "morir" también como Lázaro. No entendió la imagen ni el mensaje de Jesús.

Jesús es la resurrección y la vida

La razón real de la tardanza de Jesús para regresar a Betania y visitar a Lázaro en su enfermedad es muy difícil de precisar. Por un lado, el ambiente antagónico que había en Jerusalén hacia Jesús y sus actividades no puede subestimarse. Quizá era una forma de probar la fe de las hermanas de Lázaro. Aunque es muy probable que el Señor se haya quedado hasta finalizar el programa que llevaba a efecto, como Jesús amaba a esa familia, regresó a Betania. No puede subestimarse la referencia al amor de Jesús hacia Lázaro y sus hermanas, pues no se trata del sentimiento común de amor correspondido. Más bien es el tipo de amor extraordinario que se incluye en Juan 3.16. Es un amor que se mantiene, aunque no sea recíproco.

Cuando finalmente Jesús llegó a Betania, hacía cuatro días que Lázaro había muerto. Y como Betania no estaba lejos de Jerusalén, habían venido a darle el pésame a Marta y María muchos judíos. Al llegar a Betania, Jesús notó la muchedumbre y el ambiente de duelo que imperaba, pues parece que la familia era reconocida y apreciada por la comunidad y Lázaro era un ciudadano distinguido del pueblo.

Marta salió a encontrarse con Jesús cuando supo que llegaba a Betania; María se mantuvo en el hogar. Y cuando finalmente Marta se encontró con el Señor le reclamó que si hubiese estado presente la enfermedad no hubiera triunfado sobre Lázaro y todavía viviría. También afirmó, luego de reclamar, que por su ausencia su hermano había muerto, que Dios escuchaba y respondía positivamente a las peticiones de Jesús. Manifestó una mezcla de sentimientos: resentimiento y esperanza, reclamo y anhelo, dolor y confianza…

Una vez más, Jesús responde con declaraciones teológicas. Tu hermano resucitará, que ella entiende desde la perspectiva teológica, pues Lázaro era parte del pueblo de Dios que resucitaría al final de los tiempos. Sin embargo, Jesús no se refería en este caso a la resurrección escatológica, según la narración de Juan, sino a la vuelta a la vida de Lázaro.

Este singular diálogo finaliza con uno de los grandes "Yo soy" en el Evangelio de Juan: Yo soy la resurrección y la vida; el que cree en mí, aunque esté muerto, vivirá. Y todo aquel que vive y cree en mí, no morirá eternamente (Jn 11.25). De acuerdo con el relato de Juan, Jesús incorpora una afirmación de gran importancia teológica como preámbulo de la resurrección de su amigo. El Señor se declara "la resurrección y la vida", que es una manera de afirmar su poder sobre la vida y la muerte.

Antes de llevar a efecto el milagro de la resurrección de Lázaro, Jesús invita a Marta a creer. Y la mujer, sumida entre la tristeza y la esperanza, afirma: sí Señor, creo que eres el Cristo, el Hijo de Dios, que has venido al mundo. Aún en medio del dolor, Marta reconoce, de acuerdo con el relato bíblico, que Jesús es el Mesías, que es el objetivo teológico principal de la narración.

El llanto de Jesús

Una vez que María afirmó su fe en Jesús como el Mesías, de acuerdo con la narración de Juan, llamó a su hermana, Marta; le indicó que el Señor había llegado y la llamaba. Marta se levantó y fue a encontrarse con Jesús y su hermana, María, pero las personas que estaban en la casa entendieron que se dirigía a la tumba de su hermano a llorar y la siguieron.

La reacción de María al encontrarse con Jesús fue similar a la de su hermana: con humildad se postró a sus pies y le dijo que, si el Señor hubiese estado en Betania, Lázaro no hubiera muerto. Entonces Jesús, al ver llorando a María y a la multitud que le acompañaba, "se estremeció en espíritu y se conmovió". Además, pidió que lo llevaran a la tumba y al llegar, lloró la muerte de su amigo.

La reacción de Jesús ante el llanto de María y del grupo fue de solidaridad. Lloró con ellos ante la muerte de su amigo. Se estremeció internamente y se conmovió profundamente. El verbo griego que se asocia al llanto de Jesús significa "derramar lágrimas" en silencio y en la intimidad. No es la palabra que se utiliza generalmente en el Nuevo Testamento para llorar. La expresión que se utiliza en este versículo —que es el más corto en las Escrituras— para indicar el llanto de Jesús, aparece únicamente aquí en toda la Biblia (Jn 11.35), pues refleja un llanto profundo, intenso, silencioso... En efecto, el llanto de Jesús era singular, pues Lázaro era una persona querida por la comunidad...

El llanto de Jesús tiene implicaciones teológicas de importancia. El Señor lloró en el Getsemaní y también al ver la ciudad de Jerusalén. Esas manifestaciones de los sentimientos de Jesús no son índices de debilidad ni de impotencias. Reflejan, por el contrario, el compromiso del Señor con la voluntad divina, aluden al dolor de ver la ciudad que era el centro del judaísmo en estado de desorientación, y revelan el aprecio a un amigo. Que el Señor llorara es un importante índice de la capacidad que tenía de encarnar en las realidades humanas y afirmar a la gente en necesidad. ¡Es una demostración firme de fraternidad y solidaridad!

La gente, al ver al Señor conmovido y triste, pensó que lloraba porque amaba a su amigo. Otros en el grupo, sin embargo, reclamaban por qué no había sanado a Lázaro y evitado su muerte, si previamente había hecho otros milagros y había abierto los ojos a los ciegos.

La resurrección de Lázaro

La narración de la resurrección de Lázaro se fundamenta, principalmente, en la misericordia divina. Según el Evangelio de Juan, Jesús estaba profundamente conmovido por las dinámicas alrededor de la muerte de Lázaro. Y en medio de esa multitud de sentimientos personales y dinámicas sociales, el Señor llegó al sepulcro, que era esencialmente una cueva con una piedra para sellarla. Era una tumba similar a la que usarían posteriormente para enterrar a Jesús. Cuando se movía la piedra y se cerraba la tumba finalizaban los ritos fúnebres.

Cuando el Señor pide mover la piedra del sepulcro, ya habían finalizado las ceremonias luctuosas y el proceso de descomposición del cuerpo estaba en todo su apogeo. ¡Hacía cuatro días que había fallecido! El aroma dentro de la tumba no era el mejor; sin embargo, el Señor pidió que le abrieran el sepulcro. Posiblemente quería que los asistentes vieran el lugar donde habían puesto el cadáver y fueran testigos de que salía no un fantasma, sino el verdadero Lázaro.

Y alzando los ojos al cielo comenzó a orar. Dio gracias a Dios, pues siempre escuchaba sus oraciones, y utilizó la ocasión para incentivar la fe y la credulidad de las personas que presenciaban las acciones de Jesús. Oró para preparar el ambiente que servía de entorno al milagro; además, deseaba darle al grupo un modelo adecuado a los testigos de la importancia de la oración en momentos clave en la vida.

En ese ambiente de dolor familiar, desconfianza comunitaria y misericordia divina, Jesús clamó a gran voz: ¡Lázaro, ven fuera! Y como respuesta a la autoridad divina en Jesús, Lázaro regresó a la vida. ¡Se apareció al grupo con las manos y los pies atados y con el sudario en el rostro! El que había estado muerto no pudo resistir el llamado del Señor que era la resurrección y la vida. Regresó a su hogar y su comunidad como respuesta a la revelación divina.

Rápidamente, Jesús pidió a los presentes que lo desataran para que pudiera continuar con su vida. De esa forma Lázaro regresaba a su entorno familiar en Betania, junto a sus hermanas y comunidad. El objetivo de esta singular resurrección fue doble: regresar a Lázaro a su vida familiar, que simbolizaba el apoyo económico y emocional para sus hermanas, y para poner de manifiesto claramente la gran afirmación teológica sobre el "Yo soy" del Señor, que era "la resurrección y la vida".

La reacción del grupo ante la resurrección fue doble. Un sector creyó en el Señor como el enviado de Dios y Mesías, apreció el milagro y procedió a reconocer la autoridad y el poder divino en Jesús. Otro grupo, sin embargo, no creyó y fue ante los líderes de los fariseos para indicar con preocupación lo que había sucedido. Esas personas antagónicas, pensaban que, como el Señor estaba haciendo milagros y respondiendo a las necesidades de la comunidad, el pueblo iba a creer en él y el movimiento de Jesús iba a crecer. Entendían que ese desarrollo y aprecio del pueblo, podía convertirse en una gran amenaza para los romanos, que podían reaccionar violentamente y destruir el Templo y al pueblo.

Ese fue el contexto general para las reuniones del Concilio judío o Sanedrín en los procesos de organizar el complot para asesinar a Jesús. De acuerdo con la narración en el Evangelio de Juan, Caifás, el Sumo Sacerdote, dijo con claridad que convenía que muriera un hombre por el pueblo y no que llegara la destrucción de toda la nación (Jn 11.50). Y esas palabras en la boca del líder religioso judío se convirtieron en realidad, de acuerdo con las narraciones evangélicas de la pasión de Jesús y resurrección de Cristo.

La resurrección de Cristo

Cuando pasó el sábado,
María Magdalena, María la madre de Jacobo, y Salomé
compraron especias aromáticas para ir a ungir el cuerpo de Jesús.
Muy de mañana el primer día de la semana,
apenas salido el sol, se dirigieron al sepulcro.
Iban diciéndose unas a otras:
«¿Quién nos quitará la piedra de la entrada del sepulcro?».
Pues la piedra era muy grande.
Pero al fijarse bien, se dieron cuenta de que estaba corrida.
Al entrar en el sepulcro vieron a un joven vestido con un manto blanco,
sentado a la derecha, y se asustaron.
—No se asusten —les dijo.
Ustedes buscan a Jesús el nazareno, el que fue crucificado.
¡Ha resucitado! No está aquí. Miren el lugar donde lo pusieron.
Pero vayan a decirles a los discípulos y a Pedro:
«Él va delante de ustedes a Galilea. Allí lo verán, tal como les dijo».
Temblorosas y desconcertadas, las mujeres salieron huyendo del sepulcro.
No dijeron nada a nadie, porque tenían miedo.
Marcos 16.1-8

La resurrección de Cristo como afirmación teológica

Las narraciones de la resurrección de Cristo constituyen el centro teológico de los Evangelios canónicos y la afirmación de fe más importante para la comunidad cristiana (1Co 15.14). Este singular milagro es el más importante de los que se incluyen en la Biblia, representa el corazón de la predicación apostólica antigua y es el mensaje fundamental de las iglesias contemporáneas.

Aunque el testimonio de lo que sucedió al final de la primera Semana Santa se incluye en narraciones en todos los Evangelios canónicos (Mt 28.1-10; Mr 16.1-8; Lc 24.1-12; Jn 20.1-10), vamos a seguir en nuestro análisis prioritariamente del testimonio de Marcos, por su perspectiva histórica de los eventos y por ser posiblemente el más antiguo.

La narración de la resurrección de Cristo es la culminación de los relatos de la pasión y prepara el camino para las intervenciones del Cristo resucitado y el desarrollo del ministerio de las iglesias cristianas incipientes. Este relato, que toma diversas formas de acuerdo con la finalidad teológica de cada evangelista, culmina con la ascensión de Cristo al cielo (Mr 16.19-20). El propósito fundamental de los evangelistas es indicar de forma categórica que la muerte en cruz de Jesús no es la última palabra de Dios para la humanidad. El mensaje que desean destacar es que la tumba no pudo detener el paso triunfante de Jesús por la historia humana. El valor teológico que se subraya es que la muerte es parte de la vida y que, como Cristo resucitó de entre los muertos, los creyentes también van a tener experiencias similares de resurrección.

El capítulo final del Evangelio de Marcos incluye el relato de la resurrección de Cristo y presenta al encargado de explicar lo sucedido. El mensajero es una figura angelical, descrita en el relato como un joven vestido de blanco (Mr 16.5). Las primeras personas en ser oficialmente informadas del milagro de la resurrección de Cristo fueron tres mujeres: María Magdalena, María la madre de Jacobo, y Salomé.

Esas mujeres, que representan la fidelidad y el compromiso con el mensaje del Reino de Dios, llegaron a la tumba temprano en la mañana, luego de finalizar las celebraciones sabáticas. Deseaban ungir el cuerpo de Jesús, pues era parte de las ceremonias luctuosas de preparación de los cadáveres para la sepultura. De acuerdo con la narración de Juan, Nicodemo también llegó al sepulcro con un ungüento de mirra y áloe (Jn 19.39).

La preocupación básica de las mujeres en torno a la llegada al sepulcro era de naturaleza física y de logística: ¿quién iba a ayudarlas a remover la piedra para entrar en la cueva y ungir el cuerpo de Jesús? Este tipo de piedras en la antigüedad eran grandes y pesadas, para evitar que los aromas del interior salieran y para impedir que personas no autorizadas entraran al sepulcro para desacralizar los cadáveres. Otra dificultad que debían enfrentar las mujeres era la reacción del grupo de soldados que protegían la sepultura. Sin embargo, cuando las mujeres llegaron a la tumba, según el relato de Marcos, ya los dos obstáculos habían sido superados.

De acuerdo con la narración en el Evangelio de Marcos, las mujeres entraron al sepulcro y no encontraron el cadáver de Jesús. En su lugar, les habló un joven con vestiduras blancas que les dio un mensaje muy claro: no tengan miedo; ustedes buscan al nazareno crucificado, pero ya no está aquí, pues resucitó; díganle a los discípulos y a Pedro que ya el Señor va de camino a la Galilea, donde los verá, como les había anticipado.

La descripción del joven alude a alguna figura angelical, que en la antigüedad eran esencialmente mensajeros de la palabra divina. Se trata de un relato de revelación especial, similar a la experiencia del profeta Isaías en el Templo de Jerusalén (Is 6.1-13). Estos emisarios divinos comunican mensajes de gran importancia teológica. Y en la narración de Marcos ese mensaje era el de la resurrección de Cristo.

171

El objetivo del joven en la tumba era transformar las tristezas de las mujeres en felicidad: habían ido a ungir un cadáver y recibieron la noticia de que ya no estaba muerto, que vivía, y que iba de camino a encontrarse con sus amigos. La finalidad del joven vestido de blanco era comunicar la palabra que cambia sentimientos, transforma emociones, reforma las comprensiones de la realidad, y hasta redime individuos y comunidades.

El mensaje angelical convirtió a aquellas mujeres de seguidoras o discípulas de Jesús en apóstoles, que en griego lo que verdaderamente significa es "enviadas". Las mujeres fueron enviadas, es decir, ¡eran apóstoles del Señor! Fueron comisionadas a llevar la noticia más importante de la historia: ¡Jesús de Nazaret ha resucitado! ¡El Cristo anunciado por los profetas bíblicos se levantó de entre los muertos! ¡El ungido de Dios no quedo cautivo en la tumba, pues tenía labores que hacer con los discípulos y la humanidad! De acuerdo con la narración de Marcos, ¡los primeros apóstoles fueron mujeres!

El mensaje, los discípulos y la resurrección

Las dinámicas alrededor de los discípulos y seguidores de Jesús, luego de la pasión y crucifixión, era complejo. Aunque habían recibido reiteradamente el anuncio de que era necesario ir a Jerusalén (Mt 26.32) y padecer, para posteriormente resucitar, al presenciar la muerte del Señor deben haber quedado aturdidos y confundidos. La violencia romana se desplegó de manera inmisericorde como un espectáculo público. La traición y la muerte de Judas debía estar aún muy fresca en la mente de los discípulos. Era difícil creer que uno del grupo más íntimo del Señor lo hubiera traicionado. Y para completar las fuerzas de confusión, la negación pública de uno de sus colaboradores más cercanos, Pedro, debe haber sido escandalosa.

De acuerdo con la narración de Marcos, el joven mensajero divino indicó a las mujeres que informaran a los discípulos y a Pedro que había resucitado. El primer paso para superar la crisis era llevar la información correcta a las personas pertinentes lo antes posible. De singular importancia teológica en el texto es la expresión "va delante de ustedes a Galilea", que es una manera literaria de afirmar y acentuar la capacidad divina de intervenir en las realidades y adversidades humanas, antes de que las personas se percaten de las manifestaciones y revelaciones de Dios.

La primera reacción de las mujeres fue de temor, temblor, espanto y confusión. Ante los eventos relacionados con la crucifixión y la revelación angelical, la reacción humana fue de huida. Las mujeres salieron del sepulcro huyendo, pues tenían miedo. No podían entender la magnitud y extensión de la revelación angelical. No pudieron obedecer el mandato divino, pues el miedo las detuvo y el temor les impidió proceder con fe hacia el futuro.

Posteriormente, el Señor se apareció a la Magdalena, que respondió con sobriedad y comunicó el mensaje de la resurrección al grupo íntimo de creyentes (Mr 16.9-11). Los discípulos reaccionaron inicialmente con incredulidad, aunque finalmente se le apareció a los once, y luego de reprocharles su incredulidad, los comisionó a ir por todo el mundo para predicar el evangelio del Reino (Mr 16.14-18).

La narración final en Marcos sobre la resurrección de Cristo se relaciona con la ascensión (Mr 16.19-20). En ese contexto final es que se afirma que los discípulos hicieron la voluntad de Dios y predicaron en todas partes. Y sus mensajes eran confirmados con señales, que eran la corroboración física de que el Señor los acompañaba en esa encomienda educativa, misionera y teológica.

Los sepulcros se abrieron

Una palabra adicional debemos añadir en torno al milagro de la resurrección de Cristo. En el Evangelio de Mateo se incluye una serie de detalles relacionados a los momentos finales en la vida de Jesús (Mt 27.51-54). Cuando el Señor "entregó su espíritu", al final del proceso de crucifixión, sucedió lo siguiente: el velo del Templo se rasgó, la tierra tembló, las rocas se partieron y los cuerpos de muchas personas santas que habían muerto se levantaron; además, después de la resurrección de Cristo, las personas santas que se habían levantado salieron de sus sepulcros, entraron a Jerusalén y se aparecieron a mucha gente. El centurión romano, junto a otros custodios del cuerpo de Jesús, al presenciar lo que sucedía, hicieron una afirmación teológica contundente: ¡verdaderamente este era Hijo de Dios!

Esta sección final de las narraciones de la resurrección de Cristo es una especie de final teológico excepcional. Posiblemente afirma que, quien vivió haciendo milagros, al morir también continuó con ese ministerio de prodigios. Estos detalles de milagros constituyen las afirmaciones teológicas finales relacionadas con la crucifixión de Jesús y la resurrección de Cristo. El Señor vivió y murió de la misma forma, haciendo milagros, pues esas acciones estaban íntimamente asociadas a la predicación del Reino, que era el corazón de la enseñanza de Jesús.

El velo del Templo, que separaba el Lugar Santo del Santísimo, se rasgó de arriba abajo, que es una manera de decir que lo que sucedió fue una intervención divina, que procedía de las alturas. Finalizaban las separaciones para el pueblo de Dios, pues con el sacrificio de Cristo había acceso directo a Dios sin intermediarios. Los temblores y las rocas que se parten son signos de teofanías e intervenciones divinas en la historia. Y los muertos que resucitaron son signos del poder de Cristo sobre la vida y la muerte.

07
Milagros sobre la naturaleza

Al tercer día se celebró una boda en Caná de Galilea,
y la madre de Jesús se encontraba allí.
También habían sido invitados a la boda Jesús y sus discípulos.
Cuando el vino se acabó, la madre de Jesús le dijo:
—Ya no tienen vino.
—Mujer, ¿eso qué tiene que ver conmigo? —respondió Jesús.
Todavía no ha llegado mi hora.
Su madre dijo a los sirvientes: —Hagan lo que él les ordene.
Había allí seis tinajas de piedra,
de las que usan los judíos en sus ceremonias de purificación.
En cada una cabían unos cien litros.
Jesús dijo a los sirvientes: —Llenen de agua las tinajas.
Y los sirvientes las llenaron hasta el borde.
—Ahora saquen un poco y llévenlo al encargado del banquete
—les dijo Jesús. Así lo hicieron.
El encargado del banquete probó el agua convertida en vino
sin saber de dónde había salido,
aunque sí lo sabían los sirvientes que habían sacado el agua.
Entonces llamó aparte al novio y le dijo:
—Todos sirven primero el mejor vino,
y cuando los invitados ya han bebido mucho,
entonces sirven el más barato;
pero tú has guardado el mejor vino hasta ahora.
Esta, la primera de sus señales, la hizo Jesús en Caná de Galilea.
Así reveló su gloria, y sus discípulos creyeron en él.
Después de esto Jesús bajó a Capernaúm con su madre,
sus hermanos y sus discípulos, y se quedaron allí unos días.
Juan 2.1-12

Los milagros sobre la naturaleza

Las narraciones de milagros sobre la naturaleza constituyen un segmento especial en el ministerio de Jesús. Junto a las sanidades, las liberaciones de poderes demoníacos y las resurrecciones, los evangelistas incluyeron una serie de relatos de acciones del Señor que superaban las comprensiones tradicionales de las leyes de la física y la climatología. Son acciones milagrosas de Jesús que afectan la naturaleza en general: por ejemplo, el vino, los vientos, las aguas, la pesca, los alimentos, los árboles…

El análisis cuidadoso de esas narraciones, y de las acciones de Jesús que presentan, revela un muy importante componente teológico en los Evangelios canónicos. Más que los detalles físicos de cómo se produjo el portento, los evangelistas deseaban afirmar el poder del Señor sobre la naturaleza. El objetivo, al incorporar este singular tipo de acción milagrosa en sus narraciones relacionada con las actividades de Jesús, era destacar el amplio poder divino que se ponía de manifiesto en el ministerio de Jesús. Estas narraciones son declaraciones teológicas contundentes de la capacidad que tenía el Señor de intervenir en medio de las fuerzas naturales de la historia y el cosmos.

Esos milagros, además, tenían continuidad con el resto de las acciones y el programa educativo y profético del Señor. De forma directa ayudaban o bendecían a alguna persona o grupo en necesidad. El componente de misericordia divina hacia la humanidad siempre tuvo prioridad en el programa misionero del Señor. Y los prodigios sobre la naturaleza reiteran la continuidad teológica entre el mensaje del Reino y las manifestaciones del poder de Dios en medio de la historia de la humanidad.

Para Jesús de Nazaret, el ser humano y sus necesidades eran la base fundamental de su esfuerzo misionero y el motivo principal de su programa de acciones portentosas. Los milagros sobre la naturaleza se llevaban a efecto como parte integral de la proclamación y afirmación de la llegada inminente del Reino de Dios o de los cielos en la vida y ministerio del Señor. Y reiteraban la prioridad que tenía para Jesús, la comunidad hería y maltratada por las condiciones sociales, económicas, políticas, médicas o religiosas en que vivían. En estas narraciones especiales, más que detalles históricos debemos descubrir y celebrar las implicaciones teológicas y las enseñanzas que afirman.

Contexto teológico del milagro

Tradicionalmente se ha indicado que el primer milagro que Jesús llevó a efecto es la transformación del agua en vino en la antigua ciudad de Caná. Aunque es la primera señal milagrosa que se incluye en el Evangelio de Juan (Jn 2.1-12), quizá el Señor hizo otros milagros anteriormente, según se desprende de la lectura cuidadosa de los relatos ministeriales de Jesús en los Evangelios sinópticos. El Cuarto evangelio afirma que esas señales milagrosas de Jesús confirmaban sus enseñanzas y naturaleza mesiánica, y destacaban la importancia de algunos componentes de su teología y doctrina.

Es necesario analizar el contexto literario del relato del agua y el vino, pues Juan lo ubica luego de una serie de afirmaciones teológicas de gran importancia. Para el evangelista, el Señor no solo era el Verbo o la Palabra de Dios (Jn 1.1), sino que Juan el Bautista lo había reconocido como el Cordero de Dios con capacidad de quitar el pecado de la humanidad (Jn 1.29-34). Además, había comenzado a reclutar a los discípulos y se había revelado a Felipe y Natanael, que lo habían reconocido públicamente como Hijo de Dios y Rey de Israel (Jn 1.51).

Inmediatamente antes del milagro del vino, de acuerdo con las narraciones de Juan, Jesús ya había comenzado su ministerio y había demostrado su deseo y capacidad de responder al clamor humano, como se pone de manifiesto en el diálogo con Natanael. Antes de llegar a Caná, de acuerdo con Juan el evangelista, el Señor había comenzado su ministerio de enseñanza y de respuesta a las necesidades humanas.

Luego del relato de la transformación del agua en vino, Juan presenta a Jesús en Jerusalén, en medio de un acto simbólico de importancia. Como preparación a la celebración de la fiesta de la Pascua, el Señor llega al Templo y se percata que los cambistas de monedas y los vendedores ya estaban listos para comenzar sus actividades comerciales relacionadas con las fiestas judías.

Ante tal actitud de los comerciantes, Jesús los echó con autoridad fuera del lugar donde estaban en el Templo. Y en medio de esas dinámicas, los discípulos recordaron lo que las Escrituras decían del Mesías, pues "el celo por la Casa de Dios lo consume" (Sal 69.9), que constituía una afirmación espiritual y teológica de gran envergadura. El Templo era signo de revelación divina, no debía estar cautivo en las dinámicas comerciales que representaban los mercaderes que estaban en sus cercanías.

En efecto, el contexto teológico amplio de la transformación del agua en vino es mesiánico. Desde el inicio de su Evangelio, Juan destaca que Jesús es el Ungido de Dios, el Cristo y Mesías, que tiene la capacidad y el deseo de intervenir de forma milagrosa en medio de la historia para bendecir a las personas, las comunidades y los pueblos.

La transformación del agua en vino

El milagro del vino se realizó en una pequeña ciudad de la Galilea, ubicada a unos seis kilómetros de Nazaret. La ocasión era la celebración de unas bodas en que Jesús, su madre y sus discípulos fueron invitados distinguidos, pues posiblemente quien se casaba era un familiar. Desde la perspectiva teológica, que es la finalidad básica del Evangelio de Juan, con su presencia, Jesús honró el carácter sagrado del matrimonio y afirmó el valor fundamental de la familia en la sociedad.

De la lectura cuidadosa de la narración, se puede entender que María estaba en el lugar de la celebración apoyando a la familia con los detalles del banquete. Y es precisamente ella quien se percata que el vino se había terminado. Que la narración no mencione a José, puede ser un indicador de que ya había muerto. Si hubiese estado vivo, se referirían a María como la esposa de José.

La "primera de sus señales" milagrosas, como las identifica Juan (Jn 2.11), se produce como respuesta a una necesidad: el vino, que es signo de vida, celebración y felicidad, comenzó a escasear. Y Jesús produce un nuevo tipo de vino que supera las expectativas y la experiencia del catador y de los participantes de la celebración. Posteriormente en este Evangelio, Jesús se presenta como "la vid verdadera" (Jn 15.1-17), corroborando de esa forma la relación teológica entre el vino y Jesús. El propósito de la revelación divina en Jesús de Nazaret como la vid es para que el gozo de los creyentes sea pleno y completo. Además, en el Oriente Medio, la vid es un árbol de gran importancia cultural y familiar, pues es parte integral de la cadena alimenticia de los pueblos.

Ante la falta de vino, María se acerca a Jesús para inquirir lo que se podía hacer. La respuesta de Jesús debe entenderse en el contexto lingüístico y de honor de la antigua Palestina y las comunidades judías. La referencia a "mujer" no es un trato peyorativo ni humillante; por el contrario, llamarla de esa forma era signo de respeto y honor, pues equivale en castellano a "señora", que incluye un tono de dignidad y reconocimiento especial.

Además, en su respuesta a María, añadió el Señor, que no había llegado su hora, que para el evangelista Juan, simboliza el momento adecuado para la manifestación plena de la voluntad divina (Jn 7.6,8,30; 8.20; 12.23; 13.1; 17.1). Y la expresión "qué tiene que ver conmigo", revela que no había llegado aún el momento adecuado o la hora propicia para su intervención especial y plena.

La respuesta de María a las palabras de Jesús fue de respeto y obediencia. Indicó a los que servían en el banquete, de acuerdo con la narración de Juan, que hicieran lo que el Señor les mandara. No era común en esa cultura que los invitados dieran órdenes a los sirvientes de un banquete, pero María supera esa dinámica advirtiéndoles que debían hacer como el Señor ordenara. Era esa una forma literaria de preparar el camino para el especial milagro que se avecinaba.

La intervención de Jesús superó las expectativas de María, los discípulos, los invitados y los sirvientes. La acción milagrosa se llevó a efecto con seis tinajas de piedra que, de acuerdo con la Ley y las regulaciones rabínicas, estaban destinadas a los ritos y procesos de purificación de la comunidad judía. En cada tinaja cabían dos o tres cántaros, que en griego se conocían como *metretas*, y podían contener unos 20 o quizá hasta 40 litros. En efecto, eran muchos los litros y la cantidad de agua que podían contener.

En ese ambiente de celebración, escasez y expectación, Jesús ordenó que llenaran completamente las tinajas de agua. Posteriormente, indicó a los sirvientes que le llevaran al encargado del banquete el agua de las tinajas que ahora estaban transformadas en vino. No hubo ceremonias especiales ni ritos ni oraciones, solo obediencia al mandato del Señor. El milagro fue instantáneo. Tan pronto echaron el agua a las tinajas el proceso de transformación en vino comenzó.

El milagro que toma el agua y la convierte en vino se hizo de forma natural, simple y sencilla. Para el evangelista Juan era importante relacionar la obediencia a la palabra de Jesús con las señales milagrosas. De acuerdo con el Cuarto evangelio, la obediencia produce el milagro; la confianza en la palabra divina propicia los ambientes requeridos para que se manifieste la gloria de Dios. Y esta transformación es la primera señal milagrosa en Juan, pero hay seis señales adicionales (Jn 4.43-54; 5.1-18; 6.1-15; 6.16-21; 9.1-34; 11.1-44) que ponen de relieve el poder divino y la necesidad de ser fieles y obedientes a la palabra del Señor.

La sorpresa del encargado del banquete es un detalle teológico importante en la narración. Como no había estado en el lugar donde estaban las tinajas y donde el Señor había hecho la transformación del agua en vino, se mostró sorprendido por el tipo de vino que le habían servido. ¡Se trataba de un vino de óptima calidad! Inclusive, el maestresala, o persona encargada de la celebración, no podía comprender cómo habían dejado el mejor vino para el final de la celebración.

La lectura teológica de esta señal milagrosa apunta a la necesidad de obedecer la palabra del Señor. Ese acto de humildad y apego a la revelación de Dios genera transformaciones especiales. Esa acción de obedecer y someterse ante la presencia del Señor propicia el disfrute del mejor vino, que es símbolo de la presencia de Cristo en la vida de los creyentes. La gran virtud del vino en Caná, desde la perspectiva teológica, es que se produjo como respuesta divina a la necesidad humana. En Jesús de Nazaret, Dios siempre le brinda a la humanidad lo mejor.

Este milagro, relacionado físicamente con el vino y teológicamente con la obediencia, afirma la necesidad e importancia del acatar la revelación del Señor. La gran afirmación didáctica de la narración es la siguiente: la obediencia prepara el camino para que se manifieste la gloria de Dios y para que sus discípulos, y la comunidad en general, crean en Jesús.

La pesca milagrosa

Un día estaba Jesús a orillas del lago de Genesaret,
y la gente lo apretujaba para escuchar el mensaje de Dios.
Entonces vio dos barcas que los pescadores habían dejado en la playa
mientras lavaban las redes.
Subió a una de las barcas, que pertenecía a Simón,
y le pidió que la alejara un poco de la orilla.
Luego se sentó, y enseñaba a la gente desde la barca.
Cuando acabó de hablar, le dijo a Simón:
—Lleva la barca hacia aguas más profundas,
y echen allí las redes para pescar.
—Maestro, hemos estado trabajando duro toda la noche
y no hemos pescado nada —le contestó Simón.
Pero como tú me lo mandas, echaré las redes.
Así lo hicieron, y recogieron una cantidad tan grande de peces
que las redes se les rompían.
Entonces llamaron por señas a sus compañeros de la otra barca
para que los ayudaran.
Ellos se acercaron y llenaron tanto las dos barcas
que comenzaron a hundirse.
Al ver esto, Simón Pedro cayó de rodillas delante de Jesús
y le dijo: —¡Apártate de mí, Señor; soy un pecador!
Es que él y todos sus compañeros estaban asombrados
ante la pesca que habían hecho,
como también lo estaban Jacobo y Juan, hijos de Zebedeo,
que eran socios de Simón.
—No temas; desde ahora serás pescador de hombres —le dijo Jesús a Simón.
Así que llevaron las barcas a tierra
y, dejándolo todo, siguieron a Jesús.
Lucas 5.1–11

Milagros y enseñanzas

La narración de la pesca milagrosa se ubica en Lucas como parte de las afirmaciones del ministerio de Jesús en la Galilea, pues predicaba en las sinagogas de la región y también llegaba hasta los desiertos en su deseo de transmitir el mensaje del Reino. Lucas entiende que el milagro de la pesca extraordinaria es parte integral del ministerio docente del Señor.

Esa comprensión teológica amplia del evangelista Lucas continúa en el capítulo cinco. Inmediatamente después del relato de la pesca excepcional, se incluyen narraciones de las sanidades de un leproso (Lc 5.12-16) y un paralítico (Lc 5.17-26), el llamamiento de Leví a seguir al Señor (Lc 5.27-32) y una importante e interesante explicación sobre la naturaleza y función del ayuno (Lc 5.33-39).

La narración de la pesca milagrosa se ubica en Lucas en medio de una sección importante de enseñanzas. Y esos mensajes de Jesús afirman, entre otros valores, de acuerdo con el evangelista, la importancia de la obediencia a Dios como un valor indispensable para descubrir y disfrutar la voluntad divina y para comprender y compartir la revelación del Señor. Jesús de Nazaret llevaba a efecto milagros en el pueblo y los relacionaba a enseñanzas específicas, como la necesidad e importancia de obedecer a Dios.

La relación íntima entre los milagros y las enseñanzas es un componente importante en el ministerio de Jesús. Las sanidades, liberaciones y resurrecciones, y los milagros en general que hacía Jesús, estaban ligados a la predicación y llegada inminente del Reino de Dios. Ese Reino de los cielos llegaba con fuerza en la figura y el mensaje de Jesús de Nazaret, que transmitía los valores, las actitudes y los principios de importancia que deseaba vivir, afirmar y destacar. Y un ejemplo claro de esos valores morales, principios éticos y actitudes espirituales que el Señor deseaba afirmar es la obediencia a Dios.

El milagro

Lucas incorpora la narración de la pesca milagrosa en relación con el llamamiento de Pedro a ser pescador de hombres, que Mateo y Marcos también incluyen en sus Evangelios (Mt 4.18-22; Mr 1.16-20). Jesús estaba a orillas del lago de la Galilea, pero la gente que lo seguía era mucha y se agolpaban; posiblemente no le permitían enseñar con libertad la palabra de Dios. El Señor deseaba que el pueblo pudiera entender bien su mensaje y también comprender las implicaciones de sus enseñanzas.

En medio de esas dinámicas, el Señor identificó dos barcas de pescadores que estaban en la orilla, mientras sus dueños limpiaban y preparaban las redes. Tomó una de las barcas, que pertenecía a Pedro, y le pidió que la apartara de tierra un poco. Luego de estar en el lago, se sentó en la embarcación y comenzó a enseñar.

El acto de sentarse a enseñar es significativo, pues era una manera de destacar la importancia del mensaje en la narración. En la antigüedad, los rabinos, y también los filósofos griegos, enseñaban en los caminos, mientras viajaban, en movimiento. Cuando se sentaban, sin embargo, el gesto físico del cuerpo era un indicador de que lo que iban a exponer era de importancia capital. Jesús siguió esa metodología educativa, como puede verse en esta narración y también en la presentación del Sermón del monte (Mt 5.1).

Una vez finaliza sus enseñanzas a la multitud, se dirige a Pedro y le indica que, para pescar, llevara la barca mar adentro y echara nuevamente las redes. Pedro respondió admirado, pues había pasado toda la noche trabajando sin lograr resultados positivos. Sin embargo, en la narración se añade un detalle de gran valor educativo y teológico: Pedro decidió echar la red nuevamente confiando y obedeciendo la palabra del Señor. De esta forma el evangelista une la obediencia de Pedro con el milagro de la pesca abundante.

El producto de la obediencia es la bendición de Dios. Pescaron, y pescaron muchísimo. Y como los pescados eran tantos, las redes se rompían y las barcas se hundían, llamaron a otros pescadores que estaban cerca para que les ayudaran. Fue una manifestación de la misericordia divina, pues Jesús entendió que los pescadores necesitaban el sustento para la comunidad y sus familias. En este relato se unen una vez más los importantes valores espirituales de la misericordia divina y la obediencia humana.

Llamado de Pedro

La reacción de Pedro, y también de sus compañeros de trabajo —Jacobo y Juan, hijos de Zebedeo— fue de temor ante lo que habían presenciado. Pedro se declara pecador e indigno, y le dice al Señor con humildad que se aparte de él. Sin embargo, la respuesta del Señor fue sobria y sabia. Lo invitó a superar sus temores, pues desde aquel mismo momento lo llamaba a ser pescador de hombres, que era una forma de incorporarlo en su programa profético de enseñanzas itinerantes.

La narración tiene una gran importancia teológica e histórica. Es el relato que explica por qué Pedro dejó sus actividades de pesca en el lago para seguir al Señor. Pedro no era cualquier discípulo, era el líder del grupo. Y de acuerdo con la narración de Lucas, la pesca milagrosa se llevó a efecto por un acto de misericordia divina y un gesto de obediencia humana. La unión de la compasión de Dios y la fidelidad de las personas genera el ambiente ideal para que se manifiesten los milagros sobre la naturaleza.

Jesús calma los vientos y la tempestad

Ese día al anochecer,
les dijo a sus discípulos: —Crucemos al otro lado.
Dejaron a la multitud y se fueron con él en la barca donde estaba.
También lo acompañaban otras barcas.
Se desató entonces una fuerte tormenta,
y las olas azotaban la barca, tanto que ya comenzaba a inundarse.
Jesús, mientras tanto, estaba en la popa,
durmiendo sobre un cabezal, así que los discípulos lo despertaron.
—¡Maestro! —gritaron, ¿no te importa que nos ahoguemos?
Él se levantó, reprendió al viento y ordenó al mar:
—¡Silencio! ¡Cálmate!
El viento se calmó y todo quedó completamente tranquilo.
—¿Por qué tienen tanto miedo? —dijo a sus discípulos.
¿Todavía no tienen fe?
Ellos estaban espantados y se decían unos a otros:
—¿Quién es este, que hasta el viento y el mar le obedecen?
Marcos 4.35–41

Un milagro singular

El relato que presenta a Jesús deteniendo los vientos y las olas en el lago de la Galilea es uno de los más populares en las comunidades de fe. Presenta a un Señor sobrio y calmado que descansa en la popa del barco, que equivale a decir, que estaba al lado del timón, desde donde el capitán de la embarcación orientaba y guiaba la nave. Y aunque el episodio también se incluye en los Evangelios de Mateo (Mt 8.23-27) y Lucas (Lc 8.22-25), la narración en Marcos incorpora más detalles físicos con implicaciones teológicas.

El capítulo cuatro de Marcos es uno eminentemente parabólico, cargado de simbolismos e implicaciones teológicas. El evangelista incluye, antes de narrar el incidente de los vientos tempestuosos en el lago de la Galilea, una serie importante de enseñanzas en parábolas. Previo a la presentación del milagro sobre los vientos, el mar agitado y la tempestad, Marcos expone las siguientes parábolas, que se relacionan directamente con el anuncio de la llegada del Reino: la parábola del sembrador (Mr 4.1-9), con su posterior explicación íntima a los discípulos (Mr 4.12-20), y la parábola de la semilla de mostaza (Mr 4.30-32).

El énfasis educativo que el evangelista presenta y afirma en las parábolas, se prosigue en el relato del Señor cuando calma la tormenta en el lago. La narración que enfatiza la autoridad de Jesús sobre la naturaleza articula varias enseñanzas que no debemos subestimar. El contexto histórico y emocional del relato del singular milagro se lleva a efecto luego de un gran día de trabajo, al atardecer. Destaca de esta forma el evangelista, que el tiempo era un factor importante en el ministerio del Señor, pues lo utilizaba de forma óptima. Para Marcos, Jesús no perdía el tiempo.

Al terminar sus actividades de educación y milagros en una sección del lago de la Galilea, el Señor ordena al grupo pasar "a la otra orilla", para proseguir con sus actividades de servicio y apoyo a la comunidad en necesidad. Esa decisión revela el compromiso de Jesús y sus discípulos con la predicación del evangelio del Reino y con la afirmación de la misericordia divina en medio de las realidades humanas.

Comenzaron su travesía por el lago luego que despidieron a la multitud que lo seguía. Cuando respondieron a las necesidades del primer grupo, Jesús y sus discípulos emprendieron su travesía "al otro lado" del lago, hacia las comunidades gentiles de la región, que para el evangelista Marcos constituían lugares de importancia para el servicio y la ministración. Y junto a la barca donde estaba Jesús, también navegaban otras embarcaciones con seguidores y simpatizantes de su ministerio. El evangelio del Reino era importante para las comunidades judías y también para las gentiles. De forma reiterada los evangelistas afirman las dimensiones universalistas de las enseñanzas en torno al Reino de Dios o de los cielos.

La tempestad se desarrolló una vez comenzaron la navegación. De acuerdo con la narración, los vientos eran tan fuertes que hacían que las aguas del lago llenaran la barca. Era una situación de crisis inmediata para unos pescadores experimentados, sin embargo, Marcos destaca que Jesús dormía plácidamente en la popa. El cuadro general del relato es simple: ante la crisis, los discípulos estaban asustados y Jesús, calmado.

El poder de Jesús sobre la naturaleza

De acuerdo con el relato del Evangelio, se presentan en el mismo lugar dos escenarios. El primero es el de la tormenta, con sus vientos fuertes y olas poderosas; el segundo, el de un Jesús que duerme y descansa, que mantiene la sobriedad y la calma en medio de los desafíos físicos y climatológicos que lo amenazaban.

La magnitud de la crisis se puede entender por la descripción del fenómeno que hace el evangelista. Para describir la tempestad el texto bíblico utiliza la palabra griega *seismós*, de la cual procede "sismos" en castellano, que pone de relieve el poder de conmoción y la violencia de la tormenta en el lago. Y para referirse a las olas, la expresión griega es *mégas*, que sugiere algo extremadamente grande y poderoso. Para Marcos, en efecto, Jesús y los discípulos enfrentaban en el lago un desafío extraordinario y magno, que tenía el potencial de hundir la barca y terminar con sus vidas.

Los discípulos, que eran pescadores y marineros profesionales, experimentados en las travesías por el lago de la Galilea, hicieron todo lo humanamente posible por mantener la calma y superar la crisis. Luego de luchar y luchar para vencer la adversidad, y al percatarse de que el Señor dormía calmado al lado del timón de la nave, lo llamaron, en medio de los gritos y la desesperación, para indicarle: ¿no te importa que nos ahoguemos?, ¿no te preocupa que muramos? Fueron clamores del alma, generados por la desesperanza y la dificultad, motivados por la impotencia y la magnitud del problema.

Jesús se levantó ante el grito desesperado de los discípulos, no por los vientos ni por las olas ni por las aguas ni por las tormentas. El Señor se incorporó, pues notó la angustia de sus seguidores, se percató de la desesperanza de los discípulos y se dio cuenta que su grupo de apoyo estaba perdiendo las fuerzas para seguir luchando contra la tempestad. La tormenta no atemorizó ni despertó a Jesús, se levantó del sueño porque oyó el grito desesperado y notó la desorientación de los discípulos.

La primera reacción del Señor fue reprender al viento y ordenar al mar que callara y enmudeciera. Su acción básica fue eliminar la fuente de tensión, detener las dinámicas que traían desasosiego y desorientación en el grupo. Lo prioritario para Jesús era terminar con el origen del problema, que en este caso eran los vientos, las olas y la tormenta. Es de notar que la orden del Señor a la tempestad fue a callar, calmarse y enmudecer, pues los ruidos en medio de las tempestades generan miedo, terror y pavor. El temor que producen los ruidos de las fuerzas tempestuosas puede inmovilizar personas.

Una vez se calmaron los vientos y las olas, Jesús se dirigió a sus discípulos. En esa ocasión sus palabras fueron de reprensión y reproche. ¿Por qué se amedrentaron y temieron? ¿Por qué no tuvieron fe? Para el Señor, el problema real de los discípulos no era la tormenta, sino la falta de fe. La dificultad real, según la narración evangélica, no estaba fuera de los discípulos —por ejemplo, en los vientos y las olas— sino dentro de ellos —en el miedo y la desconfianza. La crisis mayor no era la violencia climatológica, sino el temor que impide el desarrollo pleno de la fe, la confianza y la seguridad.

La respuesta de los discípulos, una vez más, fue de temor. Y en ese ambiente de aprensión, hacen una afirmación teológica extraordinaria: ¿quién es este, que hasta el viento y el mar le obedecen? Se trata de una pregunta retórica que se relaciona con la teología del Salterio (Sal 89.8-9; 107.28-29). ¡El único que tiene el poder y la autoridad para detener los vientos y las olas del mar es Dios! De esa forma, Marcos relaciona la figura y las actividades prodigiosas de Jesús con el Dios que se reveló de manera extraordinaria en el Antiguo Testamento. El final del relato revela la intención teológica del evangelista, pues asocia los milagros de Jesús con su naturaleza mesiánica.

El milagro de calmar la tormenta es, en efecto, una afirmación mesiánica adicional del evangelista Marcos sobre la naturaleza misma de Jesús de Nazaret. No solo era maestro, sanador, liberador y profeta, sino el Mesías esperado por el pueblo judío; era el Ungido anunciado por los antiguos profetas de Israel (Is 7); era el cumplimiento de las antiguas profecías mesiánicas.

Alimentación de cinco mil hombres y muchas mujeres y niños

Cuando ya se hizo tarde, se le acercaron sus discípulos y le dijeron:
—Este es un lugar apartado y ya es muy tarde.
Despide a la gente, para que vayan a los campos y pueblos cercanos
y se compren algo de comer.
—Denles ustedes mismos de comer —contestó Jesús.
—¡Eso costaría casi un año de trabajo! —objetaron.
¿Quieres que vayamos y gastemos todo ese dinero
en pan para darles de comer?
—¿Cuántos panes tienen ustedes? —preguntó. Vayan a ver.
Después de averiguarlo, le dijeron: —Cinco, y dos pescados.
Entonces les mandó que hicieran que la gente
se sentara por grupos sobre la hierba verde.
Así que ellos se acomodaron en grupos de cien y de cincuenta.
Jesús tomó los cinco panes y los dos pescados
y, mirando al cielo, los bendijo.
Luego partió los panes y se los dio a los discípulos
para que se los repartieran a la gente.
También repartió los dos pescados entre todos.
Comieron todos hasta quedar satisfechos,
y los discípulos recogieron doce canastas
llenas de pedazos de pan y de pescado.
Los que comieron fueron cinco mil.
Marcos 6.35–44

Alimentación física y espiritual

Las narraciones de milagros de alimentación de los seguidores de Jesús son dos. En la primera, se indica que la gente alimentada era un grupo de cinco mil y en el segundo, cuatro mil. Esa reiteración de la experiencia de la multiplicación de los panes y los pescados es una indicación que se trata de un relato de importancia para la comunidad cristiana primitiva y que tiene algún fundamento histórico. En nuestro análisis vamos a explorar las dos narraciones para identificar las implicaciones teológicas particulares de cada uno de los milagros.

El contexto literario general en Marcos de esta narración milagrosa se ubica en los siguientes eventos relacionados con Jesús. En primer lugar, se habla del regreso del Señor a Nazaret, que es su ciudad, donde se había criado y crecido (Mr 1.1-6a). Ese encuentro fue singular, pues, aunque muchos se admiraban de su sabiduría, conocimiento y milagros, no podían comprender cómo había desarrollado esas capacidades y destrezas. ¡Estaban escandalizados! Lo identificaban como el carpintero, hijo de María, hermano de Jacobo, José, Judas y Simón. Inclusive, ¡afirmaron que sus hermanas eran parte de la comunidad!

Esos detalles se incluyen en la narración para explicar por qué no pudo hacer en Nazaret muchos milagros, con la excepción de algunos enfermos a los que puso las manos y fueron sanados. Para Marcos se confirma el dicho: No hay profeta sin honra sino en su propia tierra, entre sus parientes y en su casa (Mr 6.4b).

Además, antes de la narración de la multiplicación de los panes y los pescados, se incluye la autorización ministerial de los doce discípulos para predicar y echar fuera demonios (Mr 6.6b-13) y también se presenta el asesinato de Juan el Bautista (Jn 6.14-29). Esos dos relatos destacan el componente misionero del ministerio de Jesús, a través de la tarea didáctica y liberadora de sus discípulos y mediante la herencia y tradición profética que provenía de Juan.

Luego de la muerte y sepultura de Juan, los apóstoles contaron a Jesús lo que habían hecho y lo que habían enseñado, en un tipo de informe de progreso ministerial. El Señor los escuchó y los invitó a descansar a un lugar aparte, pues la multitud que los seguía era cada vez mayor y los discípulos no tenían tiempo ni para comer. Por esa razón tomaron una barca y navegaron a un lugar apartado, pero cerca de la orilla del lago de la Galilea.

La fama de Jesús como maestro y sanador se difundía cada día más alrededor del lago. La gente de las diversas ciudades de la Galilea apreciaba sus palabras y necesitaban sus milagros. Y salieron de sus comunidades para encontrarse con el Señor. Fueron por la orilla del lago a un lugar que estaba cerca de donde la barca del Señor y sus discípulos reposaba.

Y en ese contexto educativo Jesús lleva a efecto, de acuerdo con el Evangelio de Marcos, el milagro de la alimentación de cinco mil hombres. En efecto, el Señor respondió de esa manera a las necesidades de alimentación física y espiritual de sus seguidores. El milagro de la multiplicación de los panes y los pescados habla elocuentemente de la seria preocupación de Jesús por brindarle al pueblo la comida natural y la emocional. Para el Señor, según los evangelistas bíblicos, la alimentación era integral, física y espiritual.

El milagro

El milagro se produce cuando los discípulos le recomiendan a Jesús que, como era tarde en la noche y estaban en el desierto, despidiera a sus seguidores.

Deseaban que pudieran regresar a sus comunidades a comprar pan y alimentarse, pues donde estaban no tenían comida. La respuesta del Señor los debe haber dejado desconcertados: ¡denle ustedes de comer a la multitud! Ya el gran grupo de seguidores de Jesús se habían alimentado espiritualmente, ahora necesitaban el sustento físico para proseguir sus labores cotidianas.

Aunque un poco perplejos, los discípulos preguntaron al Señor si debían comprar los alimentos, pues tenían unos doscientos denarios que podrían equivaler a como un año de trabajo. Y ante la respuesta de los discípulos, Jesús pregunta por el inventario de recursos, pues necesitaba saber con qué contaban. Solo tenían cinco panes y dos pescados. Ese fue el marco de referencia emocional, espiritual, social y económico del milagro de la multiplicación de los panes y los pescados.

El milagro se llevó a efecto en el orden que Jesús estableció. Para comenzar, el Señor pidió que la multitud se recostara sobre la hierba verde. Era una manera de preparar el ambiente con un acto de humildad y reconocimiento divino. Además, se organizó la multitud en grupos de cien y de cincuenta. Esa organización facilitaba la distribución de los alimentos, al momento que los panes y los pescados se multiplicaran.

En ese entorno de humillación y organización efectiva, Jesús siguió un protocolo cúltico de oración, intercesión y adoración a Dios. Levantó sus ojos al cielo, que era un signo de oración, piedad y humillación (Sal 121; Jn 17); bendijo los panes y los pescados, según las tradiciones rabínicas, para expresar su agradecimiento al Eterno; entonces, partió los panes y los dio a sus discípulos junto con los dos pescados, como símbolo de la multiplicación que se necesitaba. El símbolo precedió al milagro. Y de forma extraordinaria, ¡los panes y los pescados se multiplicaron!

De acuerdo con la narración de Marcos, todos los asistentes comieron y se saciaron. Además, al recoger los pedazos de pan que sobraron, llenaron doce cestas, que era una manera de indicar que la bendición divina es sobreabundante. El texto bíblico en Marcos añade que los que comieron eran cinco mil hombres (Mr 6.44), y Mateo indica que ese número no incluía a las mujeres ni a los niños (Mt 14.21). La oración sentida y humilde de Jesús fue el elemento necesario para que se produjera el milagro. Y el milagro fue de tal magnitud que sobraron las cestas suficientes para que cada discípulo reconociera la naturaleza y extensión del milagro. ¡Al final tenían doce cestas, una para cada uno de ellos!

La lectura teológica del relato revela lo siguiente: Dios se percató de la preocupación del Señor por la alimentación de más de cinco mil personas en necesidad y escuchó su oración. Además, el Dios Eterno, que ciertamente escucha las plegarias de su pueblo, respondió al compromiso de Jesús con las personas desprovistas de alimentación adecuada, independientemente del número ni del lugar donde estén.

Como en un acto de simbología profética, el Señor demostró su fe y confianza en Dios cuando partió los panes, repartió los pescados y bendijo los alimentos, antes que el milagro se consumara. Y que, luego del milagro de la multiplicación, sobraran doce canastas, era una manera figurada de indicarle a cada uno de los discípulos que la generosidad es un valor necesario para disfrutar plenamente la vida y existencia humana.

De singular importancia teológica es la referencia a que Jesús bendijo los panes y los pescados. De acuerdo con las costumbres rabínicas, en las comidas, la persona que preside el banquete toma el pan y dice: Bendito seas tú, Señor, Dios nuestro, rey del universo, que produces pan de la tierra. En ese contexto de oración, piedad y gratitud, los comensales responden con un gran "amén", que era la forma tradicional de afirmar los deseos de bendición divina.

La redacción final de este relato tomó forma de celebración espiritual, de banquete espiritual, de reconocimiento de la gracia divina.

Alimentación de cuatro mil hombres, sin contar las mujeres ni los niños

En aquellos días se reunió de nuevo mucha gente.
Como no tenían nada que comer,
Jesús llamó a sus discípulos y les dijo:
—Siento compasión de esta gente porque ya llevan tres días conmigo
y no tienen nada que comer.
Si los despido a sus casas sin haber comido,
se van a desmayar por el camino,
porque algunos de ellos han venido de lejos.
Los discípulos objetaron:
—¿Dónde se va a conseguir suficiente pan
en este lugar despoblado para darles de comer?
—¿Cuántos panes tienen? —les preguntó Jesús.
—Siete —respondieron.
Entonces mandó que la gente se sentara en el suelo.
Tomando los siete panes, dio gracias, los partió
y se los fue dando a sus discípulos
para que los repartieran a la gente, y así lo hicieron.
Tenían además unos cuantos pescaditos.
Dio gracias por ellos también
y les dijo a los discípulos que los repartieran.
La gente comió hasta quedar satisfecha.
Después los discípulos recogieron siete cestas
llenas de pedazos que sobraron.
Los que comieron eran unos cuatro mil.
Tan pronto como los despidió,
Jesús se embarcó con sus discípulos y se fue a la región de Dalmanuta.
Marcos 8.1-10

Un milagro para alimentar a cuatro o cinco mil hombres

Las narraciones de la multiplicación de panes y pescados son dos. Se encuentran en los Evangelios de Mateo y Lucas. En Mateo 14.13-21 y Marcos 6.33-46 la multiplicación alimentó a cinco mil hombres; en Mateo 15.32-39 y Marcos 8.1-9 los alimentados fueron cuatro mil. Y por la similitud en los relatos, algunos estudiosos piensan que se trata de solo un milagro original, que se transmitió en las comunidades cristianas, antes de la redacción de los

Evangelios canónicos, con algunas variantes en los detalles del evento. La esencia fundamental del milagro, que se relaciona con la misericordia divina que responde a las necesidades de alimentación de la multitud de personas que seguían a Jesús, es la misma.

El análisis de los relatos pone de relieve varias diferencias literarias y estilísticas que no pueden ser ignoradas. En los primeros relatos de Mateo y Marcos se habla de cinco panes y dos pescados (Mt 14.19), se alude a cuatro mil personas (Mt 14.21) y el milagro se llevó a efecto en la orilla oriental del lago de la Galilea (Mt 14.14). En los segundos relatos, sin embargo, se multiplican siete panes y algunos pescaditos (Mt 15.34), se hace referencia a cinco mil personas (Mt 15.38) y para la multiplicación, el Señor hizo que la multitud se reclinara en el suelo (Mt 15.35). En Mateo 14, además, la gente estuvo con Jesús un solo día, mientras que en Mateo 15 la multitud lo siguió por tres días. Finalmente, la acción de Jesús en torno al pan se describe de dos formas: lo bendijo (Mt 14.19) y dio gracias (Mt 15.36).

Las diferencias entre los dos relatos responden a los estilos literarios de ambos evangelistas y revelan continuidad teológica. En las dos narraciones la multiplicación de alimentos se lleva a efecto basada en panes y pescados, que son símbolos cristianos de gran importancia. En las comunidades cristianas antiguas el pan se asociaba con el cuerpo de Cristo, que es una muy importante referencia de su sacrificio, muerte y resurrección por la humanidad (Mr 14.22; Lc 22.29; Jn 6.51,52,54,55,56; 1Co 10.16;11.24).

El pescado, en ese mismo entorno de la simbología religiosa, se ha relacionado desde muy temprano en la historia con la fe cristiana. Las palabras griegas *ichtus* o *ichthys* significan en castellano "pez", que para las primeras comunidades cristianas se convirtió en un símbolo secreto de la fe que profesaban. Leído como un acrónimo, *ΙΧΘΥΣ* (o *ichthys*), significa: Ἰησοῦς Χριστὸς Θεοῦ Υἱὸς Σωτήρ, que consistía en una declaración de fe y una muy importante afirmación teológica, pues declaraba con seguridad a "Jesucristo, Hijo de Dios, Salvador".

Las afirmaciones teológicas

Independientemente de los énfasis literarios y los detalles de su historicidad, las afirmaciones teológicas en ambos relatos son similares, continuas, claras y contundentes. Y entre los detalles narrativos que podemos señalar con similitudes podemos indicar, entre otros aspectos, que en ambas instancias se identifica a una gran multitud de seguidores de Jesús. Los evangelistas, de esa forma, destacaban las respuestas positivas que las comunidades le brindaban al mensaje del

Reino que el Señor presentaba y a las acciones milagrosas que hacía para ayudar y bendecir a la gente en necesidad.

Respecto a las multitudes, es importante señalar, que las narraciones evangélicas afirman que las multiplicaciones de los alimentos se fundamentan en que las personas no tenían qué comer. De esa manera se asocia el compromiso de Jesús con las necesidades reales de las personas. No solo el Señor atendía los reclamos y clamores espirituales de individuos y grupos, sino que estaba comprometido con el bienestar total e integral de las personas. La salud física estaba íntimamente relacionada con una alimentación adecuada, integral y saludable.

El fundamento teológico para el inicio y desarrollo del milagro era la compasión de Jesús, la misericordia divina. De acuerdo con las narraciones evangélicas, el factor básico que propició los milagros de la multiplicación de los alimentos fue la unión de la necesidad humana y la compasión divina. Para los evangelistas bíblicos, los portentos que el Señor llevaba a efecto en el pueblo eran parte integral de su ministerio, que anunciaba la llegada inminente del Reino de Dios o de los cielos. Jesús, en su tarea docente y profética, afirmaba que, en su vida y obra, el Reino prometido por los antiguos profetas de Israel se hacía realidad. Y entre las características fundamentales de la llegada de ese singular Reino, estaba anunciar el año agradable del Señor, que era signo claro de la liberación de los cautivos y la manifestación de la misericordia de Dios (Lc 4.18-19).

El detalle del número de personas que comieron, luego de la multiplicación de los panes y los pescados, es importante. En el Evangelio de Mateo, que se escribe a una comunidad eminentemente judía, se indica claramente lo que se mantiene implícito en Marcos, se trata de cinco mil hombres, y añade "sin contar las mujeres y los niños" (Mt 14.21). En efecto, en esa evaluación general del grupo, el criterio último para determinar las personas bendecidas eran los hombres. Y esa percepción de la realidad es característica de esa cultura que estaba orientada hacia lo paternal, varonil, masculino.

La sociedad en la que Jesús ministró estaba controlada y dominada por varones. La percepción común era que las mujeres eran consideradas como "propiedades" de los hombres. En primer lugar, "pertenece" al padre; al casarse, pasa a ser de su esposo; y si quedara viuda, sus hijos la dominan. Era impensable concebir a una mujer con autonomía propia en esa sociedad judía del primer siglo. El entorno normal de las mujeres era la dependencia, el hogar, la sumisión, la obediencia al hombre…

La mujer, de acuerdo con esa mentalidad y según los códigos rabínicos, era "fuente de impureza", pues quedaba impura durante su menstruación y como consecuencia de los partos. Nadie debía acercarse a las mujeres cuando estaban en esas condiciones, pues las personas y los objetos tocados por alguna persona impura quedaban contaminados en el acto. Probablemente, esa era la razón fundamental por la que las mujeres fueran excluidas del sacerdocio y separadas de las áreas más sagradas del Templo.

La consecuencia de esa cosmovisión era el discrimen hacia las mujeres en la sociedad en general y en la vida religiosa en particular. Ese fue el mundo en que ministró Jesús de Nazaret y esas fueron las percepciones sociales y religiosas que recibió el Señor en su proceso de formación.

El Señor, sin embargo, rechazó esas actitudes prejuiciadas y le dio a la mujer el espacio creado para ellas por Dios como parte de la creación. Como su mensaje era de justicia e integridad, Jesús dio oportunidad a las mujeres para que desempeñaran un rol protagónico en su ministerio.

El mundo de Jesús estaba orientado hacia los adultos, especialmente se honraba la ancianidad. En ese contexto, la niñez era más o menos tolerada, pues se pensaba que un día crecerían y llegarían a la adultez. Era una época que veía la ancianidad como el modelo y la infancia era subestimada. Sin embargo, Jesús era tan apasionado de los niños, que hasta los utilizó de tema en sus enseñanzas, cosa que no debió haber agradado mucho a las autoridades religiosas de las sinagogas y el Templo. Inclusive, afirma sin inhibición, que para entrar en el cielo hay que hacerse como niño.

En la sociedad judía del primer siglo, los niños y las niñas no eran contados como personas, como se desprende de la narración del milagro de la multiplicación de los panes y pescados. La presencia de ese sector social nada significaba en las sinagogas, ni en parte alguna de las comunidades. Parecía que el llegar a adultos era el objetivo fundamental, que constituía la cima de los méritos. Hablar con los niños, o tomarlos en consideración, era perder el tiempo y desperdiciar esfuerzos y palabras.

El acto de los apóstoles de apartar de Jesús a los niños es fruto de su cultura y comprensión social. ¡Hicieron lo que cualquier otro judío de la época hubiera hecho! Sin embargo, una vez más, Jesús rompió con esas comprensiones prejuiciadas de la sociedad y de su época.

El Señor presentó una nueva comprensión de la sociedad donde las mujeres y la niñez tenían espacio, dignidad y reconocimiento. Para Jesús, donde se manifestaba el prejuicio, anunciaba la dignidad; donde imperaba la violencia, afirmaba la justicia; y en un mundo de varones y adultos, respetaba la integridad de la mujer y afirmaba la virtud de la niñez.

El Señor camina sobre las aguas

Enseguida Jesús hizo que los discípulos subieran a la barca
y se le adelantaran al otro lado mientras él despedía a la multitud.
Después de despedir a la gente, subió a la montaña para orar a solas.
Al anochecer, estaba allí él solo,
y la barca ya estaba bastante lejos de la tierra,
zarandeada por las olas, porque el viento le era contrario.
En la madrugada, Jesús se acercó a ellos caminando sobre el lago.
Cuando los discípulos lo vieron caminando sobre el agua,
quedaron aterrados.
—¡Es un fantasma! —gritaron de miedo.
Pero Jesús les dijo enseguida:
—¡Cálmense! Soy yo. No tengan miedo.
—Señor, si eres tú —respondió Pedro,
mándame que vaya a ti sobre el agua.
—Ven —dijo Jesús.
Pedro bajó de la barca y caminó sobre el agua en dirección a Jesús.
Pero al sentir el viento fuerte, tuvo miedo y comenzó a hundirse.
Entonces gritó: —¡Señor, sálvame!
Enseguida Jesús le tendió la mano y, sujetándolo, lo reprendió:
—¡Hombre de poca fe! ¿Por qué dudaste?
Cuando subieron a la barca, se calmó el viento.
Y los que estaban en la barca lo adoraron diciendo:
—Verdaderamente tú eres el Hijo de Dios.
Mateo 14.22-33

Otro milagro sobre las aguas del lago de la Galilea

El lago de la Galilea fue el escenario natural de gran parte del ministerio de Jesús. En medio del lago o en sus orillas, el Señor presentó varios mensajes de gran importancia teológica y llevó a efecto milagros de sanidades y liberaciones. Además, las olas, los vientos y las peculiaridades climáticas, que se relacionan con el cuerpo de agua, constituyeron el marco de referencia para varios milagros sobre la naturaleza. En el lago, que también es conocido como mar de Tiberias o de Genesaret, entre otros prodigios, Jesús calmó los vientos y las olas de una tempestad, según los relatos evangélicos.

El capítulo catorce de Mateo destaca lo milagroso en el ministerio de Jesús. Luego de presentar la muerte de Juan el Bautista (Mt 14.1-12), el evangelista describe la alimentación de más de cinco mil personas (Mt 14.13-31) e incorpora el relato del caminar sobre las aguas del lago (Mt 14.32-33). El componente temático de los milagros prosigue el resto del capítulo, pues Mateo finaliza las narraciones con una declaración teológica fundamental: todas las personas que tocaban al Señor en Genesaret quedaban sanas de sus enfermedades (Mt 14.34-36).

La narración de Mateo ubica el nuevo milagro en el lago en medio de un día de trabajo arduo y complicado. Después de alimentar las multitudes y despedirlas a sus ciudades, comunidades y hogares, Jesús dijo a los discípulos que tomaran la barca y se apresuraran a llegar a la otra rivera del lago. Sin embargo, en vez de irse con el grupo, el Señor prefirió quedarse solo para separar tiempo y reflexionar en torno a todo lo que estaba sucediendo.

Jesús se quedó solo y subió a un monte para orar, meditar y tener tiempo para pensar en su ministerio y las implicaciones de lo que decía y hacía. Ese tiempo íntimo de soledad e intimidad con Dios, para el Señor era muy importante.

La oración y el milagro

El tiempo de oración de Jesús solo en el monte se puede deducir de la narración. Estuvo hasta la cuarta vigilia de la noche que equivale, de acuerdo con el sistema romano, al período de tres a seis de la mañana. La expresión griega era una manera de referirse a la madrugada. Es decir, el Señor oró toda la noche. Una vez más se pone de relieve en los Evangelios canónicos la importancia que tenía la oración para Jesús de Nazaret (Mt 6.6).

Pasada la media noche, los discípulos ya estaban posiblemente muy cerca del centro del lago, en donde las tormentas inesperadas se presentaban con alguna frecuencia. En esta ocasión, sin embargo, de acuerdo con la narración, aunque estaban en medio de las olas y los vientos, no encontraron tormentas. Jesús había decidido encontrarse con los discípulos, pero a falta de alguna embarcación caminó sobre las aguas para llegar al lugar del lago donde estaban.

Los discípulos, al encontrarse en medio del lago y percatarse de que alguien venía, en la oscuridad y el anonimato de la noche, se turbaron y se llenaron de miedo, ¡y pensaron que lo que veían era un fantasma! La respuesta del Señor no fue de reproche ni reprensión, sino de calma, sobriedad y paz: ¡No tengan miedo! ¡Tengan ánimo! ¡Soy yo! Ante la reacción desaforada de los discípulos, Jesús responde con prudencia, discreción y seguridad.

Ante la identificación de Jesús, Pedro responde con cierta agresividad. Si eres tú, manda que yo pueda ir donde estás. Y como el Señor era quien llegaba al barco, lo autorizó a que se le acercara. De acuerdo con la narración evangélica,

Pedro descendió del barco y caminó sobre las aguas para llegar a donde Jesús estaba. Sin embargo, aunque comenzó su camino bien, al ver los vientos fuertes, dice el texto bíblico (Mt 14.30), tuvo miedo y comenzó a hundirse. Clamó al Señor, que extendió la mano, lo sostuvo y dijo: ¡Hombre de poca fe! ¡Por qué dudaste!

La narración del milagro está muy bien redactada. Hay varios personajes en acción. Jesús es el protagonista, que camina sobre las aguas; los discípulos estaban confundidos y asustados, pues pensaron que se trataba de una aparición fantasmagórica; y Pedro que se aventuró a caminar sobre las aguas, pero que al sentir los vientos dudó y se hundió.

La gran lección que se desprende del milagro es que para "caminar sobre las aguas" no se puede dudar. La duda desorienta y genera temores; los temores producen ansiedades; y las ansiedades propician que las personas que comienzan bien en la vida, a mitad de camino, se desaniman y se hunden en las penumbras de los dolores y las adversidades.

El gran mensaje del milagro no se relaciona con los vientos ni con las aguas, sino con la fe. La gente de fe supera los conflictos y "camina" sobre las adversidades, sin hundirse. Lo que preparó el camino para que Pedro se hundiera fue el miedo, que tiene la capacidad de detener y paralizar a las personas. El temor posee el poder de impedir que las personas consigan sus metas en la vida ni alcancen sus ideales ni lleguen a las cumbres que desean.

La sección final de la narración es eminentemente teológica. Tan pronto Pedro y Jesús llegaron a la barca, los que estaban presenciando el milagro se acercaron al Señor y lo adoraron; además, declararon que verdaderamente el Señor era el hijo de Dios. La afirmación final relacionada con el milagro del caminar sobre las aguas, declara sin temores que Jesús era efectivamente el Mesías que vino como cumplimiento de las promesas de Dios en el Antiguo Testamento.

La transfiguración

Seis días después Jesús tomó consigo a Pedro, a Jacobo y a Juan,
y los llevó a una montaña alta, donde estaban solos.
Allí se transfiguró en presencia de ellos.
Su ropa se volvió de un blanco resplandeciente
como nadie en el mundo podría blanquearla.
Y se les aparecieron Elías y Moisés,
los cuales conversaban con Jesús.
Tomando la palabra, Pedro le dijo a Jesús:
—Rabí, ¡qué bien que estemos aquí!
Podemos levantar tres albergues:
uno para ti, otro para Moisés y otro para Elías.
No sabía qué decir, porque todos estaban asustados.
Entonces apareció una nube que los envolvió,
de la cual salió una voz que dijo:
«Este es mi Hijo amado. ¡Escúchenlo!»
De repente, cuando miraron a su alrededor,
ya no vieron a nadie más que a Jesús.
Mientras bajaban de la montaña,
Jesús les ordenó que no contaran a nadie lo que habían visto
hasta que el Hijo del hombre se levantara de entre los muertos.
Marcos 9.2-9

Una revelación extraordinaria

Una de las narraciones de milagros de más valor teológico y afirmación mesiánica es la transfiguración de Jesús (Mt 17.1-3; Mr 9.2-9; Lc 9.28-36). La experiencia, que tradicionalmente se asocia con el monte Tabor en la Galilea, pone de manifiesto el poder divino que tenía Jesús, que lo ubica en la gran tradición de siervos y profetas de Dios, como Moisés y Elías. El relato es una afirmación teológica adicional de que el Señor era el Mesías prometido que debía padecer y resucitar. Y Dios mismo corroboró esa naturaleza mesiánica de Jesús, pues una voz extraordinaria que provino de una nube lo identificó como el Hijo amado de Dios a quien se debía escuchar. Esta importante narración es una de naturaleza teológica y mesiánica.

El contexto literario y teológico del relato una vez más es de liberaciones espirituales y sanidades integrales (Mt 9.14-29), aunque en esta ocasión los anuncios de su pasión y resurrección, a manos de las autoridades religiosas, era un tema prioritario y reiterado (Mt 8.31—9.1; 9.30-32). La sección final del Evangelio de Marcos (Mr 8.31—16.20), en la cual se incorpora el relato de la transfiguración, tiene como finalidad básica presentar a Jesús como el Hijo de Dios, que predicada la llegada del Reino como cumplimiento pleno de las profecías mesiánicas del Antiguo Testamento.

La narración de la transfiguración se ubica en un monte. Tradicionalmente se ha identificado como el Tabor, aunque la ubicación precisa es muy difícil de determinar. Además, la experiencia se produce, de acuerdo con Marcos, como a una semana de haber hecho el anuncio de la pasión (Mr 9.2), que puede ser una indicación de preocupación interna en Jesús y de ansiedad entre los discípulos. La transfiguración del Señor es una forma de afirmación ministerial relacionada con las experiencias que próximamente se iban a vivir en Jerusalén.

Llamar solamente a Pedro, Jacobo y Juan a participar de la experiencia en el monte, revela la cercanía que esos discípulos tenían con el Señor. Aunque ciertamente los doce constituían el núcleo básico de su infraestructura ministerial, estos discípulos, de acuerdo con los textos en Marcos, estaban más cerca de Jesús y tenían la capacidad de entender la experiencia y de comprender las implicaciones especiales de esa tan singular revelación divina.

La transfiguración

El relato de la transfiguración es corto y está cargado de imágenes, sentidos y mensajes. De acuerdo con Marcos, el Señor se transfiguró ante los tres discípulos tan pronto subieron el monte alto. Ese escenario se asemeja a la revelación divina a Moisés en el monte Sinaí, en la cual Dios se presenta al líder del grupo de israelitas que salían de Egipto de forma extraordinaria (Éx 19.1-25). De gran importancia teológica es que ese fue el contexto general de la revelación de los diez mandamientos (Éx 20.1-17). Antes de una manifestación especial divina al pueblo, el líder subió a un monte a hablar con Dios.

Como resultado de esa revelación extraordinaria de Dios, Moisés es transformado, y de acuerdo con el relato del libro del Éxodo, la piel de su rostro resplandecía. Aarón y los israelitas tenían miedo de acercarse a él (Éx 34.29-30) como resultado de la teofanía. El rostro de Moisés delataba que había estado cerca de Dios y el pueblo notó las implicaciones y los resultados de la revelación divina. El brillo en la piel era signo del encuentro con el Eterno. El resplandor en el rostro de Moisés antecedió a la revelación de la Ley mosaica, que ciertamente constituye la piedra angular de la estructura legal, moral y espiritual del pueblo de Israel a través de la historia.

Esa importante narración bíblica del Éxodo debe haber estado en la mente del evangelista Marcos cuando redactaba el relato de la transfiguración de Jesús, pues afirma que la experiencia se llevó a efecto luego que subieron al monte. La descripción de la teofanía fue la siguiente: los vestidos resplandecieron, se veían blancos como la nieve, y vieron a Moisés y Elías hablando con Jesús. El Evangelio de Mateo, respecto a esta misma experiencia, indica que, además de los vestidos radiantes, el rostro de Jesús le resplandeció como el sol (Mt 17.2), para acercarse más a la experiencia de Moisés. Respecto al rostro, en Lucas solo se indica que le cambió (Lc 9.28), que reitera el tema de las transformaciones faciales del Señor, pues son signos de la revelación divina.

La transfiguración en el Evangelio de Marcos consistió en dos partes básicas: la primera fue el cambio físico y la segunda, la aparición de los antiguos líderes del pueblo. En primer lugar, el cambio físico fue singular, claramente distinguible, pues se indica que, en términos humanos, nadie podía lavarlos para que quedaran tan blancos y resplandecientes. Desde la perspectiva física los vestidos indicaban que algo especial había sucedido. Y el brillo facial ubica la experiencia de Jesús en la tradición de la revelación de las leyes mosaicas. En efecto, la transfiguración de Jesús transmite renovaciones radicales y cambios físicos y espirituales.

A la extraordinaria experiencia de la transformación facial y el resplandor de las vestiduras de Jesús, debemos añadir la especial aparición de Moisés y Elías, que hablaban con el Señor. Esa presencia, que rompe los parámetros naturales de la historia y supera los linderos del tiempo, simboliza las secciones de la Ley y de los profetas de la Biblia hebrea. La visión de los representantes de la legislación y el profetismo en la Biblia es una forma de indicar que la vida y obra de Jesús estaba en continuidad teológica con la revelación divina que se incluye en el Antiguo Testamento.

En el monte de la transfiguración, representantes de dos instituciones de gran importancia histórica y valor teológico para el pueblo judío, llegaron para reconocer la naturaleza mesiánica de Jesús. Esa singular revelación divina era una forma de corroboración de que en Jesús las antiguas profecías bíblicas se cumplían y que el Señor representaba la comprensión adecuada y la interpretación pertinente de las antiguas leyes y de los mensajes proféticos.

Respuestas impropias y revelaciones extraordinarias

La respuesta de Pedro a la revelación extraordinaria de Dios y la transfiguración de Jesús denota desorientación y temor. Ante la singular manifestación divina, el famoso apóstol no sabía qué hacer o decir, y responde con premura e inmadurez: vamos a quedarnos en el monte y hacer tres enramadas, albergues o chozas. ¡Deseaba perpetuar el encuentro con Moisés, Elías y Jesús!

En ese contexto de desorientación humana es que la narración bíblica incorpora otro detalle importante de las teofanías: se apareció una nube desde donde surge una voz de autoridad que indica que Jesús era el Hijo de Dios y que debían oír, es decir, obedecer, lo que el Señor les ordenaba. Dios se revela para orientar al apóstol que, de acuerdo con las narraciones canónicas, era impulsivo, vehemente e impetuoso.

Ante las respuestas de Pedro llega la revelación divina para brindar orientación, prudencia y seguridad. La actitud inicial de Pedro fue quedar en el monte para disfrutar la gloria de Dios. Sin embargo, la revelación divina afirma que es necesario escuchar y obedecer la revelación divina que trae Jesús: su mensaje consistía en el anuncio y llegada inminente del Reino de Dios. Afirmaba el Señor, que ese singular Reino se hacía realidad en medio de la sociedad y respondía a las necesidades reales de los individuos y las comunidades.

La voz divina desde la nube les motivaba a escuchar el mensaje de Jesús, que enseñaba, sanaba, liberaba y resucitaba, fundamentado en el poder y la voluntad de Dios. Debían oír y obedecer al Señor, pues se acercaba la semana final en Jerusalén, que estaba llena de desafíos, traiciones, negaciones, dolores, muerte y, finalmente, resurrección.

Una vez la voz de la nube culminó su mensaje, todo el ambiente regresó a la normalidad. Los discípulos ya no vieron a Moisés y a Elías, pero podían hablar íntimamente con Jesús. Y en ese ambiente de diálogo sincero y fraternal, el Señor les indicó que no dijeran a nadie lo que habían visto. Los discípulos obedecieron, pues no entendían muy bien las implicaciones de las palabras del Señor, pues desconocían las dimensiones físicas, históricas y teológicas de la resurrección de entre los muertos (Mr 9.10).

El pago de impuestos para el Templo

Cuando Jesús y sus discípulos llegaron a Capernaúm,
los que cobraban el impuesto del templo
se acercaron a Pedro y le preguntaron:
—¿Su maestro no paga el impuesto del templo?
—Sí, lo paga —respondió Pedro.
Al entrar Pedro en la casa, se adelantó Jesús a preguntarle:
—¿Tú qué opinas, Simón? Los reyes de la tierra,
¿a quiénes cobran tributos e impuestos: a los suyos o a los demás?
—A los demás —contestó Pedro.
—Entonces los suyos están exentos —le dijo Jesús.
Pero, para no escandalizar a esta gente,
vete al lago y echa el anzuelo.
Saca el primer pez que pique;
ábrele la boca y encontrarás una moneda.
Tómala y dásela a ellos por mi impuesto y por el tuyo.
Mateo 17.24-27

Impuestos políticos y religiosos

En la época de Jesús, los judíos pagaban diversos tipos de impuestos. En primer lugar, debían contribuir a los gastos de operación diaria del Templo de Jerusalén; además, debían pagar tributos a Roma, para sostener la infraestructura administrativa y militar destacada en la región. En el Evangelio de Mateo se presentan dos incidentes que ponen de manifiesto el acercamiento de Jesús al pago de impuestos.

La primera narración, que ubica a Jesús en el contexto jurídico y religioso de los impuestos, se incluye en Mateo 17.24-27. En esta instancia los recaudadores oficiales de los impuestos para el Templo le preguntan directamente a Pedro si Jesús pagaba ese importante impuesto. Y el Señor, se percató de la naturaleza de la conversación, y pregunta a Pedro: ¿de quiénes cobran tributos o impuestos los reyes de la tierra, de sus hijos o de los extraños? Pedro respondió con seguridad, "de los extraños". Entonces, Jesús responde: "En efecto, los hijos están exentos. Sin embargo, para no escandalizar, ve al mar, echa el anzuelo y toma el primer pez que salga; y cuando abras la boca del pescado, hallarás un *estáter* —que era una moneda de plata equivalente a cuatro dracmas— tómalo y dáselo al recolector de impuestos por ti y por mí.

Anualmente los varones judíos debían pagar impuestos para apoyar los servicios diarios en el Templo. El tributo era de dos dracmas, que equivalían al trabajo de como dos días de un campesino. El que cobraba los impuestos en Capernaúm estaba preocupado por el pago que debía hacer Jesús.

El segundo relato referente a los impuestos se encuentra en Mateo 22.15-22, y se relaciona con los impuestos que se debían pagar al imperio romano. En esta ocasión grupos de fariseos y herodianos quisieron sorprender a Jesús y le preguntaron: ¿es lícito pagar impuesto al César? El Señor, que ciertamente se percató de la intención de sus corazones, les respondió con otra pregunta desafiante: ¿por qué me ponen a prueba, hipócritas? Muéstrenme la moneda que se usa para pagar ese impuesto, y cuando le trajeron un denario, Jesús pregunta: ¿de quién es esta imagen y esta inscripción? Y ellos respondieron con seguridad: del César. Entonces, el Señor finaliza el tenso diálogo al afirmar: pues denle al César lo que es del César y a Dios lo que es de Dios.

Esos dos relatos, que únicamente se encuentran en el Evangelio de Mateo, ponen de relieve las comprensiones de Jesús de Nazaret referente al pago de impuestos, tanto para apoyar los trabajos judíos como para sostener al imperio. Y en ambos casos se nota una actitud de responsabilidad ciudadana, aunque en las dos ocasiones presenta algún tipo de crítica al sistema tributario.

Posiblemente el Señor entendía que pagar impuestos era parte de las obligaciones fundamentales de los ciudadanos y residentes en las sociedades efectivas. Los impuestos del Templo se utilizaban, entre otras responsabilidades, para sostener la infraestructura de sacerdotes, apoyar el sistema de los sacrificios y mantener a los líderes que estaban en diálogo con las autoridades judías y con el procurador romano. Los impuestos al Templo tenían implicaciones religiosas, políticas y militares.

Aunque el imperio romano no tenía como finalidad básica el bienestar de las comunidades marginadas, construía carreteras, preparaba sistemas de agua potable, y brindaba la vigilancia militar necesaria para mantener el sistema en funcionamiento. En ocasiones, también podía apoyar algunos sectores marginados o heridos de la sociedad, particularmente a personas enfermas.

El milagro

El milagro de la moneda en la boca del pez se produce en Capernaúm, luego de varias narraciones de sanidades y de la transfiguración. Además, la singular narración se presenta en Mateo, inmediatamente después del segundo anuncio de su muerte. Para el evangelista, en efecto, este milagro tenía implicaciones mesiánicas inmediatas, pues destaca el poder divino para responder a los desafíos económicos que le imponía la religión organizada a la comunidad judía.

En ese ambiente de cobros de impuestos y expectativas mesiánicas, Jesús le dice a Simón Pedro que, como estaban en una ciudad pesquera, echara el anzuelo en el lago y que del pez que sacara abriera la boca, pues iba a encontrar una moneda. Esa moneda debía ser utilizada para pagar el impuesto de Jesús y de Pedro.

Varios temas se relacionan con esta actividad de Jesús. La primera gran pregunta es: ¿de dónde salió la moneda? Posiblemente esa moneda proviene de algún pescador que la perdió. El milagro no está en la creación de la moneda propiamente, sino que el Señor ordenó que la sacaran de la boca de un pez del lago de la Galilea, ¡que es un ejercicio imposible! El milagro consiste en que la moneda estaba en el lugar adecuado, en el pez preciso y a la hora necesaria.

Lo singular del milagro es que el Señor proveyó para que pudieran responder adecuadamente con las responsabilidades civiles y religiosas. Es un milagro que afirma que en el Reino las personas deben cumplir con todas sus obligaciones, ya sean espirituales, económicas, profesionales o tributarias. Es una manifestación del poder divino que afirma que la responsabilidad no es un extra optativo entre los ciudadanos del Reino, sino un requisito indispensable.

Posiblemente el pez que sacó Pedro del lago pertenece a una especie conocida en la Galilea como *musht*. En árabe *musht* significa "peine"; y hay en el lago cinco tipos de esa familia, que son famosos porque tienen una aleta dorsal larga que se parece a un peine. Un pez de esta especie, que se conoce en castellano como la "tilapia galilea", puede alcanzar una longitud de unos 40 centímetros y pesar como 1.5 kilogramos. Tradicionalmente se ha relacionado este tipo de pez con el apóstol Pedro.

En la primavera, estos peces *musht* se aparean y colocan sus huevos en el fondo del lago. Después del proceso de fertilización, los *musht* padres toman y llevan los huevos en la boca por unas tres semanas hasta que maduran. Finalmente, cuidan de esos huevos varios días adicionales y luego los liberan. Para prevenir que los huevos entren en la boca nuevamente, el pez padre coloca en su boca pequeñas piedras o pedazos de algún material del fondo del lago. Es posible que estos peces traguen monedas y otros objetos. En efecto, los pescadores de la región han encontrado monedas y otros materiales en la boca de los *musht*. Este detalle marino referente a este singular tipo de pez podría explicar nuestro pasaje bíblico.

La maldición de la higuera

Al día siguiente, cuando salían de Betania, Jesús tuvo hambre.
Viendo a lo lejos una higuera que tenía hojas,
fue a ver si hallaba algún fruto.
Cuando llegó a ella solo encontró hojas,
porque no era tiempo de higos.
«¡Nadie vuelva jamás a comer fruto de ti!»,
le dijo a la higuera
Y lo oyeron sus discípulos

....

Por la mañana, al pasar junto a la higuera,
vieron que se había secado de raíz.
Pedro, acordándose, le dijo a Jesús:
—¡Rabí, mira, se ha secado la higuera que maldijiste!
—Tengan fe en Dios —respondió Jesús.
Les aseguro que si alguno le dice a este monte:
"Quítate de ahí y tírate al mar", creyendo,
sin abrigar la menor duda de que lo que dice sucederá, lo obtendrá.
Por eso les digo: Crean que ya han recibido todo
lo que estén pidiendo en oración, y lo obtendrán.
Y cuando estén orando, si tienen algo contra alguien, perdónenlo,
para que también su Padre que está en el cielo
les perdone a ustedes sus pecados.
Marcos 11.12–14,20–26

La simbología profética de la semana final

La semana final del ministerio de Jesús de Nazaret se caracterizó por una serie importante de discursos y acciones simbólicas. La narración de la maldición de la higuera es parte integral de esa gran unidad literaria y temática (Mr 8.31— 16.20), pues su mensaje tiene implicaciones educativas y teológicas significativas para los creyentes. El Evangelio de Mateo también incluye el relato, aunque en Marcos se brindan más detalles, especialmente se relaciona la experiencia con el tema de la fe, la oración y el perdón.

Luego de los anuncios de los sufrimientos que Jesús viviría en Jerusalén, que lo llevarían hasta su arresto, tortura y muerte (Mt 20.17-19; Mr 10.32-34; Lc 18.31-34), comienzan las narraciones de la pasión. Esos relatos tienen una finalidad teológica básica: presentar las formas en que el Señor enfrentó las adversidades finales de la vida para resucitar posteriormente. La muerte de Jesús y la resurrección de Cristo, de esta forma, se convierten en los temas fundamentales de las narraciones evangélicas.

El propósito básico de los relatos de la última semana de Jesús en Jerusalén es declarar de forma inequívoca que el Señor era el Mesías, el Cristo de Dios, pues tenía el poder de enfrentar la muerte con autoridad, para finalmente resucitar. Y por esa razón fundamental es que las declaraciones mesiánicas en torno a Jesús y su ministerio juegan un papel protagónico en sus dichos y hechos durante el período terminal de su ministerio público.

Para comenzar la semana, Jesús entró a Jerusalén de manera pública y sin inhibiciones (Mt 21.1-11; Mr 11.1-11; Lc 19.28-40; Jn 12.12-19). Era la acción simbólica que le daba la tónica mesiánica a la semana. Aunque estaba consciente de lo que le esperaba en la ciudad, pues las autoridades religiosas estaban en contubernio con los poderes políticos y militares de Roma para asesinarlo, decidió entrar a la ciudad con autoridad moral y seguridad. Decidió enfrentar la adversidad de frente, según el testimonio bíblico.

Ante los desafíos extraordinarios que debía enfrentar en la ciudad, de acuerdo con las narraciones en los Evangelios canónicos, optó por hacer una declaración teológica con su llegada a Jerusalén por última vez. Entró con autoridad real, llegó con seguridad ética, caminó con valor moral y se desplazó en la comunidad con poder espiritual (Mr 11.10). En efecto, según las narraciones escriturales, ¡entró como si fuera un monarca distinguido, con la dignidad de un rey en la tradición del David bíblico!

La maldición de la higuera se ubica en los evangelios luego de la llamada entrada triunfal del Señor a Jerusalén. El día siguiente a su entrada a la ciudad era un lunes, posiblemente temprano en la mañana, pues a Jesús le dio hambre cuando salía de Betania, donde se hospedaba, en la casa de sus amigos, Lázaro, Marta y María. La higuera tenía hojas y el Señor se allegó al árbol para comer sus frutos. Al no encontrar los higos, pues no era época propicia, maldijo la higuera. Los discípulos presenciaron el incidente y escucharon las fuertes palabras del Señor.

La higuera y el pueblo de Israel

Aunque tradicionalmente las higueras no daban frutos en abril, cuando posiblemente estas actividades finales de Jesús en Jerusalén se llevaron a efecto, los expertos nos indican que en la antigua Palestina había varios tipos de higueras que, en esa época del año, junto a las hojas también daban frutos. Sin embargo, puede parecer desconcertante la reacción tan firme de Jesús ante el árbol. La maldición, a simple vista, puede parecer una sobredosis de tensión cuando no era la época natural de dar frutos.

El análisis teológico del relato revela otras dimensiones literarias y educativas de la narración que ciertamente debemos tomar en consideración. Las higueras eran vistas como símbolos del pueblo judío, particularmente de sus líderes. El árbol con hojas daba la impresión de tener frutos; es decir, transmitían la imagen incorrecta de su naturaleza que era producir frutos. Superficialmente se veían bien, pero cuando se profundizaba para descubrir, tomar y disfrutar sus frutos, no se encontraban, pues no existían.

El gran mensaje de la maldición de la higuera puede ser una represión simbólica y pública a los líderes religiosos judíos que, en vez de dar los frutos esperados por la comunidad, actuaban como hipócritas, pues no vivían a la altura de las expectativas del pueblo ni respondían con los valores de la Ley mosaica que enseñaban.

La higuera, desde esta perspectiva, se convertía en el símbolo de la hipocresía, al no dar los frutos esperados en el momento oportuno. Y no podemos ignorar que, durante esa misma semana, fueron los líderes religiosos los que se confabularon para asesinarlo. Quienes debían actuar con integridad, responsabilidad y santidad, respondieron con hipocresía, con prejuicios y violencia.

Desde esta perspectiva literaria, la narración de la maldición de la higuera, que está ubicada en una serie de discursos y actividades simbólicas de Jesús, se convierte en parte de esas enseñanzas figuradas que transmitían más de un nivel de sentido. Para Jesús, es de esperar que los líderes religiosos "que muestran hojas, también tengan frutos"; que equivale a afirmar que debe haber continuidad entre lo que se dice, enseña y proyecta, con los resultados, los frutos y las acciones concretas del liderato religioso. El tema implícito en la enseñanza de la higuera maldita se relaciona directamente con los valores de la integridad personal e institucional.

La imagen y las enseñanzas de la higuera que se seca y que ha sido maldita por el Señor, pueden proseguir. Una afirmación de la fe cristiana fundamentada en la hipocresía se marchita con regularidad. El relato de la maldición de la higuera transmite la idea de superar las tentaciones asociadas a la hipocresía, pues esas actitudes propician la autodestrucción interna y la resequedad espiritual, ética y moral.

Fe, oración y perdón

El relato de la maldición en Marcos no termina cuando los discípulos se percatan que la higuera se secó luego de las palabras de Jesús. Por el contrario, ese descubrimiento dio la oportunidad al Señor para presentar otra enseñanza fundamental, que destacaba tres valores de importancia capital asociados con la llegada del Reino de Dios.

El primer valor que Jesús presenta es la fe, que adquiere gran importancia teológica y existencial en medio de su semana final en Jerusalén. La fe es la convicción que Dios tiene la capacidad y también el deseo de responder a las oraciones de los creyentes y del pueblo (Heb 11.1). La fe de alguna persona que ha superado las dudas tiene el poder de reclamar de Dios hasta lo impensable e inimaginable, como el acto de mover montañas. Además, ese tipo de fe liberada, que motiva una oración de autoridad, también propicia el poder del perdón. Y ese perdón humano es el que prepara el camino para la manifestación plena del perdón divino.

Esas tres expresiones de la experiencia religiosa saludable, que son necesarias en cualquier momento en la vida, eran extremadamente pertinentes y necesarias durante la semana final de Jesús en Jerusalén. En medio de una serie de experiencias intensas de persecuciones, traiciones, negaciones, injusticias, torturas y asesinatos, esos tres valores —la fe, la oración y el perdón— se convirtieron en los pilares teológicos que sostuvieron la vida del Señor en esa etapa final de su ministerio.

En medio de un ambiente de muerte, la fe continua en Dios, la oración en el Getsemaní y la capacidad de perdonar hasta a sus verdugos, prepararon el camino de la resurrección de Cristo. El gran milagro de la maldición de la higuera estéril se relaciona con las enseñanzas que nos permiten superar las hipocresías en la vida y nos ayudan a tener vidas llenas de fe, con capacidad y deseos de orar y con las actitudes propias que permiten el perdón humano y la redención divina.

El milagro de la transubstanciación

Mientras comían, Jesús tomó pan y lo bendijo.
Luego lo partió y se lo dio a ellos, diciéndoles:
—Tomen; esto es mi cuerpo.
Después tomó una copa, dio gracias y se la dio a ellos,
y todos bebieron de ella.
—Esto es mi sangre del pacto, que es derramada por muchos —les dijo.
Les aseguro que no volveré a beber del fruto de la vid
hasta aquel día en que beba el vino nuevo en el reino de Dios.
Después de cantar los salmos, salieron al monte de los Olivos.
Marcos 14.22-25

Celebración de la Pascua

La narración evangélica que presenta el milagro de la transubstanciación —o la transformación de la sustancia básica del pan y el vino de la cena pascual, en una nueva realidad, que es el cuerpo y la sangre de Jesús— se ubica en el Evangelio de Marcos en el contexto amplio de la semana de la pasión y en el entorno íntimo de la celebración de la fiesta de la Pascua. Desde la perspectiva amplia de la semana final del Señor, debemos recordar la importancia de los símbolos en los mensajes y las actividades de Jesús. Y, al entender este milagro en relación con la Pascua judía, no debemos obviar la importancia educativa que se daba de la liberación de los cautiverios en esas celebraciones anuales.

Para la comunidad judía, desde los tiempos veterotestamentarios, la Pascua —también conocida como *Pésaj* en hebreo— es una de las fiestas solemnes que celebra la liberación del pueblo hebreo de la esclavitud de Egipto bajo el mandato del faraón, relatada en el Pentateuco (Éx 23.14-19; 34.18-26; Dt 16.1-17). La celebración de la Pascua comienza el día 15 del mes hebreo de Nisán, que en nuestro calendario moderno correspondería a los días finales del mes de marzo y los primeros del mes de abril; las celebraciones se extienden durante ocho días. Constituye uno de los festivales más importantes del calendario hebreo.

La celebración de la Pascua incluye una serie de procesos y ritos que se llevan a afecto en la intimidad del hogar —como la llamada "cena pascual" o *séder pésaj*— en los cuales se conmemora no solo la liberación del cautiverio de los judíos, sino el desarrollo de la conciencia nacional como nación libre a quien Moisés le dio una Ley. Durante la celebración de la Pascua, los alimentos con cereales o fermentados con levaduras están prohibidos, pues se recuerda la premura con que el pueblo salió de las tierras del faraón, para alcanzar su liberación al llegar a la Tierra Prometida, Canaán.

Los detalles para la celebración de la Pascua, requiere que la casa sea sometida a una rigurosa limpieza, en la cual se aprovecha la oportunidad para tirar a la basura toda la levadura que haya disponible en el hogar. El objetivo de la limpieza detallada es recordar las condiciones y las dinámicas que rodeaban al pueblo judío, el cual, debido a que salió a toda prisa de Egipto, no tuvo tiempo de dejar leudando el pan para la travesía. La Pascua es una celebración con importantes componentes educativos.

En la primera noche de Pascua se celebra una cena familiar llamada *séder Pésaj* o cena pascual. Esa ceremonia consiste en una comida en la cual tradicionalmente se ingiere pan ácimo o *matzá*, que fue del que se alimentaron los hebreos durante su travesía en el desierto, además de otros platos, como la pata de cordero, huevo cocido, hierbas amargas, entre otras cosas, y se realizan varios brindis. La finalidad es recrear el ambiente de salida abrupta y de vida desértica, sin la infraestructura tradicional de la preparación de los alimentos. Además, en la mesa hay siempre una copa y un lugar vacío adicional para recordar la posibilidad del regreso del profeta Elías.

La Pascua judía y la Pascua cristiana se diferencian en varios aspectos teológicos y prácticos. En primer lugar, la Pascua judía celebra que el Señor liberó al pueblo de Israel de su cautiverio en Egipto. La Pascua cristiana, en cambio, afirma la resurrección de Cristo y la liberación de los pecados humanos. Respecto a estas celebraciones, es importante mencionar que, mientras el centro del *séder Pésaj* es el cordero y los panes sin levadura, en el cristianismo se come pan y se bebe vino como celebración de la vida "del Cordero de Dios que quita el pecado del mundo" (Jn 1.29-34).

Referente a las fechas de celebración, la Pascua judía inicia en una fecha exacta —el día 15 del mes de Nisán— mientras que la Pascua cristiana es una fecha variable, que se fija siempre el domingo después de la primera luna llena de la primavera.

Institución de la Cena del Señor

En medio de la semana de la pasión, los discípulos estaban inquietos por saber dónde celebrarían la cena de Pascua, que constituía el punto óptimo de la fiesta. Y el Señor les indicó que siguieran a un hombre con un cántaro, que ciertamente era algún tipo de señal o contraseña, para conseguir el lugar apropiado. Como la cena debía ser en Jerusalén, había familias en la ciudad que prestaban o alquilaban cuartos, salas o comedores para que los visitantes pudieran tener sus celebraciones en la intimidad de la familia.

Una vez se hicieron los preparativos pertinentes, y estaban sentados a la mesa comiendo, Jesús comenta que uno de ellos lo iba a entregar, de acuerdo con la narración de Marcos (Mr 14.17). Después de una confusión momentánea, en la cual los discípulos preguntaron quién lo entregaría, el Señor responde con un firme mensaje de juicio para el traidor.

Ese ambiente de celebración de la Pascua, del recuerdo de la liberación de Egipto y de tensión por la traición, fue el que utilizó el Señor para hacer el milagro de la transubstanciación: tomó el pan y dio gracias; tomó el vino y lo bendijo. Y es en ese contexto que dice: esto es mi cuerpo, en referencia al pan; y esta es mi sangre, en alusión al vino (Mr 14.22-24).

La gran afirmación teológica es que, de acuerdo con el texto bíblico, el pan se convirtió en el cuerpo del Señor y el vino en su sangre, que en el ambiente de la semana final de su ministerio representaban el sacrificio necesario para traer la salvación y el bienestar a la humanidad. El milagro real fue la transformación de los elementos físicos del pan y del vino en los símbolos fundamentales de la fe cristiana, el cuerpo y la sangre del Señor. Y las palabras de Jesús que generaron el milagro fueron de "bendición" y de "gratitud" (Mr 14.22-23). El milagro se llevó a efecto entre la bendición y el agradecimiento.

Las diversas iglesias cristianas a través de la historia han interpretado este milagro de formas múltiples. Algunas comunidades de fe interpretan la transubstanciación de forma literal y otras, de manera simbólica. Los elementos del pan y del vino se convierten, solo de forma simbólica, en el cuerpo y la sangre del Señor. Esa simbología afirma el sacrificio de Jesús como el nuevo camino de liberación de la humanidad que, en este nuevo contexto, es la liberación del pecado y la maldad, de las injusticias y los cautiverios de la humanidad.

Independientemente de la postura teológica que se tenga con relación a la experiencia e interpretación de la transubstanciación, el pan y el vino representan el milagro de la liberación divina, de acuerdo con el testimonio evangélico, mediante la muerte de Jesús y la resurrección de Cristo. Y ese extraordinario milagro de liberación se hizo realidad en la resurrección de Cristo.

08
Conclusiones

En el último día, el más solemne de la fiesta,
Jesús se puso de pie y exclamó:
—¡Si alguno tiene sed, que venga a mí y beba!
De aquel que cree en mí, como dice la Escritura,
brotarán ríos de agua viva.
Con esto se refería al Espíritu
que habrían de recibir más tarde los que creyeran en él.
Hasta ese momento el Espíritu no había sido dado,
porque Jesús no había sido glorificado todavía.
Al oír sus palabras, algunos de entre la multitud decían:
«Verdaderamente este es el profeta».
Otros afirmaban: «¡Es el Cristo!»
Pero otros objetaban: «¿Cómo puede el Cristo venir de Galilea?
¿Acaso no dice la Escritura
que el Cristo vendrá de la descendencia de David,
y de Belén, el pueblo de donde era David?».
Juan 7.37–43

Las narraciones de milagros

Luego de estudiar y reflexionar sobre los milagros en los Evangelios canónicos, descubrimos la importancia teológica y ministerial de esas manifestaciones de poder divino en las narraciones bíblicas. El objetivo fundamental de esas intervenciones en la vida y las acciones de Jesús de Nazaret es afirmar de forma categórica que en su ministerio se cumplían las antiguas profecías mesiánicas dadas al pueblo de Israel. El mensaje fundamental de los milagros del Señor es que el Reino de Dios o de los cielos dejaba de ser un tema teológico ideal o utópico, para convertirse en vivencia y realidad cotidiana. De acuerdo con las narraciones bíblicas, Jesús era la encarnación de las promesas divinas referente al Mesías. Y esa gran declaración teológica se descubre desde las narraciones del nacimiento hasta en los relatos de la pasión.

Específicamente, respecto a los milagros que se llevaban a efecto en el ministerio de Jesús, debemos indicar lo siguiente: eran parte de la predicación del Reino y se llevaban a efecto para responder a las necesidades, los dolores y las realidades humanas. La evaluación sosegada de las narraciones de milagros, en efecto, revelan que esos actos de sanidades, liberaciones, resurrecciones o sobre la naturaleza eran continuación práctica de los mensajes del Reino.

Los milagros no eran adiciones secundarias u optativas a las predicaciones y enseñanzas del Señor, sino que constituían la continuidad práctica de sus discursos. En las acciones milagrosas se contextualizaba la teología de Jesús de Nazaret. De esa forma el discurso y las instrucciones del Señor se hacían vivencia y realidad.

El propósito fundamental de esas acciones milagrosas del Señor era responder a alguna necesidad especial de personas enfermas o cautivas. La finalidad de los milagros era poner de manifiesto la misericordia de Dios como respuesta a la angustia humana; y revelar el amor y el poder divino, ante una realidad que impedía que alguna persona pudiera llevar una vida plena y liberada, en medio de sus realidades familiares, comunitarias, sociales, políticas y religiosas.

Mucho más que espectáculos de poder, las actividades milagrosas de Jesús, de acuerdo con las narraciones evangélicas, se relacionan prioritariamente con las respuestas divinas a los clamores más profundos de la humanidad. No era el objetivo del Señor, ni de los evangelistas cristianos, utilizar esas experiencias extraordinarias como temas útiles para el mercadeo de sus programas. Por el contrario, de forma reiterada el Señor solicitaba a quienes recibían las bendiciones de Dios que no dijeran a nadie lo que había sucedido. Sin embargo, la gratitud y el asombro por la sanidad movía a las personas a comunicar lo que habían vivido y experimentado en sus diálogos y experiencias con el Señor. La gente agradecida comunicaba sus sanidades y liberaciones.

Los milagros de Jesús se pueden catalogar, según las narraciones bíblicas y de acuerdo con nuestro estudio, en cuatro actividades básicas. Los milagros son sanidades, liberaciones espirituales, resurrecciones de muertos y prodigios especiales sobre la naturaleza. Esas cuatro categorías básicas incluyen todas las narraciones milagrosas relacionadas con Jesús en los Evangelios canónicos.

Esas sanidades, en efecto, responden específicamente a las crisis que se asocian con personas paralíticas, ciegas, sordas, mudas y leprosas, entre otras condiciones de salud. De singular importancia teológica y educativa es notar que ese grupo de personas tienen en común una realidad compleja y desafiante: necesitan el apoyo especial de familiares y amigos para vivir y sobrevivir. Y a esas personas, las sanidades, no solo culminaban con el cautiverio físico que les afectaba, sino que les devolvía la capacidad de vivir sin dependencias ni cautiverios. Las intervenciones de Jesús cambiaban sus realidades físicas y sociales, pues les permitía regresar a la sociedad para vivir de forma independiente y liberada.

Las liberaciones de demonios, o de espíritus inmundos o impuros, revelan el poder divino sobre el mundo de lo espiritual y emocional. Las liberaciones que Jesús llevó a efecto son demostraciones claras de su autoridad sobre todos los poderes demoníacos que se pensaba tenían a las personas físicamente cautivas y mentalmente enfermas.

Ante la palabra de autoridad del Señor, los endemoniados quedaban libres de sus cautiverios y se reincorporaban con salud mental y espiritual a la comunidad. Las liberaciones transmiten el mensaje claro de Jesús: el cautiverio, en ninguna de sus modalidades individuales o colectivas, no representa la voluntad divina para ninguna persona o comunidad, pues es un gran impedimento para descubrir, disfrutar y compartir la voluntad divina.

Las resurrecciones que llevó a efecto el Señor, además de revelar su poder y autoridad sobre la vida y la muerte, resolvían algún problema existencial para los familiares, que quedaban en el desamparo físico, emocional y económico. Además, las narraciones de este tipo de milagros se constituyeron en una especie de preámbulo de la resurrección por excelencia, que es la de Cristo cuando se levantó de entre los muertos al tercer día.

Y los milagros sobre la naturaleza ponen de manifiesto el poder del Señor sobre el cosmos, que es una manera de relacionar a Jesús directamente con Dios. Esas narraciones tienen una muy clara finalidad teológica, pues revelan la convicción de los evangelistas de que Jesús de Nazaret no solo era el Cristo o Ungido de Dios, sino que era directamente Dios (Jn 11.1).

Las lecturas teológicas

Un componente especial de los milagros de Jesús es el contexto teológico en que se presentan. El mundo de Jesús, y ciertamente el de los Evangelios canónicos, estaba saturado de creencias en espíritus que afectaban adversamente la salud y el bienestar de las personas. Se pensaba que esos espíritus impuros, inmundos o demoníacos tomaban a las personas y los cautivaban física o mentalmente. Y a esa sociedad de creencias en poderes invisibles, que tenían la capacidad de afectar adversamente a las personas y los pueblos, llega Jesús de Nazaret con su mensaje redentor, sanador y liberador.

La teología del Reino de Dios que anuncia Jesús de Nazaret está fundamentada en la revelación divina que desea una sociedad más justa, noble, sana, responsable, íntegra… Ese tipo de sociedad solo es producto de una intervención divina extraordinaria. Y para el Señor, el anuncio del Reino de Dios o de los cielos transformaba la teología de la esperanza en realidad histórica.

Además, esa teología amplia de justicia y equidad para la sociedad se traducía en el bienestar físico, emocional y espiritual de las personas. El mensaje del Reino no solo tenía implicaciones colectivas, sino repercusiones individuales y personales directas. Para el Señor, individuos físicamente sanos y espiritualmente liberados, producen sociedades justas, inclusivas y gratas.

En su mensaje y acciones, Jesús presentaba la llegada inminente del Reino, que tenía la capacidad de liberar personas de los diversos poderes demoníacos que las cautivaban. Esa teología del Reino se nutría de la experiencia de la liberación de los israelitas de Egipto. La decisión divina de terminar con los cautiverios del faraón, son el fundamento básico para el desarrollo del ministerio de milagros de Jesús de Nazaret. La irrupción del Reino en la vida y ministerio del Señor constituyó el fin de los cautiverios que producen en las personas enfermedades físicas, mentales, emocionales y espirituales.

En ese mundo de poderes demoníacos invisibles, y también en medio de las dinámicas políticas, sociales, económicas y religiosas, Jesús de Nazaret decide darle continuidad a sus mensajes y enseñanzas con milagros extraordinarios, según los textos bíblicos en los Evangelios canónicos. En su mensaje transformador, el Señor brinda al pueblo un sentido de esperanza, futuro y liberación. La realidad última de las personas enfermas no debía ser la enfermedad o el cautiverio, sino la liberación que se produce únicamente con la palabra divina, con la misericordia del Señor o con el toque del borde de su vestido.

A ese mundo espiritual y emocional, debemos añadir las realidades religiosas y políticas de la época. La Galilea del siglo primero era subestimada por las autoridades del Templo en Jerusalén, pues aludían a ella como Galilea de los Gentiles y afirmaban que de Nazaret no podía salir nada bueno. Desde la perspectiva religiosa, Jesús era visto por las autoridades religiosas con sospecha, en el mejor de los casos, y con abierta hostilidad, la mayoría de las veces.

Al evaluar el contexto general del ministerio de milagros de Jesús debemos tomar en consideración las realidades políticas. La Palestina antigua, y gran parte del Oriente Medio, estaban bajo la autoridad del imperio romano. Esa realidad política se manifestaba en todas las esferas de la sociedad.

En efecto, las decisiones imperiales de Roma, junto a las teologías de los rabinos en Jerusalén, constituyeron el telón de fondo del ministerio de milagros de Jesús. Ese mundo amplio, de componentes políticos, religiosos y militares, generaban tensiones que afectaban la salud física, mental y espiritual del pueblo. Y como consecuencia del mensaje liberador de Jesús, esas instituciones políticas y religiosas se veían afectadas y desafiadas. Es fundamental entender, al estudiar lo milagroso relacionado con Jesús, que las fuerzas que se confabularon para apresarlo, enjuiciarlo y ejecutarlo, fueron los grupos de líderes religiosos y políticos en Jerusalén.

La gran enseñanza de los milagros de Jesús es que el cautiverio no es la última realidad humana, sino la liberación que procede de parte de Dios. No son las enfermedades ni los espíritus inmundos o demoníacos ni la muerte las que tienen autoridad absoluta contra la gente de fe. La voz divina en el mensaje de Jesús es clara: para el que cree todo es posible...

De acuerdo con la teología de Juan, Jesús llama a la humanidad sedienta para que supere esa condición de cautiverio. En el idioma figurado del Cuarto evangelio, beber del agua de la vida, hace que la gente deje de tener sed y propicia que del interior surjan ríos de aguas vivas. Ese singular lenguaje poético revela que esas aguas que provienen de Dios, que representan las bondades y misericordias divinas en el mensaje y ministerio de Jesús, es lo que necesita la humanidad para recibir el gran milagro de la vida abundante, la vida con propósitos, la vida plena...

Esas aguas divinas, además, hacen que los individuos y las comunidades, a través de la historia y la geografía, puedan reconocer que Jesús es el Mesías, el Cristo de Dios que viene del linaje de David.

Bibliografía selecta

A continuación, presentamos una breve bibliografía que incluye libros sobre el tema de los milagros de Jesús, que se encuentran en castellano y que, generalmente, han sido publicados después del año 2000. Bibliografías más extensas se encuentran en las obras que incluimos a continuación.

Aguirre, R. (ed.). *Los milagros de Jesús. Perspectivas metodológicas plurales.* Estella: Verbo Divino, 2002.

Aguirre, R., Bernabé, C. y Gil, C. *Qué se sabe de … Jesús de Nazaret.* Estella: Verbo Divino, 2009.

Barraglio, G. *Jesús, hebreo de la Galilea. Investigación histórica.* Salamanca: Secretariado Trinitario, 2003.

Bornkamm, G., *Jesús de Nazaret.* Salamanca: Sígueme, 2002.

Crossan, J.D. *El Jesús de la historia: vida de un campesino mediterráneo judío.* Barcelona: Crítica, 2000.

Dunn, J.D.G. *Jesús y el Espíritu.* Barcelona: Clie, 2014.

Estévez, R. *Los milagros de Jesús.* El Paso: Mundo Hispano, 2014.

Fernández Ramos, F. (ed.). *Diccionario de Jesús de Nazaret.* Burgos: Monte Carmelo, 2001.

González de Cardenal, O. *Cristología.* Madrid: BAC, 2001.

Guijarro, S. *Jesús y el comienzo de los evangelios.* Estella: Verbo Divino, 2006.

Karrer, M., *Jesucristo en el Nuevo Testamento.* Salamanca: Sígueme, 2002.

Kasper, W. *Jesús el Cristo.* Santander: Sal Terrae, 2013.

Kee, H.C. *Medicina, milagro y magia en tiempos del Nuevo Testamento.* Córdova: El Almendro, 1992.

Lohfink, G. *Jesús de Nazaret. Qué quiso, quién fue.* Barcelona: Herder, 2013.

Marchesi, G. *Jesús de Nazaret, ¿quién eres? Esbozos cristológicos.* Madrid: San Pablo, 2007.

Martínez Fresneda, F. *Jesús de Nazaret.* Murcia: Instituto Teológico, 2007.

Meier, J.P. *Un judío marginal. Nueva visión del Jesús histórico. Tomo II.* Estella: Verbo Divino, 2000.

Pagán, S. *Jesús de Nazaret. Vida, enseñanza y significado.* Barcelona: Clie, 2012.

Pagola, J.A. *Jesús aproximación histórica.* Madrid: PPC, 2007.

Pikaza, X. *La nueva figura de Jesús.* Estella: Verbo Divino, 2003.

Puig, A. *Jesús. Una biografía.* Barcelona: Desafío, 2005.

Sabán, M. *El judaísmo de Jesús.* Buenos Aires: Palinur Ediciones, 2008.

Sanders, E.P., *La figura histórica de Jesús.* Estella: Verbo Divino, 2000.

——, *Jesús y el judaísmo.* Madrid: Trotta, 2004.

Schlosser, J. *Jesús el profeta de Galilea.* Salamanca: Sígueme, 2005.

Stein, R.H. *Jesús, el Mesías: un estudio de la vida de Cristo.* Barcelona: Clie, 2006.

Theissen, G., *La sombra del galileo. Las investigaciones históricas sobre Jesús traducidas a un relato.* Salamanca: Sígueme, 2004.

Theissen, G. y Merz, A. *El Jesús histórico.* Salamanca: Sígueme, 2004.

Varo, F. *Rabí Jesús de Nazaret.* Madrid: BAC, 2005.

Vidal, S. *Los tres proyectos de Jesús y el cristianismo naciente. Un ensayo de reconstrucción histórica.* Salamanca: Sígueme, 2003.

——, *Jesús el Galileo.* Santander: Sal Terrae, 2006.

Apéndice A: Milagros en el Antiguo Testamento

A continuación, presentamos una lista de los milagros que se incluyen en el Antiguo Testamento.

1. El milagro de la vara de Aarón (Éxodo 7.10-12).
2. El milagro de las aguas que se convirtieron en sangre (Éxodo 7.20-24).
3. El milagro de las ranas (Éxodo 8.5-14).
4. El milagro de los mosquitos (Éxodo 8.16-18).
5. El milagro de la plaga de tábanos (Éxodo 8.20-24).
6. El milagro de la plaga de langostas (Éxodo 10.3-6).
7. El milagro de las úlceras (Éxodo 9.11).
8. El milagro del granizo y los rayos (Éxodo 9.23).
9. El milagro de la invasión de las langostas (Éxodo 10.10-14).
10. El milagro de las tinieblas (Éxodo 10.21-22).
11. La muerte de los primogénitos (Éxodo 12.29-30).
12. El milagro de las aguas del Mar Rojo (Éxodo 14.21-31).
13. El milagro de la dulcificación de las aguas (Éxodo 15.23-25).
14. El milagro del maná (Éxodo 16.14-35).
15. El milagro del agua que salió de la roca (Éxodo 17.5-7).
16. El milagro de la vara de Aarón (Números 17.1-10).
17. La muerte de Nadab y Abihu (Levítico 10.1-2).
18. El fuego de Taberá (Números 11.1-3).
19. Las personas que quedaron enterradas (Números 16.31-35).
20. El milagro del agua que brotó de la roca (Números 20.7-11).
21. El milagro de la serpiente en el asta (Números 21.8-9).
22. El milagro de la burra que habló (Números 22.21-35).
23. El milagro en el Jordán (Josué 3.14-17).
24. El milagro de la caída de las murallas de Jericó (Josué 6.6-20).
25. El milagro del sol y la luna (Josué 10.12-14).
26. El milagro de la hondonada (Jueces 15.19).
27. Muerte de los filisteos ante el arca de Dios (1 Samuel 5.1-12).

28. Muerte de los hombres que miraron el arca (1 Samuel 6.19).
29. Muerte de los filisteos por truenos (1 Samuel 7.10-12).
30. Milagro tras la invocación de Dios por Samuel (1 Samuel 12.18).
31. Dios guía a David contra los filisteos (2 Samuel 5.23-25).
32. Muerte de Uza (2 Samuel 6.7).
33. El milagro del brazo de Jeroboán (1 Reyes 13.1-5).
34. El milagro de la harina y el aceite (1 Reyes 17.14-16).
35. El milagro de la resurrección del hijo de la viuda (1 Reyes 17.17-24).
36. Milagro del fuego del sacrificio (1 Reyes 18.30-38).
37. El milagro de lluvia (1 Reyes 18.41-45).
38. El milagro del fuego que cayó del cielo (2 Reyes 1.10-12).
39. El milagro de la división del Jordán (2 Reyes 2.7-8, 2.14).
40. Milagro de la purificación de las aguas de Jericó (2 Reyes 2.21-22).
41. El milagro del agua en el valle (2 Reyes 3.16-20).
42. El milagro del aceite multiplicado (2 Reyes 4.2-7).
43. El milagro de la resurrección del niño sunamita (2 Reyes 4.32-37).
44. El milagro de la comida (2 Reyes 4.38-41).
45. El milagro de la alimentación de cien hombres (2 Reyes 4.42-44).
46. El milagro que curó a Naamán de la lepra (2 Reyes 5.10-14).
47. Guiezi se enferma de lepra (2 Reyes 5.20-27).
48. El milagro del hacha (2 Reyes 6.5-7).
49. El milagro de la ceguera de los soldados sirios (2 Reyes 6.18-20).
50. El milagro de los huesos de Eliseo (2 Reyes 13.21).
51. La muerte de los soldados asirios (2 Reyes 19.35).
52. El milagro de la sombra (2 Reyes 20.9-11).
53. El rey Uzías se enferma de lepra (2 Crónicas 26.16-21).
54. El milagro que salva a Sadrac, Mesac y Abednego (Daniel 3.19-27).
55. El milagro de Daniel y los leones (Daniel 6.16-23).
56. El milagro de Jonás y la ballena (Jonás 2.1-10).
57. La esposa de Lot se convierte en sal (Génesis 19.26).
58. El milagro de la zarza ardiente (Éxodo 3).

Apéndice B: Lista de milagros de Jesús

A continuación, incluimos una lista de los milagros de Jesús, de acuerdo con los Evangelios canónicos.

1. Jesús convierte el agua en vino (Juan 2.1-11).
2. La curación del hombre con un espíritu inmundo (Marcos 1.23-28; Lucas 4.33-37).
3. Jesús sana a la suegra de Pedro (Mateo 8.14-17; Marcos 1.29-31; Lucas 4.38-39).
4. Muchos sanados por la tarde (Mateo 8.16-17; Marcos 1.32-34; Lucas 4.40-41).
5. Milagro de los peces (Lucas 5.1-11).
6. La curación de un leproso (Mateo 8.1-4; Marcos 1.40-45; Lucas 5.12-16)
7. La curación de un paralítico (Mateo 9.1-8; Marcos 2.1-12; Lucas 5.17-26).
8. Las curaciones junto al mar (Mateo 4.24-25,12.15-16; Marcos 3.7-12; Lucas 6.17-19).
9. Jesús sana al criado del centurión (Mateo 8.5-13; Lucas 7.1-10).
10. Curación del hijo de un oficial del rey (Juan 4.46-53).
11. Jesús resucita al hijo de la viuda de Naín (Lucas 7.11-17).
12. Jesús calma la tempestad (Mateo 8.23-27; Marcos 4.35-41; Lucas 8.22-25).
13. Los endemoniados Gadarenos (Mateo 8.28-34; Marcos 5.1-20; Lucas 8.26-39).
14. La curación de una mujer con el flujo de sangre (Mateo 9.20-22; Marcos 5.25-34; Lucas 8.43-48).
15. Jesús resucita a la hija de Jairo (Mateo 9.18,23-26; Marcos 5.21-24,35-43; Lucas 8.40-42,49-56).
16. Curación de un paralítico en el estanque de Betesda (Juan 5.1-15).
17. La curación de dos ciegos (Mateo 9.27-31).
18. La curación de un mudo endemoniado (Mateo 9.32-34; Lucas 11.14-15).
19. Jesús sana al hombre de la mano seca (Mateo 12.9-14; Marcos 3.1-6; Lucas 6.6-11).

20. Pocas curaciones en Nazaret (Marcos 6.5-6).
21. Alimentación de los cinco mil (Mateo 14.13-21; Marcos 6.32-44; Lucas 9.10-17; Juan 6.1-15).
22. Jesús anda sobre el mar (Mateo 14.22-33; Marcos 6.45-52; Juan 6.16-21).
23. Las curaciones en Genesaret (Mateo 14.34-36; Marcos 6.53-56; Juan 6.22-25).
24. Las curaciones junto al mar (2) (Mateo 15.29-31).
25. La curación de un sordomudo (Marcos 7.31-37).
26. Alimentación de los cuatro mil (Mateo 15.32-39; Marcos 8.1-10).
27. La curación del ciego de Betsaida (Marcos 8.22-26).
28. Jesús sana a un muchacho endemoniado (Mateo 17.14-21; Marcos 9.14-29; Lucas 9.37-43).
29. La mujer sanada en un día de reposo (Lucas 13.10-17).
30. Jesús sana el hombre hidrópico (Lucas 14.1-6).
31. La curación de diez leprosos (Lucas 17.11-19).
32. La curación del ciego de nacimiento (Juan 9.1-41).
33. Jesús resucita a Lázaro (Juan 11.1-44).
34. La curación de dos ciegos de Jericó (Mateo 20.29-34; Marcos 10.46-52; Lucas 18.35-43).
35. La higuera seca (Mateo 21.19-22; Marcos 11.20-26).
36. Jesús sana la oreja de Malco, siervo del sumo sacerdote (Lucas 22.50-51).
37. La resurrección (Juan 2.19-21, Juan 10.17-18, 1 Corintios 15.1-8).
38. La pesca milagrosa (Juan 21.4-11).